Inhalt

Überblick über den Aufbau der Kapitel

Das Kursheft ist eine thematisch orientierte Materialsammlung für den Geschichtsunterricht in der Oberstufe. Im Zentrum eines jeden Kapitels steht eine umfangreiche Quellensammlung, die ergänzt wird durch einführende Darstellung, kompetenzorientierte Arbeitsaufträge sowie „Weiterführende Arbeitsanregungen".

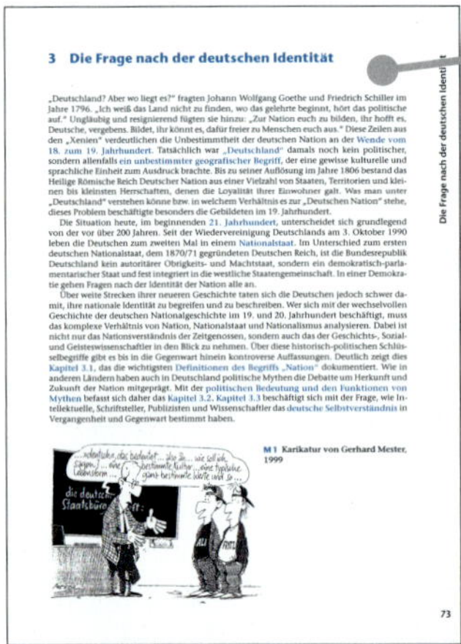

Einleitende Darstellungen:
Probleme, Leitfragen, Überblick über die Quellenauswahl

Einzelarbeitsaufträge zu allen Materialien;
besondere Arbeitsformen (Referate, Gruppenarbeit etc.) sind blau hervorgehoben.

Der Anhang:
- Arbeitsaufträge in der Abiturklausur
- Checkliste zum Schreiben einer Geschichtsklausur
- Formulierungshilfen für die Bearbeitung von Textquellen und Sekundärtexten
- Serviceseiten

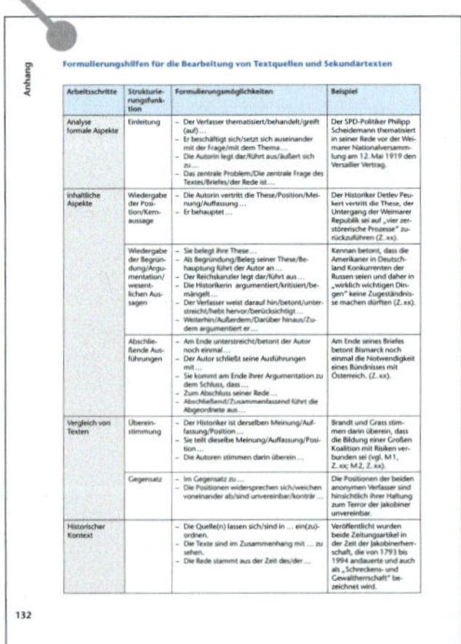

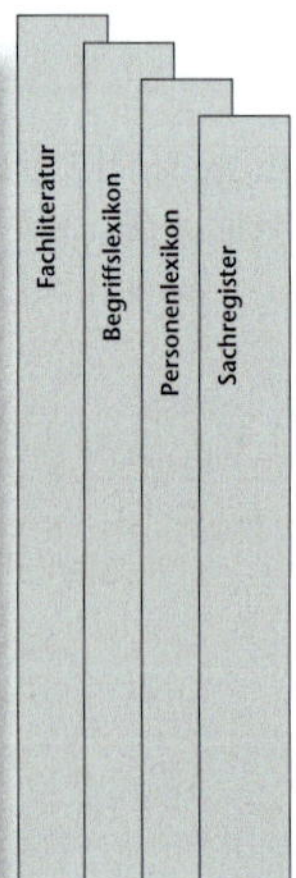

Aktuelle Materialien im Internet: *www.cornelsen.de/geschichte*

1 Krisen und Revolutionen

Krisen und Revolutionen gehören zu den bevorzugten Themen der historischen und sozialwissenschaftlichen Forschung. In diesen Entscheidungssituationen der Geschichte drängen sich Veränderungen wie in einem Zeitraffer zusammen, vereinigen sich neue mit alten Strukturelementen. Die Beschäftigung mit solchen Übergangsepochen ermöglicht es, langfristige Geschehensabläufe mit kurzfristigen Entscheidungen zu verknüpfen.

Nicht jeder Konflikt führt zu einer Krise, nicht jede politische oder gesellschaftliche Veränderung ist eine Revolution. Was verstehen Geschichts- und Sozialwissenschaftler unter einer Krise und einer Revolution? Was unterscheidet Revolutionen von Staatsstreichen oder Revolten? Und wie lassen sich revolutionäre von evolutionären Entwicklungsschüben abgrenzen? Diese Fragen stehen im Mittelpunkt des **Kapitels 1.1**, das sich mit der **Definition der Begriffe „Krise", „Revolution", „Reform", „Staatsstreich" und „Revolte"** befasst.

Das **Kapitel 1.2** ermöglicht eine intensive Auseinandersetzung mit **modernen Revolutionstheorien**. Dokumentiert werden die Revolutionsanalysen von Karl Marx, Friedrich Engels und Wladimir I. Lenin, die das Denken und Handeln der sozialistischen bzw. kommunistischen Arbeiterbewegung nachhaltig bestimmt haben. Diesen Theorien, die auf der Geschichtsauffassung des Historischen Materialismus beruhen, werden moderne Forschungsansätze nichtmarxistischer Historiker und Sozialwissenschaftler gegenübergestellt.

Das **Kapitel 1.3** widmet sich den **Modernisierungstheorien**. So bezeichnen Geschichts- und Sozialwissenschaftler Theorien, die die historische Entwicklung unterschiedlicher Gesellschaften besonders seit der Aufklärung und der Industriellen Revolution systematisch zu erfassen suchen. Charakteristisch für viele Modernisierungstheorien war und ist die Formulierung zentraler Merkmale der modernen Welt. Außerdem geht es um die Beschreibung und Erklärung des geschichtlichen Wandels, der zur Auflösung der traditionalen und zur Entstehung der modernen Gesellschaft führt.

1.1 Begriffe

„Revolution" – ein dehnbarer Allgemeinbegriff

Das **Wort „Revolution"** ist heute allgegenwärtig in der Alltagssprache und hat sich zu einem **Modewort** entwickelt. Die Werbung kündigt Neuheiten als Revolutionen an und spricht von Revolutionen der Mode, des Wohnstils, des Tourismus oder der Telekommunikation. Journalisten sind alles andere als zurückhaltend, wenn sie über Neuerungen berichten und die Aufmerksamkeit auf ihre Artikel lenken wollen. Geht es um Fortschritte in der Medizin, wählen sie gerne Überschriften wie „Revolution in der Krebsforschung". Aber auch Wissenschaftler benutzen den Begriff „Revolution" in unterschiedlichen Zusammenhängen. Neue Erkenntnisse in den Natur-, Geistes- und Sozialwissenschaften werden häufig als Revolutionen im Denken bzw. als wissenschaftliche Revolutionen bezeichnet. Und die Historiker begrenzen den Revolutionsbegriff nicht ausschließlich auf radikale politische Umwälzungen in der Geschichte wie die Französische Revolution von 1789 oder die Oktoberrevolution 1917 in Russland. Ihre Bücher beschäftigen sich überdies mit wissenschaftlich-technischen Revolutionen oder mit der Industriellen Revolution. Diese breite Palette von Verwendungsmöglichkeiten des Wortes „Revolution" zeigt, dass der Begriff inhaltsleer zu werden droht. „Revolution" scheint tendenziell gleichbedeutend mit „Wandel". Doch ist jede Veränderung eine Revolution?

1 Erarbeiten Sie in Partnerarbeit eine erste eigene Definition des Begriffs „Revolution". Vergleichen Sie Ihre Ergebnisse im Plenum und versuchen Sie, sich auf eine gemeinsame Definition zu einigen.

M 1 **Das Parfüm „Revolution" der New Yorker Künstlerin Lisa Kirk, 2010.**

Das Parfüm soll den „Duft" der Revolution und seiner Kämpfer nachahmen und riecht deshalb nach Urin, Schweiß und Tränengas. Die Künstlerin sagt, sie habe das Parfüm aus Protest gegen die Politik des amerikanischen Präsidenten George W. Bush kreieren lassen; Bush habe Terrorängste geschürt und gleichzeitig die Meinungsfreiheit beschnitten: „Wenn man schon keine Revolution anstacheln kann, dann soll man sie wenigstens riechen können."

M 2 **„Road to Revolution", Album einer amerikanischen Band, 2008**

M 3 **Werbung eines Automobilherstellers für sein neues Modell, 2010**

M 4 **Werbeplakat einer britischen Privatbank, Fotografie, 2010**

1 Erläutern Sie, wie in den Bildern M 1 bis M 4 der Begriff Revolution verwendet wird.

2 Suchen Sie eigene Bildmotive und gestalten Sie eine Plakatwand zur heutigen Verwendung des Revolutionsbegriffs in Alltag und Medien.

„Das Überlieferte ist immer schon interpretiert."

„Geschichte – wir erfahren es bei jeder Gelegenheit – ist immer schon dargestellte Geschichte", schreibt der Schriftsteller Siegfried Lenz 1986 in seinem Essay „Geschichte erzählen – Geschichten erzählen": „Was sich auch wo und wann begeben hat, es kommt auf uns durch einen Vermittler, durch einen Augenzeugen, einen Betroffenen, einen Chronisten. So sehr wir uns auch bemühen, menschliche Vergangenheit in reinem, in purem Zustand zu erfahren, am Ende zeigt sich, dass es vergeblich ist: Das Überlieferte ist immer schon interpretiert. Gebrochen durch ein Temperament, verdunkelt durch Interessen, entstellt durch unzureichendes Wissen oder in Anspruch genommen durch Ideologie."

Alles, was wir über Geschichte wissen, erfahren wir in der Tat durch „einen Vermittler". An erster Stelle sind hier Sozial- und Geschichtswissenschaftler zu nennen, die vergangene Ereignisse, Vorgänge und Handlungen anhand des Quellenmaterials analysieren und ihre Forschungsergebnisse in Aufsätzen und Büchern der Öffentlichkeit präsentieren. Diese Wissenschaftler vermitteln uns, wie Lenz zu Recht betont, immer eine bestimmte Sicht auf die Geschichte, sie bieten uns eine **Deutung der Geschichte** (s. S. 105 ff.) an. Bei allem Bemühen um Objektivität enthält daher auch jede wissenschaftliche Darstellung über die Vergangenheit eine perspektivisch gebundene Bewertung eines Sachverhaltes; dies lässt sich an historisch-politischen Schlüsselwörtern wie Krise, Reform oder Revolution anschaulich aufzeigen. Dazu ein **Beispiel**: Die deutsch-amerikanische Politikwissenschaftlerin und politische Philosophin **Hannah Arendt** hat in ihrem Buch „Über die Revolution" (zuerst 1963) das „Pathos des Neubeginns" als ein Wesensmerkmal revolutionärer Veränderungen bezeichnet: „[N]ur wo durch Wechsel ein Neuanfang sichtbar wird, nur wo Gewalt gebraucht wird, um eine neue Staatsform zu konstituieren, einen neuen politischen Körper zu gründen, nur wo der Befreiungskampf gegen den Unterdrücker die Begründung der Freiheit wenigstens mitintendiert, können wir von einer Revolution im eigentlichen Sinne sprechen. [...] Denn Befreiung im Sinne der Revolutionen meint, dass alle diejenigen, die – nicht nur in der Gegenwart, sondern überhaupt in der überlieferten Geschichte, nicht nur als Einzelne, sondern als Glieder der überwältigenden Mehrheit des Menschengeschlechts – im Stande der Armut und Unterdrückung gelebt hatten, nun plötzlich aus der Finsternis und der Untertänigkeit aufsteigen und selbst die Macht ergreifen sollen." Der deutsche Historiker **Jürgen Osterhammel** hat diese Definition in seinem Buch „Die Verwandlung der Welt", einer 2009 erschienenen Globalgeschichte des 19. Jahrhunderts, als zu eng verworfen. Aus seiner Sicht trifft sie lediglich auf neuzeitliche Revolutionen im Okzident (Abendland) zu, wo ein solches Freiheitsverständnis „erfunden" worden sei. Ein geschichtswissenschaftlicher Revolutionsbegriff, der auch für andere Epochen und Regionen Geltung beanspruchen wolle, müsse weiter gefasst werden.

Vielfalt konkurrierender historisch-politischer Schlüsselwörter

Revolutionäre und evolutionäre Veränderungen waren und sind häufig das Ergebnis tief greifender historischer Krisen. Wie lassen sich **Krisen** erkennen, untersuchen und beurteilen? Der 1938 aus Europa vor den Nationalsozialisten in die USA geflüchtete amerikanische Politikwissenschaftler **Karl W. Deutsch** hat dazu ein ausführliches Begriffsraster ausgearbeitet, das hier vorgestellt (M 5) und mit einem Lexikonartikel kontrastiert wird (M 6).

Die Argumente Osterhammels und sein eigener Revolutionsbegriff werden in M 7 c dokumentiert. Osterhammels Revolutionsverständnis wird allerdings nicht von allen Historikern und Sozialwissenschaftlern geteilt. Dass in den modernen Geistes- und Sozialwissenschaften eine Vielfalt unterschiedlicher Revolutionsdefinitionen miteinander konkurrieren, verdeutlichen die Texte des deutschen Historikers **Peter Wende** (M 7 a) und des deutschen Politikwissenschaftlers **Hans Wassmund** (M 7 b). Revolutionen sind stets Wendepunkte der Geschichte, in denen Altes abstirbt und Neues entsteht. Aber nicht alle Wendepunkte der Geschichte sind **Revolutionen**. Es gibt in der Geschichte auch Umbrüche und Entwicklungsschübe, die durch

Aufstände oder **Rebellionen** eingeleitet bzw. evolutionär vollzogen wurden und werden. Was unterscheidet eine Revolution von anderen Formen des Protestes gegen die bestehende Ordnung? Wie lassen sich Revolutionen von **Reformen** abgrenzen? Mit diesen Fragen beschäftigen sich die Materialien der deutschen Politikwissenschaftler **Christian Graf von Krockow** (M 8 a) und **Hans Wassmund** (M 8 b).

1 Erläutern Sie die These des Schriftstellers Siegfried Lenz.
2 Überprüfen Sie die These von Lenz am Beispiel des Revolutionsbegriffes von Hannah Arendt.

M 5 Der amerikanische Politikwissenschaftler Karl W. Deutsch über den Begriff „Krise" (1973)

Eine Krise ist ein Entscheidungsprozess unter Zeitdruck. Es muss etwas entschieden werden, und diese Entscheidung kann nicht unbestimmt lange hinausgezögert werden.

[…] Es gibt ein klassisches Schema zur Untersuchung von Autounfällen, das von den Versicherungsgesellschaften ausgearbeitet wurde, und dort heißt es, dass bei der Untersuchung der Autounfälle immer drei Zeitpunkte festgehalten werden müssen:

a) Der Eintritt der Gefahr. Sie fahren, sagen wir, etwas zu schnell im Auto und der Wagen gerät ins Schleudern oder Sie verlieren sogar, ohne dass der Wagen schleudert, auf der eisigen Straße langsam die Zugkraft, die Reifen beginnen sich etwas von der Straßenoberfläche abzulösen, zugleich kommen Sie der Kurve immer näher. Sie merken das vielleicht gar nicht. Sie glauben, alles geht glänzend, denn der Wagen fährt ja immer noch geradeaus, mit der lebendigen Wucht, mit der er beschleunigt wurde.

b) Dann gibt es den Moment der Überraschung. Sie bemerken, dass Sie sich dem Straßengraben zu bewegen.

c) Und dann gibt es den Moment der Ausweglosigkeit, *„the moment of no escape"*, wie das die Versicherungsgesellschaften nennen. Falls der Augenblick der Überraschung erst nach dem Augenblick der Ausweglosigkeit eintritt, ist der Fahrer verloren. Zumindest geht das Auto kaputt, mit einigem Glück kann er noch lebend davonkommen. Doch der Unfall ist unvermeidlich. Falls der Augenblick der Überraschung, also der Einsicht in die Notwendigkeit der Verhaltensänderung, vor dem Moment der Ausweglosigkeit eintritt, kann noch etwas getan werden, um die Gefahr abzuwenden. […]

Ich würde vorschlagen, dass wir uns dieses Schema ein bisschen überlegen und sagen: *Eine Krise besteht dann, wenn ein Entscheidungsprozess unter Zeitdruck eingeleitet werden muss, um eine wachsende Gefahr vor dem Augenblick der Ausweglosigkeit aufzuhalten.* Ich will also ganz bewusst den Begriff der Krise etwas erweitern. Mein Kollege Ted Gurr hat Krisen auf jene Situationen beschränkt, in denen eine Gruppe von Menschen ganz bewusst Forderungen stellt. Aber als das Schiff Titanic mit Volldampf im Nebel auf einen Eisberg losfuhr, stellte niemand irgendwelche Forderungen. Als jemand dem Kapitän sagte, das Thermometer falle schnell, antwortete er: „Stören Sie mich nicht!" Und dann gab es die bekannte epische Katastrophe. Das Problem des Kollisionskurses der Länder und Staaten in der internationalen Politik, das Problem des Kollisionskurses von Interessengruppen, ethnischen oder Rassengruppen oder Klassen gehört mit in die Krisenforschung hinein. Eines der Probleme der Krisenforschung ist es zu erkunden, ob eine Krise sich entwickelt, wie schnell eine Verhaltensänderung nötig ist und welche Gruppen und Individuen in der Lage sind, die Notwendigkeit der Verhaltensänderung zu erkennen.

Das bedeutet nun auch, dass ich Ihnen keineswegs vorschlage, den Krisenbegriff auf die Stabilität von Regierungen hin einzuschränken. Das Unglück des Schiffes Titanic bestand gerade in der Stabilität der Kommandostruktur, unter der ein unfähiger Kapitän das Schiff mit Volldampf auf den Eisberg losjagte. […] Es ist also nicht nur eine Frage der Kontrolle und nicht nur eine Frage der Stabilität. Es ist mehr als ein Land gründlich daran zugrunde gegangen, dass eine Regierung zu stabil war und dass der Stabilisierung der Dummheit kein Einhalt geboten wurde.

Eine Krise ist also eine Situation, in der das bisherige Verhalten irgendwelcher wichtiger Akteure unter Zeitdruck geändert werden muss, wenn nicht ein ganz großer Wertverlust oder eine schwere Schädigung des Systems eintreten soll. Diese Schädigung kann im Zusammenbruch bestehen, in der Spaltung und Zerschlagung des Systems oder in einem schweren, weitverbreiteten Verlust von Leben, Eigentum und anderen Werten, die es in dem System gibt. Wenn wir die Vorstellung der Krise also ausdehnen von der bloßen Unstabilität der Regierung auf die Erhaltung des Systems der lebenden Menschen und wir es als Politikwissenschaftler für wichtiger halten, dass die Völker ihre Regierungen überleben, statt umgekehrt, dann müssen wir vielleicht auch Herrn Jänickes [deutscher Politikwissenschaftler] Arsenal der Kontrollmittel der Regierungen oder Staaten ein wenig erweitern. Es gibt nämlich zwei verschiedene Unterklassen dieser Kontrollmittel, die ich vorschlage, analytisch auseinanderzuhalten. Die eine Klasse sind die Mittel der Repression, also Unterdrückung oder Isolierung, die der Regierung zur Verfügung stehen. Falls sich zeigt, dass eine Gruppe auf eine Gefahr aufmerksam macht, kann man sie zum Schweigen bringen, unterdrücken, einsperren, oder man kann die unangenehme Gesellschaft loswerden, indem man sie aus dem Lande schickt oder sogar das Land zerteilt. […] Die andere Stabilisierungsmöglichkeit besteht in der Systemänderung, in der Strukturänderung, in der Selbstumwandlung des Systems. Ein System kann nämlich eine Krise auch dadurch bewältigen, dass es sich verändert.

Karl W. Deutsch, Zum Verständnis von Krisen und politischen Revolutionen, in: Martin Jänicke (Hg.), Herrschaft und Krise, Westdeutscher Verlag, UTB, Opladen 1973, S. 91–93.

1 Arbeiten Sie mithilfe von M 5 die Wesensmerkmale einer Krise heraus.

2 **a)** Analysieren Sie mithilfe des von Deutsch entwickelten Begriffsrasters eine Ihnen bekannte historisch-politische Krise.
b) Erörtern Sie, inwieweit die Begriffe von Deutsch zur Analyse historisch-politischer Krisen geeignet sind.

3 Nehmen Sie Stellung zu dem Vergleich Deutschs zwischen historisch-politischen Krisen und einem Autounfall.

M6 Der Historiker Rudolf Vierhaus definiert in einem Lexikonartikel den Begriff „Krisen“ (2002)

K. [= Krisen] sind Prozesse, deren Anfänge, Höhepunkte, Ende prinzipiell datierbar sind. Niedergangs-, Auflösungs-, Verfallsprozesse sind keine K., wohl aber können ihnen sich steigernde K. vorangegangen sein. K. sind prinzipiell offene Prozesse; ihre Geschwindigkeit, ihr Ausgang nicht zwangsläufig, ihr Ablauf und ihr Wendepunkt selten so deutlich erkennbar wie in einem Krankheitsprozess. […]

Von K. kann gesprochen werden, wenn zuvor bestehende stabile und funktionierende Zustände sich aufzulösen beginnen […] und die eingetretenen Störungen nicht mit hergebrachten Mitteln überwunden werden können, sondern eine *renovatio*, eine Reform, eine Revolution, erforderlich wird und erfolgt; geschieht dies nicht, handelt es sich nicht (mehr) nur um eine K. Kennzeichen von K. ist, dass es in ihrem Prozess Alternativen gibt, Phasen und Konstellationen, in denen sich entscheidet, ob sie überwunden werden können.

K. sind keine Naturprozesse, wohl aber können z. B. Erdbeben, Flutkatastrophen, Dürreperioden K. auslösen: Hunger-K., aber auch K. des Vertrauens in die Fähigkeit von Regierung und Verwaltung, mit ihnen fertigzuwerden.

[…] K. müssen, um als solche bezeichnet werden zu können, objektiven Charakter haben, also nicht nur herbeigeredet sein, indem vorübergehenden und vereinzelten krisenhaft erscheinenden Symptomen von Veränderung aus Sorge übertriebene Bedeutung zugeschrieben wird.

Sehr unterschiedliche Prozesse sind in der Geschichte als K. erfahren und unterschiedlich gedeutet worden. Als K. wurden sowohl zeitlich und räumlich begrenzte als auch globale Prozesse bezeichnet; es wird von Funktions-K. eines politischen Systems wie von langfristigen Kultur-K. gesprochen. […]

Vor allem die großen Veränderungsprozesse in der Menschheitsgeschichte haben zu immer neuen Versuchen geführt, sie in ihrem Verlauf zu beschreiben, zu verstehen und zu erklären. Dazu bedarf es der Erforschung ihrer jeweils besonderen Ursachen und Anlässe, der Strukturierung ihres zeitlichen Verlaufs und der Definition ihres jeweils besonderen Charakters als politische oder soziale, ökonomische oder kulturelle K. Einen solchen Versuch hat Jacob Burckhardt im Kapitel *Die geschichtlichen K.* seiner *Weltgeschichtlichen Betrachtungen* (1868, gedr. 1905) unternommen, wobei ihm v. a. die Frz. Revolution und ihre Auswirkungen vor Augen standen. Geschichtliche K. seien im Unterschied zu „normalen" Aufeinanderwirken der großen „Weltpotenzen" Staat, Religion und Kultur „beschleunigte Prozesse". Derartige Prozesse seien zugleich „Zeichen des Lebens" und „Entwicklungsknoten", durch die vorher nicht geahnte menschliche Kräfte zur Überwindung der K. freigesetzt werden könnten.

Nicht alle K. lassen sich hinreichend als „beschleunigte Prozesse" kennzeichnen. Auch sich aufstauende, verzögerte, behinderte Prozesse können sich zu K. entwickeln oder sind vorübergehende K.-Erscheinungen ohne Veränderungswirkung. Am ehesten können politische, auch ökonomische K. zumal in modernen, hoch entwickelten Gesellschaften, als „Entscheidungsprozesse unter Zeitdruck" (K. W. Deutsch) charakterisiert werden. Soziale oder gar Kultur-K. vollziehen sich langfristig, werden oft erst spät als solche erkannt und noch später überwunden, nie jedoch im Sinne einer Rückkehr zu vorhergehenden Zuständen.

Es geschieht nicht selten, dass der K.-Charakter gerade langfristiger Veränderungsprozesse, in die viele Menschen und Lebensbereiche involviert waren, nachträglich von der historischen Forschung unterschiedlich interpretiert, infrage gestellt oder überhaupt bestritten wird. Vielfach wird wohl Teilabschnitten oder -ausschnitten dieser Prozesse K.-Charakter zugesprochen, nicht jedoch dem übergreifenden Gesamtprozess. [...] Die revolutionärgeschichtliche Schule in Frankreich, die die These der Einheit der zur Revolution von 1789 führenden Entwicklungen vertrat, hat es lange hartnäckig abgelehnt, von einer K. des *Ancient Régime* zu sprechen. Ein weiteres Beispiel: die Staats- und Funktions-K. der preuß. Monarchie 1786–1815 mit der Gleichzeitigkeit und der schnellen Folge von kultureller Blüte, Kritik am Herrschaftssystem, Erosion der militärischen Disziplin, politischer und militärischer Katastrophen, Staats- und Bildungsreform und Wiederaufstieg zur führenden Macht neben Österreich im Dt. Bund: wirklich ein „beschleunigter Prozess".

Nur in seltenen Fällen sind K. auf bestimmte Ursachen zurückzuführen; mehrere und verschiedenartige Umstände und Konstellationen haben in ihrem Zusammen- und Gegeneinanderwirken Prozesse in Gang gebracht und vorangetrieben, die sich zu ernsthaften K. entwickelten. Die 1788 zur Versammlung der Generalstaaten in Versailles zusammentretenden Deputierten wollten keine Revolution machen, nicht die Monarchie abschaffen, nicht eine Herrschaft des Schreckens errichten. Intensive Forschung hat die Vielfalt der elementaren Vorbedingungen wie der eher zufälligen und momentanen Antriebe der Revolution gezeigt: das vielleicht eindrucksvollste Beispiel einer „großen" K., die sich zu revolutionärem Umbruch steigerte, der selbst wieder in die K. geriet, weitere K. nach sich zog, aber im Ergebnis entscheidende Bedeutung für die Entwicklung der europ. Kultur gehabt hat.

K. bewirken nicht notwendig Kontinuitätsbrüche; aus ihnen können neue Konstellationen hervorgehen, die die erfolgreiche Überwindung der K. ermöglichen. Ist dies nicht der Fall, wird die K. zum Prozess des Zerfalls und der Auflösung der vorher bestehenden Verhältnisse. Solche Prozesse können sich lange hinziehen und Phasen vorübergehender Stabilisierung durchlaufen. Als klassisches Beispiel gilt seit dem 18. Jh. *The Decline and Fall of the Roman Empire*, dessen Geschichte Edward Gibbon 1776–88 schrieb.

Rudolf Vierhaus, Artikel „Krisen", in: Stefan Jordan (Hg.), Lexikon Geschichtswissenschaft. Hundert Grundbegriffe, Reclam, Stuttgart 2002, S. 193–195.

1 Vergleichen Sie M 6 mit M 5. Erläutern Sie Unterschiede und Gemeinsamkeiten.

2 Verfassen Sie – ausgehend von M 5 und M 6 – eine eigene Kurzdefinition von Krise.

M7 Was ist eine Revolution? Moderne geschichtswissenschaftliche Definitionen

a) Der Historiker Peter Wende schreibt (2000):
Vor diesem Hintergrund lässt sich [...] in Anlehnung an Theodor Schieder Revolution als „besondere Form des historischen Wandels" definieren. [...] Und es gilt bei dieser Definition natürlich, die Kriterien für die ‚besondere Form' der Veränderung zu fixieren, d. h. zu fragen, was mit welchen Mitteln wie rasch und wie gründlich verändert werden muss, damit von einer Revolution die Rede sein kann:

1. *Das Objekt des revolutionären Wandels* ist die politisch organisierte und in bestimmter Form verfasste Gesellschaft: Die Revolution setzt den Staat als politische Einheit, als Konzentration politischer Macht und Legitimität voraus, andernfalls bedarf sie einschränkender Qualifikation und muss beispielsweise als soziale, ökonomische oder kulturelle Revolution näher bezeichnet werden. Dabei lassen sich in dem Bereich von Staat und Gesellschaft vier mögliche Ebenen revolutionären Wandels unterscheiden.

Dieser wird in der Regel die personelle Zusammensetzung der Regierung betreffen; die Revolution stürzt die alten und legitimiert neue Machthaber. Allerdings darf sie sich nicht auf den bloßen Austausch von politischen Eliten bzw. Führungspersonen beschränken. Denn wenn lediglich die Ausschaltung bzw. der Wechsel der bestehenden Regierungsführung zu registrieren ist, sollte eher von Palastrevolution, von Staatsstreich bzw. Putsch die Rede sein. Auch wenn, besonders im 20. Jahrhundert, das Wort „Revolution" als Legitimationstitel für gewaltsame politische Veränderungen positiv besetzt ist und daher immer wieder das Auswechseln herrschender Oligarchien, die Machtergreifung von Militärjuntas gerade auch von den involvierten Akteuren als Revolution bezeichnet wird, sollte der Historiker hier nicht dem Sprachgebrauch der Herrschenden folgen. [...]

Anders jedoch, wenn der erzwungene Wandel nicht nur die Regierung, sondern zugleich auch die politische Organisationsform der Gesellschaft betrifft. Wo ein radikaler Umbruch im Bereich der staatlichen Institutionen stattfindet, eine neue Verfassung entworfen, verkündet und durchgesetzt wird, lässt sich eher schon von Revolution, zumindest von politischer Revolution sprechen. Und dies gilt erst recht, wenn radikale Veränderung nicht vor bestehenden Eigentumsverhältnissen haltmacht, sondern auch die sozialen Strukturen erfasst, sodass die Revolution als Totalumwälzung einer bestehenden Gesellschaft definiert werden kann. Sie schließt dann auch schließlich als vierte Ebene der Veränderung die der sozialen und politischen Legitimationsideologie ein, auf der ein neues Denken sich durchsetzt und neue Normen und Ideale als die geistigen Grundlagen einer neuen gesellschaftlichen und politischen Ordnung verkündet werden.

2. Die Revolution ist gleichermaßen definiert durch die *Art und Weise,* in der sie Veränderung durchsetzt. Denn Revolution impliziert Gewalt, genauer: als unrechtmäßig verstandene Gewaltanwendung zwischen rechtlich nicht gleichgestellten Parteien. Dies meint in der Regel Gewalt „von unten", Gewalt des Volkes gegen die Herrschenden. So betrachtet impliziert Revolution auch stets Elemente von Aufstand und Rebellion, die für sich genommen allerdings andere, nämlich begrenztere Zielsetzungen verfolgen. Solche Revolten sind gemeinhin Ausdruck verletzten Rechtsempfindens und, indem sie die Wiederherstellung einer gestörten Rechtsordnung verfolgen, Akte der sozialen Chirurgie, Operationen der Renovation. Das klassische Beispiel sind etwa Unruhen aus Anlass überhöhter Brotpreise; aber auch die Rebellion des englischen Parlaments gegen den König 1640 diente zunächst dem Ziel, die alte Verfassung wieder herzustellen. Solcher Aufruhr kann durchaus am Beginn einer Revolution stehen, wenn aus dem Widerstand schließlich das Programm für eine neue, eine andere politische Verfassung erwächst. Dabei kann an die Stelle von spontanen Gewaltakten schließlich der Bürgerkrieg als die höchste Stufe innerstaatlicher gewaltsamer Auseinandersetzung treten, als der bewaffnete Konflikt zwischen den Repräsentanten der alten und den Vorkämpfern einer neuen Ordnung. In dem Maße, wie Revolution Gewalt, besonders Gewalt von unten impliziert, unterscheidet sie sich von der Reform, die ebenfalls Wandel, nicht selten radikalen Wandel bewirken

kann, jedoch im Rahmen der bestehenden Ordnung stattfindet bzw. zumindest initiiert wird. Das Subjekt der Aktion ist dabei in der Regel die bestehende Regierung, d. h. reformiert wird „von oben" in einem gesteuerten, an den Normen der bestehenden Verfassung orientierten Prozess.

Die Art und Weise der Veränderung definiert Revolution auch insofern, als dieser Wandel rasch vollzogen werden muss. Zwar hat es sich durchaus eingebürgert, auch langfristige historische Prozesse, besonders im Bereich der ökonomischen Entwicklung, mit dem Begriff der Revolution zu belegen, und so spricht man nicht nur von der Industriellen Revolution, sondern auch von der Neolithischen Revolution, um den Übergang von der Kultur nomadisierender Jäger und Sammler zu der sesshafter Ackerbauern zu bezeichnen. Doch diese Variante des modernen Revolutionsbegriffes, welche lediglich die Radikalität wirtschaftlichen und gesellschaftlichen Wandels berücksichtigt und dies allein vor dem Hintergrund langfristiger historischer Prozesse, soll uns hier nicht beschäftigen.

3. In dem Maße, wie Revolution als besondere Form des historischen Wandels definiert ist, muss sie *Folgen* zeitigen. Wohl gibt es kaum eine Revolution, an deren Ende nicht in der einen oder anderen Form eine Restauration, eine zumindest partielle Rückkehr zu vorrevolutionären Zuständen zu verzeichnen ist. Dennoch, wo keinerlei Veränderung registriert werden kann, lässt sich, auch angesichts des ungeheuren Ausmaßes innerstaatlicher Gewalt, nicht von Revolution sprechen. Vielmehr schließt die Frage nach der Revolution auch immer die Frage nach dem Umfang und der Dauer des Neuen ein.

Doch es genügt nicht, die Revolution als Phänomen durch die Besonderheiten ihrer Erscheinungsformen zu definieren, etwa als „in kurzer Zeit gewaltsam und illegal bewirkter radikaler Umbruch im Bereich der Institutionen, der Sozialstruktur, der Ideologie, Eigentumsverhältnisse und der Elitenzusammensetzung einer gegebenen Gesellschaft" (H. Wassmund, […]). Um von Revolution zu sprechen, bedarf es des subjektiven Willens der Handelnden zur Veränderung. Die Zielsetzungen der Revolutionäre sind konstitutives Element von Revolution und diese müssen auf die Realisierung von Freiheit ausgerichtet sein. Seit der Amerikanischen und besonders seit der Französischen Revolution, die hier musterbildend gewirkt hat, schließt die Revolution den Entschluss zur Gestaltung der Zukunft ein. […].

Wenn man somit eine auf die Realisierung von Freiheit hin orientierte Sinngebung revolutionären Handelns als konstitutives Element des Revolutionsbegriffs begreift, erhält dadurch […] jene Phase allgemeiner Modernisierung, welche mit der Amerikanischen Revolution einsetzte und mit der großen Französischen Revolution ihren Höhepunkt erreichte, eine Schlüsselstellung. So gesehen markieren von nun an Revolutionen Wendepunkte der Geschichte des 19. und 20. Jahrhunderts; und zwar in erster Linie der europäischen Geschichte bzw. der Geschichte einer Welt, die im Zeichen der Ausbreitung Europas steht, bis sie sich schließlich von dessen Hegemonie befreit, nicht zuletzt auf dem Wege der Revolution.

Peter Wende, Einleitung, in: ders. (Hg.), Große Revolutionen der Geschichte. Von der Frühzeit bis zur Gegenwart, C. H. Beck, München 2000, S. 11–14.

b) Der Politikwissenschaftler Hans Wassmund schreibt (1978):

Nimmt man die […] vorgestellten Komponenten zusammen, dann ergeben sich für eine Revolutionsdefinition die folgenden wichtigsten Elemente: Sie muss erstens die Neuartigkeit der Werte und Normen sowie die Idealität der angestrebten Ordnung beinhalten. Es muss zweitens von den plötzlich, gewaltsam und illegal durchgeführten Veränderungen der Rechtsordnung und politischen Institutionen sowie der an utopischen Vorstellungen orientierten Rechtfertigung die Rede sein. Schließlich muss deutlich werden, dass Diskrepanzen, Krisen und Disharmonien in einer Vielzahl gesellschaftlicher Bereiche durch gemeinsame Aktionen der davon Betroffenen und durch die Herausbildung einer auf langfristige Zielsetzungen angelegten Massenbewegung überwunden werden sollen.

Es sollte deshalb von Revolutionen überhaupt nur dann gesprochen werden, wenn im Gefolge einer akuten, ausgedehnten Krise in einem oder mehreren der traditionellen

Systeme der Stratifikation[1] (Klasse, Status und Herrschaft) eines Staates ein von einer Massenbewegung getragener, gewaltsam durchgesetzter, ideologisch an den Idealen von Fortschritt, Emanzipation und Freiheit orientierter, schneller und radikaler Wandel in der politischen Organisation, der Sozial- und Wirtschaftsstruktur sowie der Eigentumskontrolle und den Legitimierungsprinzipien durchgeführt wird.

Hans Wassmund, Revolutionstheorien. Eine Einführung, C.H. Beck, München 1978, S. 41 f.

1 Stratifikation: soziale Schichtung

c) Der Historiker Jürgen Osterhammel schreibt (2009):

Nimmt man die Programme der Nordamerikanischen und der Französischen Revolution beim Wort, dann gehören seither zu jeder Revolution, die sich so nennen darf, das „Pathos des Neubeginns“ (Arendt) und der Anspruch, mehr zu vertreten als nur die selbstsüchtigen Interessen der Protestierenden. Eine Revolution ist in diesem Verständnis ein lokales Ereignis mit universalem Geltungsanspruch. Und jede spätere Revolution zehrt von den Ideenpotenzialen, die mit der revolutionären Urzeugung von 1776 und 1789 in die Welt kamen, jede ist in gewissem Sinne imitativ.

Ein solcher philosophischer Begriff von „Revolution“ ist freilich sehr eng, und er wird noch enger, wenn man verlangt, dass Revolutionen notwendig unter der Parole der „Freiheit“ zu geschehen hätten und stets dem „Fortschritt“ dienen sollten. Auch verallgemeinert er einen Universalitätsanspruch, der eine Erfindung des Okzidents[1] war und sich nirgendwo sonst ähnlich findet. Eine größere Zahl von Fällen in einem weiteren Raum bekommt man in den Blick, wenn man nicht nach Zielen und ihrer philosophischen Begründung fragt, auch nicht nach der geschichtsphilosophischen Sonderrolle der Großen Revolutionen, sondern nach dem beobachtbaren Geschehen und seinen strukturellen Ergebnissen. Eine Revolution ist dann ein Fall von kollektivem Protest mit besonderer Tragweite: ein tief greifender politischer Systemwechsel unter Beteiligung von Menschen, die nicht dem Kreis der bisherigen Inhaber der Macht angehörten. In der umsichtigen Sprache eines Sozialwissenschaftlers, der darauf achtet, seine begrifflichen Werkzeuge scharf zu halten, lässt sich definieren, eine Revolution sei „der erfolgreiche Umsturz der bisher herrschenden Eliten durch neue Eliten […], die nach ihrer (meist mit größerem Gewaltgebrauch und der Mobilisierung von Massen verbundenen) Machtübernahme die Sozialstruktur (und damit auch Herrschaftsstruktur) fundamental verändern“.

Hier ist nichts über einen geschichtsphilosophischen Augenblick gesagt, das Pathos der Modernität verflüchtigt sich. Revolutionen in dieser Bedeutung kann es nahezu überall und in jeder Epoche geben. In der gesamten dokumentierten Geschichte ist es tatsächlich immer wieder zu radikalen Einschnitten gekommen, auch solchen, bei denen viele Menschen glaubten, alles Gewohnte sei auf den Kopf gestellt oder gar zerstört worden.

Jürgen Osterhammel, Die Verwandlung der Welt. Eine Geschichte des 19. Jahrhunderts, C.H. Beck, München 2009, S. 738.

1 Okzident: Abendland; heute ist damit die westliche Hemisphäre mit Westeuropa, Nordamerika, Australien und manchmal auch Südamerika gemeint.

1 Klären Sie unbekannte Begriffe.

2 Analysieren Sie die Revolutionsbegriffe von Wende, Wassmund und Osterhammel (M 7 a–c). Fertigen Sie dazu eine Tabelle an, in der Sie die Texte unter folgenden Gesichtspunkten vergleichen:
- Akteure und Ziele einer Revolution;
- Mittel und Methoden von Revolutionen;
- Folgen von Revolutionen;
- zeitliche und räumliche Geltung des Revolutionsbegriffs (aus welcher Epoche und Region werden Beispiele für Revolutionen ausgewählt?);
- Rechtfertigungen und Begründungen für Revolutionen.

3 Überprüfen Sie die Revolutionsbegriffe am Beispiel einer Ihnen bekannten historischen Umbruchsituation.

4 Nehmen Sie Stellung zu den unterschiedlichen Revolutionsbegriffen. Erörtern Sie dabei Vorzüge und Nachteile dieser Begriffe für die Analyse historischer Umbrüche.

M8 „Die Freiheit führt das Volk", Ölgemälde von Eugène Delacroix, 1830.

Delacroix fertigte sein Gemälde nach der Julirevolution 1830 in Frankreich an. Der französische König Karl X. hatte versucht, die Zustände von vor der Revolution von 1789 und damit die Vorherrschaft des Adels wiederherzustellen. Dazu hatte er unter anderem die Abgeordnetenkammer aufgelöst, das Wahlverfahren zum Nachteil der einfachen Bürger verändert und eine Pressezensur eingeführt. Die Bevölkerung protestierte heftig und blutig. Der König musste abdanken; unter seinem Nachfolger wurde die konstitutionelle Monarchie in Frankreich eingeführt.

1 Interpretieren Sie das Gemälde. Achten Sie besonders darauf, welche Aspekte des Revolutionsbegriffs der Maler darstellt bzw. betont.

M9 **Werbeplakat der österreichischen Grünen für die Wahlen zum Europaparlament, 2009**

1 Vergleichen Sie M9 mit M8. Erläutern Sie die veränderte Aussage.
2 Nehmen Sie Stellung: Halten Sie die Werbung für gelungen?

M10 Was Revolutionen nicht sind – Abgrenzungen zu anderen historisch-politischen Schlüsselwörtern

a) Der Politikwissenschaftler Christian Graf von Krockow schreibt über das Verhältnis von Reform und Revolution (1976):

Zunächst einmal ist gewiss nicht jede Veränderung schon eine Reform. Wenn ein Touristikunternehmen mehr Busse und Charterflugzeuge oder die Bundesbahn Sonderzüge einsetzt, um den Ansturm der Reisenden zu bewältigen, wird man schwerlich von einer Verkehrsreform sprechen, und die Schaffung neuer Studienplätze, der Ausbau alter und die Gründung neuer Universitäten machen noch keine Hochschulreform aus.

Anders wäre es, wenn neuartige Verkehrskonzepte entwickelt, wenn die Strukturen der Hochschulen und ihrer Studiengänge umgebildet würden, um dem Massenandrang zu begegnen.

Von Reform zu sprechen ist vor allem dann sinnvoll, wenn die Strukturveränderung bestehender Institutionen auf irgendeine Weise, direkt oder indirekt, eine Umverteilung von *Macht* einschließt, wenn etwa, um bei den angeführten Beispielen zu bleiben, das Monopol eines Verkehrsunternehmens durch die Etablierung neuer Verkehrssysteme gesprengt oder wenn das Entscheidungsmonopol der Ordinarien[1] innerhalb der Universitäten durch ein Mitbestimmungsrecht von Assistenten und Studenten beschnitten wird. Die Umverteilung von Macht lässt die Reform unausweichlich zum Machtkampf, zum politischen Konflikt werden; es geht um handfeste Interessen […]. Die zweite wichtige Abgrenzung betrifft das Verhältnis von Reform und Revolution.

Es ist fraglich, ob diese Abgrenzung dadurch erreicht werden kann, dass man auf irgendeine Weise den Umfang beabsichtigter oder durchgeführter Strukturveränderungen nachzumessen versucht. [...] Die Unterscheidung hängt offensichtlich davon ab, ob ein Bruch und ein Wandel in den Legitimationsgrundlagen der Herrschaft stattgefunden hat oder nicht. [...]

In diesem Sinne mit Vorsicht gewappnet, sei als Ergebnis einer ersten, begrifflichen Annäherung ans Thema festgehalten: Reformen stellen institutionelle Veränderungen dar, die auf eingetretene oder erwartete Veränderungen antworten, welche eine Institution mit Funktionsunfähigkeit bedrohen. Allerdings lässt sich nicht jede beliebige Veränderung bereits als Reform verstehen. Von Reform zu sprechen ist vor allem dann sinnvoll, wenn der Strukturwandel bestehender Institutionen direkt oder indirekt eine Umverteilung von Macht einschließt und damit politische Konflikte auslöst. Andererseits unterscheidet sich die Reform von der Revolution zwar nicht unbedingt durch das Ausmaß des Wandels, wohl aber dadurch, dass die Legitimationsgrundlage der bestehenden Herrschaftsordnung entweder völlig erhalten bleibt oder nur schrittweise in längeren Zeiträumen verändert wird. [...]

Es geht um das Verhältnis von Reform und Radikalismus, und es bietet sich an, eine Alternative zu formulieren: Man kann das eine haben oder das andere, aber nicht beides; Reform und Radikalismus schließen sich einander aus. [...]

Es kommt [den Radikalen] nicht darauf an, das Bestehende in Teilstücken und Teilschritten zu verändern, auszubessern, neuen Erfordernissen und Einsichten anzupassen – ganz im Gegenteil, denn damit würde dem *im Kern* Verdorbenen, Verabscheuungswürdigen, Menschenfeindlichen doch nur das Überleben ermöglicht. Sondern man muss – wie der Begriff „radikal" ja besagt – das Übel bei der Wurzel packen, also das Bestehende zerstören, um an seine Stelle Neuartiges, nicht Verbessertes, sondern wirklich Besseres zu setzen. Dazu bedarf es natürlich einer Utopie, einer Vision der künftigen, befreiten, wahrhaft humanen Ordnung. [...] So muss der Radikale, auch und gerade insofern es ihm um Praxis geht, zunächst einmal und beständig weiter umfassende theoretische, philosophische Arbeit leisten. [...]

Eine Gegenprobe bestätigt den Tatbestand: Der Reformer will vermitteln, das Gegenwärtige mit dem Kommenden verbinden; er will das Bestehende verändern, um es zu erhalten. Erstarrung dagegen führt ins Verderben. [...]

Politik ist der Kampf um die Veränderung oder Bewahrung bestehender Verhältnisse. Reform als politisches Prinzip will beides; es will das Bestehende in Teilschritten verändern – um es vor der Erstarrung zu bewahren, die am Ende zum katastrophenartigen Zusammenbruch führt. Das Ethos der Reform ist ein Ethos der Welt- und Zukunftsoffenheit und der Freiheit: Wenn die amerikanische Unabhängigkeitserklärung als Grundrecht des Menschen das Streben nach Glück proklamiert, dann bleibt unbestimmt, was letzten Endes dieses Glück ausmacht. Nur der Einzelne kann sagen und muss verantworten, wie und wohin er sein Leben im Letzten führen will, und Aufgabe der Regierungen ist es einzig, Rahmenbedingungen dafür zu schaffen, dass alle Bürger selbstverantwortlich entscheiden und handeln können. Denn würden Regierungen das Letzte, End-Gültige verbindlich bestimmen, vorschreiben, als allgemeines Glück verordnen, so müssten sie Offenheit und Freiheit, die Würde der Selbstbestimmung vernichten. Das Ethos des politischen Prinzips der Reform ist deshalb ein Ethos des Verzichts auf Gewissheit im Letzten. Es ist ein Ethos des Vorletzten.

Christian Graf von Krockow, Reform als politisches Prinzip, R. Piper & Co. Verlag, München 1976, S. 12f., 18, 79f., 82, 119.

1 Ordinarius: Professor an einer Universität, der ein Institut leitet

1 Geben Sie die Wesensmerkmale von Reformen und Revolutionen wieder.

2 Erläutern Sie die zentralen Unterschiede zwischen reformerischem und revolutionärem Wandel.

3 Setzen Sie die Begriffe „Reform" und „Revolution", wie sie Krockow verwendet, in Beziehung zu Ihnen bekannten historischen Ereignissen, Vorgängen und Handlungen.

b) Der Politikwissenschaftler Hans Wassmund grenzt Staatsstreiche und Revolten von Revolutionen ab (1978):

Als Phänomene, die mit Revolutionen eng verwandt sind, aber dennoch wegen des Fehlens wichtiger qualitativer und quantitativer Merkmale von ihnen unterschieden werden müssen, gelten Staatsstreiche (*coup d'état*) […] und Revolten. Klare Trennungen sind allerdings schwierig, die Übergänge sind häufig fließend; es entstehen komplizierte Mischformen, und häufig ist die eine Erscheinung ohne die andere nicht denkbar.

Staatsstreiche bezeichnen in der Regel die konspirativ bewirkte Ausschaltung der bestehenden Regierungsführung oder aber die plötzliche und drastische Verlagerung eines vorhandenen institutionellen Gleichgewichts zugunsten der Exekutivgewalt. Bei einfachen *coups d'état* sind die Zielsetzungen sehr begrenzt: Auswechseln der herrschenden Oligarchie durch eine andere, Akzentverlagerung in der Bedeutung von Herrschaftssäulen. Die politischen, ökonomischen und gesellschaftlichen Grundprinzipien des Landes werden in keiner Weise berührt; die Anwendung von Gewalt wird zumeist in engen Grenzen gehalten, und die Rückkehr zu den gewohnten Zuständen ist nach relativ kurzer Zeit gesichert.

Palast-„Revolutionen" mit ihrer meist gewaltsamen Ersetzung des Regierenden oder einer Herrschaftsclique durch andere gehören genauso in diese Kategorie wie Machtübernahmen auf „kaltem" Wege, in denen bestehendes Verfassungsrecht ohne gesetzliche Grundlage außer Kraft gesetzt und die Exekutivgewalt unbegrenzt verlängert wird. Auch Militärputsche sind hier einzuordnen, die in Ländern mit unterentwickelter politischer Binnenstruktur von den Streitkräften als dem bestorganisierten Ordnungsfaktor mit der Absicht durchgeführt werden, entweder selbst zu herrschen oder eine zivile Regierung in ihrem Namen die Staatsgeschäfte führen zu lassen. Militärcoups können durchaus Ausgangspunkt für den Durchbruch gesellschaftsverändernder Bewegungen sein […], häufiger aber sind sie das Mittel, eine bevorstehende Revolution im Keim zu ersticken bzw. sie nach ersten Maßnahmen zu stoppen. […]

Als Graf Liancourt in der Nacht nach dem 14. Juli 1789 auf den Ausruf Ludwigs XVI.: „Das ist ja eine *Revolte!*" lakonisch und bestimmt erwiderte: *„Non, Sire, c'est une révolution"*, sind ihm wahrscheinlich die Unterscheidungsmerkmale nicht voll bewusst gewesen. Auch Wissenschaftler, die sich mit diesem Problem intensiv auseinandersetzten, haben sich immer schwer getan, eindeutige Kriterien der Unterscheidung herauszustellen. Revolten und Revolutionen werden meistens als feste Größen in einem Kontinuum politischer Umsturzmaßnahmen gesehen und ihre Unterschiede als messbar angegeben: Revolten sind auf bestimmte Regionen begrenzt, Revolutionen erfassen das ganze Land; Revolten bringen begrenzte oder auch gar keine sozio-ökonomischen Veränderungen, Revolutionen haben tief greifende Umwälzungen auf allen Gebieten zur Folge; Revolten sind erfolglos, Revolutionen erfolgreich; das Maß an Gewaltanwendung ist bei Revolten begrenzt, bei Revolutionen sehr viel größer.

Ganz abgesehen davon, dass es für diese Unterscheidungen historische Gegenbeispiele gibt und deshalb zumindest zusätzliche Differenzierungen eingeführt werden müssten, sind die Hauptunterschiede zwischen den beiden Erscheinungen nicht rein quantitativer, sondern grundsätzlicher, qualitativer Natur, nicht Grad-, sondern Artunterschiede: Sie betreffen vor allem Umfang und Form des erbrachten Einsatzes für eine Aufstandsbewegung, die Funktion der dabei zum Tragen kommenden Ideologie und die Eigenschaften der Führer.

Revolten sind der wütende und gewaltsame Ausdruck von Individuen oder Gruppen, die sich weigern, die bestehenden Zustände weiter hinzunehmen. Die augenblickliche Situation und die Aussichten für die Zukunft erscheinen so unerträglich, dass daraus das Recht abgeleitet wird, gegen diejenigen, die diese Verhältnisse angeblich oder wirklich herbeigeführt haben, gewaltsam vorzugehen. […]

Die Forderungen derjenigen, die rebellieren, sind sehr konkret, sie liegen im Hier und Jetzt; nicht abstrakt der Staat, der König oder der Adel werden für den Zustand der Verzweiflung verantwortlich gemacht, sondern gegen den Steuereintreiber, den Gutsverwalter, den Rekrutierer wird mit Gewalt vorgegangen. Dies geschieht häufig in der Absicht, einen vorher bestehenden Zustand der Harmonie, der vertraglichen Ausgewogenheit wiederherzustellen; Revolten sind Akte der sozialen Chirurgie; Operationen der Renovation, nicht der Innovation.

Diesem begrenzten Einsatz und der rückwärtigen Orientierung entspricht bei Revolten das Fehlen eines weiteren Elements, das Revolutionen auszeichnet: ein wirksames Bewusstsein, eine Ideologie, ein in sich geschlossener Entwurf einer sozialen Einheit, die sich gegen die bestehende Gesamtgesellschaft und ihre augenblickliche Organisation richten könnte. Die Unterschiede zwischen den beiden Erscheinungen können folgendermaßen zusammengefasst werden: „Rebellion ist der gewaltsame, spontane Akt ‚normaler Leute', die zu den Bedingungen, so wie sie sind, ‚nein' sagen; Revolution ist der „Akt der Neubildung der durch Rebellion erschütterten Gesellschaft nach einem Plan oder einer Vision (einer Ideologie) einer perfekteren, gerechteren und zumindest erträglicheren Gesellschaft".

Schließlich werden Revolten von anderen Führern geleitet als Revolutionen: Bei Revolten werden sie spontan an die Spitze gestellt und zeigen vorher nie erprobte und ungeahnte Qualitäten. Wegen des Fehlens einer langfristigen politischen Perspektive lassen sie Gewalttaten und Zerstörungen zu, die ein professioneller Revolutionär, der einer organisierten Bewegung mit klar umrissenen Zielen vorsteht, aus taktischen und strategischen Erwägungen und aus Erfahrung im Umgang mit dem Gegner eventuell verhindern würde.

Hans Wassmund, Revolutionstheorien. Eine Einführung, C. H. Beck, München 1978, S. 27–33.

1 Fassen Sie Wassmunds Definitionen von „Staatsstreich" und „Revolte" zusammen.

2 Erläutern Sie die wesentlichen Unterschiede zwischen Revolutionen einerseits und Staatsstreichen und Revolten andererseits, die Wassmund in M 7 b und M 10 b herausarbeitet.

3 Überprüfen Sie die Definitionen Wassmunds an Ihnen bekannten historischen Beispielen.

M 11 Die „Große proletarische Kulturrevolution" in der Volksrepublik China, Fotografie, um 1966/68. *Während einer Demonstration der „Revoltenkommandos", gebildet aus den Fraktionen der Roten Garden, wird das Bild Mao Zedongs, des Vorsitzenden der Kommunistischen Partei Chinas, präsentiert.*

1 **Referat:** Informieren Sie sich über Zielsetzung, Durchführung und Folgen der chinesischen Kulturrevolution. Bewerten Sie mithilfe der in dieser Themeneinheit erarbeiteten Definitionen: Ist die Bezeichnung „Revolution" gerechtfertigt?

1.2 Revolutionstheorien

Entstehung des modernen Revolutionsbegriffes

Der Begriff „Revolution“ (lat. *revolutio* = Umwälzung) entstand bereits in der Antike. Zunächst wurde er in der Astronomie verwandt und bezeichnete z. B. eine kreisförmig verlaufende Bewegung, die zum Ausgangspunkt zurückführte. Der Astronom Nikolaus Kopernikus nannte 1543 sein bahnbrechendes Werk über die Kreisbewegungen der Himmelskörper *„De revolutionibus orbium coelestium“*. Seit dem 14. Jahrhundert wurde der Begriff auch auf den politischen Bereich übertragen, aber erst seit der *„Glorious Revolution“* in England Ende des 17. Jahrhunderts erhielt er einen festen Platz in der politischen Sprache. Unter Revolution verstanden die Zeitgenossen während der Frühen Neuzeit allerdings nicht den Durchbruch zu grundsätzlich Neuem, sondern die Wiederherstellung früherer, als ideal empfundener Zustände. Diesen Vorgang nennen wir heute „Restauration“.

Der **moderne Revolutionsbegriff** entwickelte sich während des 18. Jahrhunderts in Frankreich. Zunehmend bezog er sich auf tief greifende, unumkehrbare Wandlungen in der Politik oder im Staat. Mit der **Französischen Revolution** von 1789 setzte sich das neue Verständnis endgültig durch: Revolution wurde jetzt aus einem „einzelnen Ereignis zu einer Menschheitsaufgabe“, zum Grundprinzip einer „dynamischen Entwicklungsgeschichte der Menschheit“ (Karl Griewank). Dies schloss die **Machbarkeit des Fortschritts** ein. Die Einsicht, dass die Menschen die Welt gestalten konnten, veränderte ihr Verhältnis zur Politik wie zur Zukunft. Diesen Wandel hat der Historiker Reinhard Koselleck 1979 treffend so zusammengefasst: „Die Revolution führt seitdem offensichtlich nicht mehr zurück in vorgegebene Zustände oder Möglichkeiten, sie führt seit 1789 in eine so unbekannte Zukunft, dass sie zu erkennen und zu meistern eine ständige Aufgabe der Politik geworden ist.“ Viele Zeitgenossen machten allerdings die überraschende Erfahrung, dass sich die Revolution der Steuerung entzog. Keiner der Mitwirkenden war in der Lage, Verlauf und Richtung der Revolution zu bestimmen.

Revolutionsoptimisten und -pessimisten

Die Französische Revolution hat eine bis heute andauernde Debatte über Ursachen, Verlauf und Folgen, vor allem aber über den Charakter von Revolutionen ausgelöst, an der sich die politisch interessierte Öffentlichkeit, Publizisten, Intellektuelle und Politiker sowie Wissenschaftler beteiligen. Eine zentrale Frage ist, ob **Gewalt** in Form von Massenunruhen oder Bürgerkriegen ein **Wesensmerkmal von Revolutionen** sei. Außerdem dreht sich die Diskussion um das Problem, ob man unter Revolutionen kurzfristige Entwicklungssprünge oder langfristigen Strukturwandel verstehen solle. Revolutionen werden überdies unterschiedlich bewertet. Ihre Anhänger betonen die Notwendigkeit revolutionärer Veränderungen, ohne die keine freiere und gerechtere Gesellschaft durchzusetzen sei. Während sie von der optimistischen Annahme ausgehen, dass die Geschichte „machbar“ sei, betonen ihre Gegner, dass die Menschen ihr Schicksal nicht frei bestimmen könnten und dürften. Dabei warnen sie besonders vor den zerstörerischen und die Freiheit des Einzelnen gefährdenden Folgen der Gewalt. Revolutionen, so ihre pessimistische Argumentation, hätten stets in Chaos und Schrecken geendet.

Die Revolutionstheorie von Marx, Engels und Lenin

Im **europäischen Bürgertum** verbreitete sich im 19. Jahrhundert immer mehr eine **revolutionspessimistische Sicht.** Nach den gescheiterten europäischen Revolutionen von 1848/49 steigerte sich diese Haltung zum Revolutionsverzicht. Dagegen hielt die **sozialistische Arbeiterbewegung** die **Hoffnung auf die Revolution** im 19. Jahrhundert wach. Die theoretische Begründung der historischen Notwendigkeit der proletarischen Revolution lieferten **Karl**

Marx und **Friedrich Engels**, die ihre Theorie vor dem Hintergrund der vielerorts in Europa durchbrechenden Industriellen Revolution entwarfen. Ihre Revolutionstheorie (M 3 a–c) beruhte auf der Überzeugung, dass sich bestimmte Elemente der Französischen Revolution verallgemeinern ließen. Für Marx und Engels entstand diese Revolution, weil die feudalen Produktionsverhältnisse (z. B. die ungleichen Eigentumsverhältnisse zwischen Grundherrn und Hörigem oder zwischen Manufakturbesitzer und Arbeitern) zu Fesseln der kapitalistischen Produktivkräfte (die technischen und arbeitsorganisatorischen Voraussetzungen der kapitalistischen Produktionsweise) geworden seien. Ähnlich wie das im 18. Jahrhundert aufstrebende Bürgertum in der Französischen Revolution die Vorrechte des Adels beseitigt habe, so ihre Prognose, werde im 19. Jahrhundert das immer stärker und mächtiger werdende **Proletariat** die **Herrschaft des Bürgertums** beseitigen und eine freie und gerechte Gesellschaft schaffen.

M 1 „K. Marx: ‚Tut mir leid, Jungs! War halt nur so' ne Idee von mir …'"
Karikatur von Roland Beier, 1990

1 Die Karikatur des DDR-Künstlers Beier wurde und wird bis heute häufig abgedruckt und besprochen. Erläutern Sie ihre Bildaussage. Berücksichtigen Sie dabei auch das Entstehungsdatum.

Die bürgerliche Gesellschaft bzw. die kapitalistische Wirtschaft drängte nach Marx und Engels „naturnotwendig" auf ihre Aufhebung, weil sich die Klassenkämpfe zwischen Bourgeoisie und Proletariat verschärften. Beide erwarteten, dass die proletarische Revolution in den am weitesten entwickelten Industriegesellschaften beginnen werde. Doch brach die erste Revolution, die sich auf Marx und Engels berief, nicht in den führenden Industriestaaten aus, sondern 1917 im vergleichsweise rückständigen **Russland**, wo erst 1861 die Leibeigenschaft beseitigt worden war und die Industrialisierung erst sehr spät begonnen hatte. Das theoretische Fundament für diese Revolution arbeitete der russische Revolutionär und Politiker **Wladimir I. Lenin** aus. Er organisierte die revolutionäre Umgestaltung Russlands durch Berufsrevolutionäre und etablierte nach der gewaltsamen Oktoberrevolution 1917 die bolschewistische Regierung. Dabei berief er sich auf die Lehren von Marx und Engels, deren Revolutionstheorie er auf die russischen Verhältnisse übertrug (M 4 a, b). Lenin traute allerdings weder der zersplitterten Intelligenz und der Arbeiterbewegung Russlands noch der Arbeiterklasse die Fähigkeit und Kraft zu einer Revolution zu. Die russische Arbeiterklasse, die zahlenmäßig wesentlich kleiner als in westeuropäischen Ländern war, ließ sich in seinen Augen zu sehr von den Illusionen der bürgerlichen Gesellschaft bzw. den Hoffnungen auf Reformen blenden. Das entscheidende Subjekt, das die Revolution vorbereiten und durchführen musste, war für Lenin die Führung der mit der Arbeiterklasse verbundenen **bolschewistischen Partei**. Diese „Vorhut der Arbeiterklasse" hatte nach Lenin die Macht im Staate zu erobern und die Gesellschaft umzugestalten.

M 2 Gesellschaftliche Entwicklungsstadien nach Karl Marx

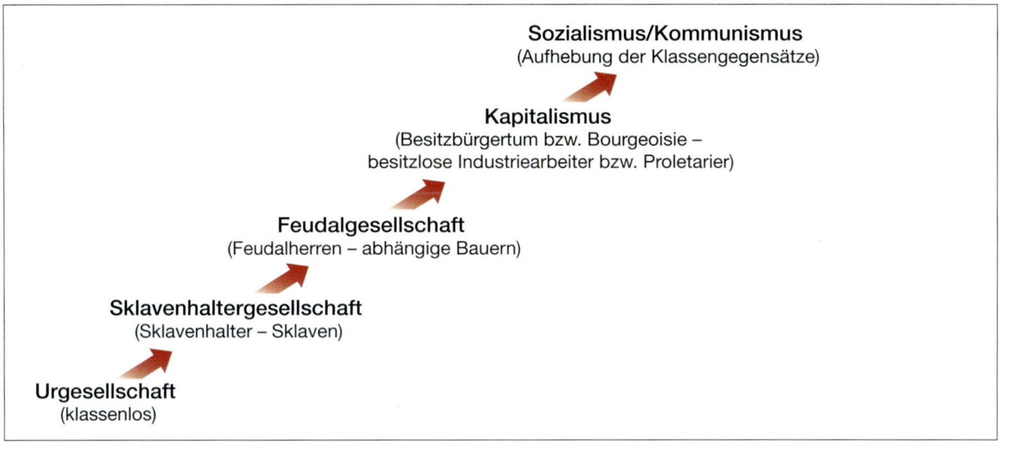

Nichtmarxistische Revolutionstheorien

Die Revolutionstheorien von Marx, Engels und Lenin beruhen auf der Geschichtsauffassung des **Historischen Materialismus**. Die entscheidende Grundlage aller Geschichte waren danach die Produktion und Reproduktion der materiellen Lebensbedingungen. Sie bildeten die „Basis", über der sich ein „Überbau" politischer, rechtlicher und kultureller Lebensformen erhob. Entsprechend richteten Marx, Engels und Lenin sowie die spätere marxistische bzw. marxistisch-leninistische Geschichtsschreibung in den kommunistischen Staaten ihr Augenmerk vorzugsweise auf die **ökonomischen Voraussetzungen von Revolutionen**, also z. B. die Verelendung der unterdrückten Klassen oder die Krisen des kapitalistischen Systems und die dadurch ausgelösten Klassenkämpfe. Die **nichtmarxistische Revolutionsforschung** sprach und spricht dagegen **politischen, sozialen und kulturellen Konflikten und Krisen** bei der Entstehung von Revolutionen große Bedeutung zu. Auch sozialpsychologische Untersuchungen über die Wahrnehmung gesellschaftlicher Konflikte und Krisen sowie über das Verhalten der an den gesellschaftlichen Auseinandersetzungen beteiligten Menschen und Gruppen sind ein wichtiger Aspekt ihrer Analysen.

Der deutsche Soziologe **Theodor Geiger**, der heute als „Klassiker" der Soziologie gilt, veröffentlichte 1926, während der Weimarer Republik, eine nichtmarxistische Revolutionstheorie (M 5), die seit den 1960er-Jahren in den Sozialwissenschaften wie in der Geschichtswissenschaft große Beachtung fand. Geiger betrachtete Revolutionen als lang gestreckte Prozesse, in denen nicht nur die alte Gesellschaftsordnung zerstört, sondern auch **neue Sozialstrukturen** aufgebaut würden. Beide Prozesse beeinflussten sich nach seiner Auffassung wechselseitig. Die allmähliche Auflösung der bestehenden Verhältnisse gehe einher mit der Entstehung einer revolutionären Bewegung; dieser Vorgang betreffe die gesamte Gesellschaft und nicht nur einzelne Teilbereiche des gesellschaftlichen Lebens. Geigers Analyse bietet Historikern bis heute wertvolle Anknüpfungspunkte bei der Einteilung revolutionären Wandels in unterschiedliche Phasen.

Während Geiger sein Hauptaugenmerk auf den Verlauf von Revolutionen richtete, konzentrierte sich der amerikanische Politikwissenschaftler **Chalmers Johnson** (M 6) auf die **politisch-sozialen Bedingungen** revolutionärer Veränderungen. Er sieht in Fehlfunktionen des sozialen Systems die Hauptursache für Revolutionen. Diese entstehen vor allem dann, wenn Gesellschaften ihre Fähigkeit zur Erneuerung verlieren und nicht angemessen auf veränderte Situationen oder unbekannte politisch-soziale Herausforderungen reagieren können. Wird der Erneuerungsdruck so groß, dass die der Selbsterhaltung des Systems dienenden Verfahren und Übereinkünfte dessen Stabilität nicht mehr garantieren können, verlieren Gesellschaftssysteme ihr dynamisches Gleichgewicht und die Revolutionsgefahr wächst. Johnson entwickelte seine Revolutionstheorie in der Absicht, Revolutionen in der Gegenwart frühzeitig zu erkennen und zu verhindern. Angeregt wurde er zu seiner Revolutionsanalyse, als 1964 an der Universität von Kalifornien, Berkeley, wo er lehrte, Studentenunruhen ausbrachen. Intensiv beobachtete der Politikwissenschaftler den Verlauf dieser Unruhen, um aus ihnen Lehren für die Gestaltung der Zukunft zu ziehen.

1 Verfassen Sie einen kurzen Lexikonartikel über die Geschichte des Begriffes „Revolution" von der Antike bis in die Gegenwart. Gehen Sie dabei sowohl auf die inhaltliche Bestimmung als auch auf die Bewertung der Revolution ein.

M 3 Die Revolutionstheorie von Karl Marx und Friedrich Engel

3 a) Aus dem Vorwort der Schrift „Zur Kritik der Politischen Ökonomie" (1859)

In der gesellschaftlichen Produktion ihres Lebens gehen die Menschen bestimmte, notwendige, von ihrem Willen unabhängige Verhältnisse ein, Produktionsverhältnisse[1], die einer bestimmten Entwicklungsstufe ihrer materiellen Produktivkräfte[2] entsprechen. Die Gesamtheit dieser Produktionsverhältnisse bildet die ökonomische Struktur der Gesellschaft, die reale Basis, worauf sich ein juristischer und politischer Überbau erhebt und welcher bestimmte gesellschaftliche Bewusstseinsformen entsprechen. Die Produktionsweise des materiellen Lebens bedingt den sozialen, politischen und geistigen Lebensprozess überhaupt. Es ist nicht das Bewusstsein der Menschen, das ihr Sein, sondern umgekehrt ihr gesellschaftliches Sein, das ihr Bewusstsein bestimmt. Auf einer gewissen Stufe ihrer Entwicklung geraten die materiellen Produktivkräfte der Gesellschaft in Widerspruch mit den vorhandenen Produktionsverhältnissen oder, was nur ein juristischer Ausdruck dafür ist, mit den Eigentumsverhältnissen, innerhalb deren sie sich bisher bewegt hatten. Aus Entwicklungsformen der Produktivkräfte schlagen diese Verhältnisse in Fesseln derselben um. Es tritt dann eine Epoche sozialer Revolution ein. Mit der Veränderung der ökonomischen Grundlage wälzt sich der ganze ungeheure Überbau langsamer oder rascher um. In der Betrachtung solcher Umwälzungen muss man stets unterscheiden zwischen der materiellen, naturwissenschaftlich treu zu konstatierenden Umwälzung in den ökonomischen Produktionsbedingungen und den juristischen, politischen, religiösen, künstlerischen oder philosophischen, kurz, ideologischen Formen, worin sich die Menschen dieses Konflikts bewusst werden und ihn ausfechten. Sowenig man das, was ein Individuum ist, nach dem beurteilt, was es sich selbst dünkt, ebenso wenig kann man eine solche Umwälzungsepoche aus ihrem Bewusstsein beurteilen, sondern muss vielmehr dies Bewusstsein aus den Widersprüchen des materiellen Lebens, aus dem vorhandenen Konflikt zwischen gesellschaftlichen Produktivkräften und Produktionsverhältnissen erklären. Eine Gesellschaftsformation geht nie unter, bevor alle Produktivkräfte entwickelt sind, für die sie weit genug ist, und neue höhere Produktionsverhältnisse treten nie an die Stelle, bevor die materiellen Existenzbedingungen derselben im Schoß der alten Gesellschaft selbst ausgebrütet worden sind. Daher stellt sich die Menschheit immer nur

Aufgaben, die sie lösen kann, denn genauer betrachtet wird sich stets finden, dass die Aufgabe selbst nur entspringt, wo die materiellen Bedingungen ihrer Lösung schon vorhanden oder wenigstens im Prozess ihres Werdens begriffen sind.

Zit. nach: Klaus Körner (Hg.), Karl Marx Lesebuch, dtv, München 2008, S. 171 f.

1 Produktionsverhältnisse: die „gesellschaftlichen" Beziehungen, die die Menschen bei der Produktion, beim Austausch, bei der Verteilung und beim Verbrauch von Produkten eingehen

2 Produktivkräfte: die natürlichen Ressourcen, die Arbeitskräfte sowie die Produktionsmittel und das technische Wissen eines Landes

3 b) Karl Marx (1818–1883), Gemälde, um 1870.

Der deutsche Philosoph und Volkswirtschaftler begründete mit Friedrich Engels den wissenschaftlichen Sozialismus. Nach dem Verbot der „Rheinischen Zeitung", deren Chefredakteur er war, emigrierte er 1843 nach Paris. 1845 wurde er aus Paris ausgewiesen und siedelte nach Brüssel über. 1848 kehrte er nach Deutschland zurück, emigrierte jedoch nach der gescheiterten Revolution 1848/49 nach London, wo er bis zu seinem Tod lebte. Unter seiner Mitwirkung wurde in London 1864 die Erste Internationale gegründet.

3 c) Aus dem Manifest der Kommunistischen Partei (1848)

Wir sehen also, wie die moderne Bourgeoisie[1] selbst das Produkt eines langen Entwicklungsganges, einer Reihe von Umwälzungen in der Produktions- und Verkehrsweise ist.

Jede dieser Entwicklungsstufen der Bourgeoisie war begleitet von einem entsprechenden politischen Fortschritt. Unterdrückter Stand unter der Herrschaft der Feudalherren[2], bewaffnete und sich selbst verwaltende Assoziation[3] in der Kommune [= Städte], hier unabhängige städtische Republik, dort dritter steuerpflichtiger Stand der Monarchie, dann zur Zeit der Manufaktur[4] Gegengewicht gegen den Adel in der ständischen oder in der absoluten Monarchie, Hauptgrundlage der großen Monarchien überhaupt, erkämpfte sie sich endlich seit der Herstellung der großen Industrie und des Weltmarktes im modernen Repräsentativstaat[5] die ausschließliche politische Herrschaft. Die moderne Staatsgewalt ist nur ein Ausschuss, der die gemeinschaftlichen Geschäfte der ganzen Bourgeoisklasse verwaltet.

Die Bourgeoisie hat in der Geschichte eine höchst revolutionäre Rolle gespielt.

Die Bourgeoisie, wo sie zur Herrschaft gekommen, hat alle feudalen, patriarchalischen, idyllischen Verhältnisse zerstört. Sie hat die buntscheckigen Feudalbande, die den Menschen an seinen natürlichen Vorgesetzten knüpften, unbarmherzig zerrissen und kein anderes Band zwischen Mensch und Mensch übrig gelassen als das nackte Interesse, als die gefühllose „bare Zahlung". Sie hat die heiligen Schauer der frommen Schwärmerei, der ritterlichen Begeisterung, der spießbürgerlichen Wehmut in dem eiskalten Wasser egoistischer Berechnung ertränkt. Sie hat die persönliche Würde in den Tauschwert aufgelöst und an die Stelle der zahllosen verbrieften und wohl erworbenen Freiheiten die *eine* gewissenlose Handelsfreiheit gesetzt. Sie hat, mit einem Wort, an die Stelle der mit religiösen und politischen Illusionen verhüllten Ausbeutung die offene, unverschämte, direkte, dürre Ausbeutung gesetzt. […]

Die Bourgeoisie hat in ihrer kaum hundertjährigen Klassenherrschaft massenhaftere und kolossalere Produktionskräfte geschaffen als alle vergangenen Generationen zusammen. Unterjochung der Naturkräfte, Maschinerie, Anwendung der Chemie auf Industrie und Ackerbau, Dampfschifffahrt, Eisenbahnen, elektrische Telegrafen, Urbarmachung ganzer Weltteile, Schiffbarmachung der Flüsse, ganze aus dem Boden hervorgestampfte Bevölkerungen – welches frühere Jahrhundert ahnte, dass solche Produktionskräfte im Schoß der gesellschaftlichen Arbeit schlummerten.

Wir haben also gesehen: Die Produktions- und Verkehrsmittel, auf deren Grundlage sich die Bourgeoisie heranbildete, wurden in der feudalen Gesellschaft erzeugt. Auf einer gewissen Stufe der Entwicklung dieser Produktions- und Verkehrsmittel entsprachen die Verhältnisse, worin die feudale Gesellschaft produzierte und austauschte, die feudale Organisation der Agrikultur[6] und Manufaktur, mit einem Wort die feudalen Eigentumsverhältnisse den schon entwickelten Produktivkräften nicht mehr. Sie hemmten die Produktion, statt sie zu fördern. Sie verwandelten sich in ebenso viele Fesseln. Sie mussten gesprengt werden, sie wurden gesprengt.

An ihre Stelle trat die freie Konkurrenz mit der ihr angemessenen gesellschaftlichen und politischen Konstitution, mit der ökonomischen und politischen Herrschaft der Bourgeoisieklasse.

Unter unsern Augen geht eine ähnliche Bewegung vor. Die bürgerlichen Produktions- und Verkehrsverhältnisse, die bürgerlichen Eigentumsverhältnisse, die moderne bürgerliche Gesellschaft, die so gewaltige Produktions- und Verkehrsmittel hervorgezaubert hat, gleicht dem Hexenmeister, der die unterirdischen Gewalten nicht mehr zu beherrschen vermag, die er heraufbeschwor. Seit Dezennien ist die Geschichte der Industrie und des Handels nur die Geschichte der Empörung der modernen Produktivkräfte gegen die modernen Produktionsverhältnisse, gegen die Eigentumsverhältnisse, welche die Lebensbedingungen der Bourgeoisie und ihrer Herrschaft sind.

Es genügt, die Handelskrisen zu nennen, welche in ihrer periodischen Wiederkehr immer drohender die Existenz der ganzen bürgerlichen Gesellschaft infrage stellen. In den Handelskrisen wird ein großer Teil nicht nur der erzeugten Produkte, sondern der bereits geschaffenen Produktivkräfte regelmäßig vernichtet. In den Krisen bricht eine gesellschaftliche Epidemie aus, welche allen früheren Epochen als ein Widersinn erschienen wäre – die Epidemie der Überproduktion. [...] [D]ie Industrie, der Handel scheinen vernichtet, und warum? Weil sie zu viel Zivilisation, zu viel Lebensmittel, zu viel Industrie, zu viel Handel besitzen. Die Produktivkräfte, die ihr zur Verfügung stehen, dienen nicht mehr zur Beförderung der bürgerlichen Eigentumsverhältnisse; im Gegenteil, sie werden von ihnen gehemmt; und sobald sie dieses Hemmnis überwinden, bringen sie die ganze bürgerliche Gesellschaft in Unordnung, gefährden sie die Existenz des bürgerlichen Eigentums.

Die bürgerlichen Verhältnisse sind zu eng geworden, um den von ihnen erzeugten Reichtum zu fassen: Wodurch überwindet die Bourgeoisie die Krisen? Einerseits durch die erzwungene Vernichtung einer Masse von Produktivkräften; andererseits durch die Eroberung neuer Märkte und die gründlichere Ausbeutung alter Märkte. Wodurch also? Dadurch, dass sie allseitigere und gewaltigere Krisen vorbereitet und die Mittel, den Krisen vorzubeugen, vermindert.

Die Waffen, womit die Bourgeoisie den Feudalismus zu Boden geschlagen hat, richten sich jetzt gegen die Bourgeoisie selbst.

Aber die Bourgeoisie hat nicht nur die Waffen geschmiedet, die ihr den Tod bringen; sie hat auch die Männer gezeugt, die diese Waffen führen werden – die modernen Arbeiter, die *Proletarier.*

Karl Marx/Friedrich Engels, Manifest der Kommunistischen Partei, in: Karl Marx, Friedrich Engels, Ausgewählte Werke in sechs Bänden, Bd. I, Dietz Verlag, Berlin 1972, S. 418–423.

---

1 Bourgeoisie: Besitz- oder Wirtschaftsbürgertum, also größere Kaufleute, Unternehmer, Bankiers, Manager
2 Feudalherr: Vertreter der herrschenden Oberschicht in einem Feudalstaat
3 Assoziation: Vereinigung
4 Manufaktur: Großbetrieb, in dem mit handwerklichen Methoden, aber mit einem gewissen Grad an Arbeitsteilung zumeist Luxusartikel, seltener Waren des täglichen Gebrauchs, produziert werden
5 Repräsentativstaat: Im Repräsentativstaat werden politische Entscheidungen durch ernannte oder gewählte Vertreter getroffen.
6 Agrikultur: Ackerbau, Landwirtschaft

3d) Friedrich Engels (1820–1895), Gemälde von G. Tscherbakow, um 1880.
Der Kaufmann und Industrielle war der engste Weggefährte von Karl Marx und theoretischer Mitbegründer des Marxismus sowie ein wichtiger Organisator der Arbeiterbewegung.

3e) Aus einem Interview mit Karl Marx im Jahre 1878
Ende 1878 besuchte ein amerikanischer Reporter der „Chicago Tribune", dessen Name nicht bekannt ist, den 60-jährigen Karl Marx in London und befragte ihn nach den Zukunftsaussichten des Sozialismus. Das Interview erschien erstmals am 5. Januar 1879 in der „Chicago Tribune".

„Was hat der Sozialismus bis jetzt erreicht?", frage ich ihn.

„Zwei Dinge", antwortet er. „Die Sozialisten haben bewiesen, dass der allgemeine Kampf zwischen Kapital und Arbeit überall stattfindet, kurz, sie haben seinen kosmopolitischen Charakter bewiesen. Sie haben daher versucht, eine Verständigung zwischen den Arbeitern verschiedener Länder zustande zu bringen. Dies wurde umso notwendiger, als auch die Kapitalisten immer kosmopolitischer agieren und nicht nur in Amerika, sondern auch in England, Frankreich und Deutschland ausländische Arbeitskräfte anheuern und sie gegen die einheimischen Arbeiter ausspielen. Sofort entstanden internationale Verbindungen zwischen den Arbeitern der verschiedenen Länder: Es zeigte sich, dass das Problem, das der Sozialismus anspricht, kein örtliches, sondern ein internationales Problem ist, das durch eine internationale Aktion der Arbeiter gelöst werden muss. Die arbeitenden Klassen sind spontan in Bewegung gekommen, ohne zu wissen, wohin die Bewegung sie führen wird. Die Sozialisten haben diese Bewegung nicht erfunden, aber sie erklären den Arbeitern, welchen Charakter und welches Ziel sie hat."

„Das heißt: den Umsturz der herrschenden Gesellschaftsordnung?", unterbreche ich ihn.

„In diesem System sind das Kapital und das Land im Besitze der Unternehmer, während die Arbeiter nur ihre bloße Arbeitskraft haben, die sie wie eine Ware verkaufen müssen", fährt Marx fort. „Wir behaupten: Dieses System ist lediglich eine historische Phase, es wird verschwinden und einer höheren Gesellschaftsordnung Platz machen. Wir stellen überall eine Teilung der Gesellschaft in zwei Klassen fest. Der Antagonismus[1] dieser beiden Klassen geht Hand in Hand mit der Entwicklung der Industrie in den zivilisierten Ländern. Vom sozialistischen Standpunkt aus gesehen, sind bereits die Mittel vorhanden, um die gegenwärtige historische Phase revolutionär zu verändern. In vielen Ländern haben sich aus den Gewerkschaften politische Organisationen entwickelt. In Amerika ist deutlich geworden, dass man eine unabhängige Arbeiterpartei braucht. Die Arbeiter können den Politikern nicht mehr trauen. Spekulanten und Cliquen haben sich der gesetzgebenden Körperschaften bemächtigt, und die Politik ist ein Geschäft geworden. Darin steht Amerika nicht allein, aber dort ist das Volk entschlossener als in Europa. In Amerika reift alles schneller, man redet nicht um die Sache herum und nennt die Dinge beim Namen."

Ich bat ihn, mir zu erklären, weshalb die sozialistische Partei gerade in Deutschland so starken Zulauf hat. Seine Antwort:

„Die heutige sozialistische Partei ist spät entstanden. Die deutschen Sozialisten haben sich nicht mit utopischen Ideen aufgehalten, die in Frankreich und in England einige Bedeutung erlangten. Die Deutschen neigen mehr als andere Völker zum Theoretisieren, und sie haben aus früheren Erfahrungen andere praktische Schlüsse gezogen. Sie dürfen nicht vergessen, dass für Deutschland im Gegensatz zu anderen Ländern der moderne Kapitalismus etwas völlig Neues ist. Er brachte Fragen auf die Tagesordnung, die in Frankreich und England schon fast wieder vergessen waren.

Die neuen politischen Kräfte, denen sich diese Länder gefügt hatten, sahen sich dadurch in Deutschland einer Arbeiterklasse gegenüber, die bereits von sozialistischen Theorien durchdrungen war. Daher konnten die Arbeiter fast zeitgleich mit der Einführung des modernen Industriesystems eine unabhängige politische Partei bilden. Sie hatten ihre eigenen Vertreter im Parlament. Es gab damals keine Oppositionspartei gegen die Regierungspolitik, diese Rolle fiel der Arbeiterpartei zu." [...]

„Letztens hat er [Pfarrer Joseph Cook in Boston] in einer Vorlesung behauptet: Karl Marx soll gesagt haben, in den Vereinigten Staaten und in Großbritannien, vielleicht auch in Frankreich, sei eine Arbeitsreform ohne blutige Revolution durchführbar, aber in Deutschland und in Russland sowie in Italien und Österreich müsste dazu Blut vergossen werden."

„Man braucht kein Sozialist zu sein", sagt der Doktor mit einem Lächeln, „um vorauszusehen, dass es in Russland, Deutschland, Österreich und möglicherweise in Italien, wenn die Italiener auf dem bisherigen Weg fortschreiten, zu blutigen Revolutionen kommen wird. Die Ereignisse der Französischen Revolution könnten sich in diesen Ländern noch einmal abspielen. Das weiß jeder Kenner der politischen Verhältnisse. Aber diese Revolutionen werden von den Mehrheiten gemacht werden. Revolutionen werden nicht von einer Partei gemacht, sondern von der ganzen Nation."

Zit. nach: Zeit Geschichte 3/09: Der Prophet der Krisen: Karl Marx, Zeitverlag, Hamburg 2009, S. 9 f.

1 Antagonismus: Gegensatz

1 Klären Sie die Begriffe Bourgeoisie, Proletariat, Produktivkräfte, Produktionsverhältnisse, bürgerliche Eigentumsverhältnisse.

2 Erstellen Sie eine Mindmap mit den zentralen Begriffen aus Marx' und Engels' Revolutionstheorie. Erläutern Sie Ihre Visualisierung im Plenum.

3 Erläutern Sie die Entstehung und die Bedeutung von Revolutionen nach Marx und Engels am Beispiel der Französischen und der proletarischen Revolution (M 3 a–e).

4 Charakterisieren Sie mithilfe des Darstellungstextes und von M 3 a die Grundannahmen der Geschichtsauffassung des Historischen Materialismus.

5 Überprüfen Sie die Revolutionstheorie von Marx und Engels am Beispiel einer Ihnen bekannten Revolution.

6 Nehmen Sie Stellung zu folgender These des Historikers Heinrich August Winkler (in seinem Aufsatz „Die unwiederholbare Revolution. Über einen Fehlschluss von Marx und seine Folgen" von 2001): „Die Argumente, die Marx und Engels vortrugen, um ihren Rückschluss von der bürgerlichen auf die proletarische Revolution zu begründen, waren mithin allesamt nicht triftig; der Rückschluss war ein Fehlschluss. Das Bürgertum ist zu keiner Zeit ‚funktionslos' geworden wie der Adel; die Arbeiterschaft wurde nie zum ‚allgemeinen Stand' wie zeitweilig das Bürgertum. ‚1789', als Kürzel genommen für die welthistorische Umwälzung seit dem späten 18. Jahrhundert, steht für eine historisch singuläre Konstellation. Hätten Marx und Engels nicht allem zum Trotz, was schon zu ihren Lebzeiten dagegen sprach, an der Analogie von bürgerlicher und proletarischer Revolution festgehalten, die Weltgeschichte wäre anders verlaufen. Doch sie beharrten auf der einmal, während der 1840er-Jahre, gewonnenen Überzeugung, weil sie ein Teil ihres Selbst [...] geworden war. Sie dachten weniger vom Gegenstand ihrer Beschäftigung als vom Ziel her. Ihr Ziel war die klassenlose Gesellschaft, die aus der Überwindung des Kapitalismus durch die proletarische Revolution hervorgehen sollte. Im Zweifelsfall legitimierte das Ziel das Argument und nicht das Argument das Ziel."

M4 Die Revolutionstheorie Wladimir I. Lenins

4a) Lenin über die Voraussetzungen der Revolution (1920)

Das Grundgesetz der Revolution, das durch alle Revolutionen und insbesondere durch alle drei russischen Revolutionen des 20. Jahrhunderts[1] bestätigt worden ist, besteht in Folgendem:

Zur Revolution genügt es nicht, dass sich die ausgebeuteten und unterdrückten Massen der Unmöglichkeit, in der alten Weise weiterzuleben, bewusst werden und eine Änderung fordern; zur Revolution ist es notwendig, dass die Ausbeuter nicht mehr in der alten Weise leben und regieren können. Erst dann, wenn die „Unterschichten" das Alte *nicht mehr wollen* und die „Oberschichten" *in der alten Weise nicht mehr können,* erst dann kann die Revolution siegen.

Mit anderen Worten kann man diese Wahrheit so ausdrücken: Die Revolution ist unmöglich ohne eine gesamtnationale (Ausgebeutete und Ausbeuter erfassende) Krise. Folglich ist zur Revolution notwendig:

erstens, dass die Mehrheit der Arbeiter (oder jedenfalls die Mehrheit der klassenbewussten, denkenden, politisch aktiven Arbeiter) die Notwendigkeit des Umsturzes völlig begreift und bereit ist, seinetwegen in den Tod zu gehen;

zweitens, dass die herrschenden Klassen eine Regierungskrise durchmachen, die sogar die rückständigsten Massen in die Politik hineinzieht (das Merkmal einer jeden wirklichen Revolution ist die schnelle Verzehnfachung, ja Verhundertfachung der Zahl der zum politischen Kampf fähigen Vertreter der werktätigen und ausgebeuteten Masse, die bis dahin apathisch war), die Regierung kraftlos macht und es den Revolutionären ermöglicht, diese Regierung schnell zu stürzen.

Wladimir I. Lenin, Der „linke Radikalismus", die Kinderkrankheit im Kommunismus, in: W. I. Lenin, Ausgewählte Werke in sechs Bänden, Bd. V, Dietz Verlag, Berlin 1975, S. 538 f.

1 Revolutionen von 1905, vom Februar und Oktober 1917

4b) Wladimir Iljitsch Lenin (1870–1924), Fotografie, um 1920.
Der russische Revolutionär und Politiker vertrat die Auffassung, dass die revolutionäre Umgestaltung seines Landes durch Berufsrevolutionäre erfolgen müsse, die eine Avantgarde der Arbeiterklasse darstellten. Entsprechend dieser marxistisch-leninistischen Lehre war der Berufsrevolutionär Lenin als Anführer maßgeblich an der Oktoberrevolution 1917 beteiligt. Nach der Revolution sorgte er für die Durchsetzung eines kommunistischen Herrschafts- und Gesellschaftssystems.

4c) Lenin über den politischen Charakter der Revolution (1917)

Die Lehre vom Klassenkampf, von Marx auf die Frage des Staates und der sozialistischen Revolution angewandt, führt notwendig zur Anerkennung der *politischen Herrschaft* des Proletariats, seiner Diktatur, d. h. einer mit niemand geteilten und sich unmittelbar auf die bewaffnete Gewalt der Massen stützenden Macht. Der Sturz der Bourgeoisie ist nur zu verwirklichen durch die Erhebung des Proletariats zur *herrschenden Klasse*, die fähig ist, den unvermeidlichen, verzweifelten Widerstand der Bourgeoisie niederzuhalten und für die Neuordnung der Wirtschaft *alle* werktätigen und ausgebeuteten Massen zu organisieren. [...] Durch die Erziehung der Arbeiterpartei erzieht der Marxismus die Avantgarde des Proletariats, die fähig ist, die Macht zu ergreifen und *das ganze Volk* zum Sozialismus *zu führen*, die neue Ordnung zu leiten und zu organisieren, Lehrer, Leiter, Führer aller Werktätigen und Ausgebeuteten zu sein bei der Gestaltung ihres gesellschaftlichen Lebens ohne die Bourgeoisie und gegen die Bourgeoisie. Der heute herrschende Opportunismus[1] dagegen erzieht in der Arbeiterpartei die Vertreter der besser bezahlten Arbeiter, die sich den Massen entfremden und sich unter dem Kapitalismus leidlich „einzurichten" wissen, die ihr Erstgeburtsrecht für ein Linsengericht verkaufen, d. h. auf die Rolle revolutionärer Führer des Volkes gegen die Bourgeoisie verzichten. [...]

Das Wesentliche der Lehre von Marx sei der Klassenkampf. [...] Doch das ist unrichtig, und aus dieser Unrichtigkeit ergibt sich auf Schritt und Tritt eine opportunistische Entstellung des Marxismus, seine Verfälschung in einem Geiste, der ihn für die Bourgeoisie annehmbar macht. Denn die Lehre vom Klassenkampf ist *nicht* von Marx, *sondern* vor ihm von der Bourgeoisie geschaffen worden und ist, allgemein gesprochen, für die Bourgeoisie *annehmbar*. Wer nur den Klassenkampf anerkennt, ist noch kein Marxist, er kann noch in den Grenzen des bürgerlichen Denkens und bürgerlicher Politik geblieben sein. Den Marxismus auf die Lehre vom Klassenkampf beschränken heißt den Marxismus stutzen, ihn entstellen, ihn auf das reduzieren, was für die Bourgeoisie annehmbar ist. Ein Marxist ist nur, wer die Anerkennung des Klassenkampfes auf die Anerkennung der *Diktatur des Proletariats* erstreckt. [...] Der Opportunismus *macht* in der Anerkennung des Klassenkampfes gerade vor der Hauptsache *halt*, vor der Periode des Übergangs vom Kapitalismus zum Kommunismus, vor der Periode des *Sturzes* der Bourgeoisie und ihrer völligen *Vernichtung*. In Wirklichkeit ist diese Periode unvermeidlich eine Periode unerhört erbitterten Klassenkampfes, unerhört scharfer Formen dieses Kampfes, und folglich muss auch der Staat dieser Periode unvermeidlich *auf neue Art* demokratisch (für die Proletarier und überhaupt für die Besitzlosen) und *auf neue Art* diktatorisch (gegen die Bourgeoisie) sein.

Wladimir I. Lenin, Staat und Revolution. Die Lehre des Marxismus vom Staat und die Aufgaben des Proletariats in der Revolution, in: W. I. Lenin, Ausgewählte Werke in sechs Bänden, Bd. III, Dietz Verlag, Berlin 1975, S. 487 f., 496 f.

---

1 Opportunismus: allzu bereitwillige Anpassung an die jeweilige Lage um persönlicher Vorteile wegen

---

1 **a)** Geben Sie mit eigenen Worten wieder, was Lenin unter den Begriffen gesamtnationale Krise, Diktatur des Proletariats, Avantgarde versteht.
b) Erläutern Sie, was Lenin unter einer „opportunistischen" Einstellung zum Marxismus versteht und welche Einstellung er dagegensetzt.

2 Analysieren Sie mithilfe der Begriffe „gesamtnationale Krise", „Diktatur des Proletariats" und „Avantgarde" die Revolutionstheorie Lenins unter folgenden Aspekten: Wie entsteht eine Revolution? Wer bereitet die Revolution vor und führt sie durch? Wer übernimmt während der Revolution die Herrschaft und wie ist diese Herrschaft organisiert?

3 Überprüfen Sie die Theorie Lenins an einer Ihnen bekannten Revolution.

M5 Der Soziologe Theodor Geiger über das Wesen der Revolution (1926)

Über das Wesen der Revolution besteht größte Uneinigkeit. Wir definieren Revolution in weitgehender Übereinstimmung mit Vierkandt [= Soziologe, Kulturwissenschaftler] als einen zweifachen Prozess: Umsturz und Neubildung von sozialen Gestalten. Der erste Teil dieses Prozesses stellt die revolutionäre Rolle der Masse dar. Revolution ohne Masse ist ein Absurdum. Revolution erstreckt sich notwendig auf die Gesamtheit des Systems der sozialen Gestalten. [...]

Wir haben hier als selbstverständlich eine funktionale Verbindung zwischen Masse und Revolution unterstellt, wissend, dass wir damit keineswegs allgemeine Zustimmung finden werden. Zwar haben wir nicht behauptet, alle Revolutionen seien Massenrevolutionen; im Gegenteil – keine Revolution ist von der *Masse allein* getragen, sondern der Masse kommt nur *eine* revolutionäre Funktion zu – die destruktive. Dagegen behaupten wir allerdings, dass es keine echte Revolution gäbe, an der nicht die Masse funktionell beteiligt wäre. […]

Das doppelte Gesicht der Revolution – Vernichtung und Aufbau – haben wir schon hervorgehoben. Wir befinden uns darin in Übereinstimmung mit Vierkandt, der die Revolution „einen Umsturz und eine Neubildung von Werten" nennt. Die *Parallelität eines destruktiven und eines konstruktiven Prozesses* in revolutionären Zeiten kann nicht geleugnet werden. […] Wer unter Revolution nur gewaltsame Destruktion versteht, kommt denn auch regelmäßig zu dem Ergebnis, sie sei sinnlos. […]

Revolution ist Umsturz sinnentleerter und Aufrichtung werterfüllter sozialer Gestalten. Dass die Gültigkeit der „alten Werte", d. h. der den beharrenden Gestalten Geltung verleihenden Werte, von einer sozialen Schicht – der herrschenden – nach wie vor behauptet wird, erwähnten wir früher unter anderen Gesichtspunkten. Hier handelt es sich darum: Sicher werden diese Werte von einer anderen, sehr breiten Schicht nicht mehr als solche erlebt, sind also für sie keine Werte; dem sozialen Leben geben sie also nicht mehr seinen Sinn. Und ob wirklich *sie* von der „repräsentierenden Schicht" noch als Werte erlebt werden, oder ob nicht die tradierten Gestalten ihrerseits als Wert-Fetische[1] an ihre Stelle getreten sind, das sei hier nicht näher untersucht. Es ist im Grunde nicht von entscheidendem Belang. Man darf, ohne Widerspruch befürchten zu müssen, sagen: Die Spannung zwischen Wert und Gestalt dokumentiert sich in einer Wertunsicherheit, einem Wertchaos. Die „neuen Werte" sind da – aber es fehlt ihnen die intersoziale Anerkennung. […] Dieses Chaos, diese Unsicherheit findet denn auch in der absolut negativen Haltung der Masse gegenüber dem Wertproblem ihren notwendigen Reflex. […]

Unter Revolution verstehen wir also den jähen Umsturz sozialer Gestaltsysteme. Revolution besteht aber nicht nur in einzelnen explosiven (Umsturz-)Akten, sondern ebenso in den Neugestaltungsakten. Revolutionen pflegen daher Prozesse von längerer Dauer zu sein, in deren Verlauf eine oder mehrere Massenexplosionen auftreten können. Ebenso können andere Gewaltakte im Zusammenhang mit ihr erscheinen: Revolten, Staatsstreiche, Putsche u. dgl. Sie können als Einzelakte in einer Revolution ihre Begründung haben. So gesehen *gehört* die Gegenrevolution zur Revolution – aber nicht: Sie *ist* eine Revolution; sie gehört zu ihr, folgt aus ihr als rückläufige Bewegung, als Re-Aktion in wörtlicher Bedeutung.

Theodor Geiger, Die Masse und ihre Aktion. Ein Beitrag zur Soziologie der Revolution, unveränderter reprografischer Nachdruck der Ausgabe Stuttgart 1926, Darmstadt 1967, S. 53 f., 58 f.

---

1 Fetisch: magischer Gegenstand, Götzenbild

---

1 Arbeiten Sie mithilfe von M 5 die unterschiedlichen Phasen einer Revolution mit ihren jeweils typischen Merkmalen heraus.

2 Untersuchen Sie, ausgehend von Geiger, die Rolle der Massen in einer Revolution. Arbeiten Sie heraus, in welcher Phase einer Revolution den Massen eine herausgehobene Bedeutung zukommt.

3 Erläutern Sie den Satz Geigers: „Revolution ist Umsturz sinnentleerter und Aufrichtung werterfüllter sozialer Gestalten."

4 Diskutieren Sie die Aktualität von Geigers These: „Sicher werden diese Werte von einer anderen, sehr breiten Schicht nicht mehr als solche erlebt, sind also für sie keine Werte; dem sozialen Leben geben sie also nicht mehr seinen Sinn."

M6 Aus der Revolutionstheorie des amerikanischen Politikwissenschaftlers Chalmers Johnson (1971)

Der Schlüssel zum Studium und zur begrifflichen Erfassung der revolutionären Gewalt liegt in der Analyse des sozialen Systems. Wenn wir den Begriff des sozialen Systems benutzen, können wir unterscheiden zwischen denjenigen Fällen der Gewaltanwendung innerhalb des Systems, die revolutionär sind, und jenen, die kriminelle oder andere Formen gewaltsamen Verhaltens darstellen. Wenn wir uns auf Fälle von zielgerichteter politischer Gewalt konzentrieren, können wir das soziale System auch als Bezugspunkt benutzen, um zwischen jenen Formen der Gewalt zu unterscheiden, die als Krieg und als Revolution bekannt sind. Revolution ist eine Form intrasystemischer Gewalt, Krieg eine Form intersystemischer Gewalt.

Mithilfe der System-Analyse können wir auch diejenigen Fälle von zielgerichteter politischer Gewalt isolieren und vergleichen, die weder Kriege noch Revolutionen sind. Ein irreduzibles Merkmal[1] eines sozialen Systems ist die Tatsache, dass seine Mitglieder eine gemeinsame Wertstruktur besitzen. Eine Wertstruktur legitimiert symbolisch die besondere Struktur der Interaktion und Schichtung der Mitglieder eines sozialen Systems, das heißt, sie macht sie moralisch akzeptabel. […]

Revolution machen, heißt Gewalt zum Zwecke der Veränderung des Systems akzeptieren; genauer bedeutet es: absichtliche Anwendung einer Strategie der Gewalt mit dem Ziel, einen Wandel in der Sozialstruktur herbeizuführen. Revolution entwickelt sich zum Teil auch deshalb, weil einige Menschen Ziele haben, die denen der Revolutionäre im Hinblick auf Wünschbarkeit, Ausmaß und Richtung des Wandels entgegengesetzt sind. Derartiger Widerstreit der Ziele *in Bezug auf Strukturwandel* kommt jedoch nicht vor in einem System, das sich in homöostatischem[2] Gleichgewicht befindet. Er erhebt sich nur im dysfunktionalen sozialen System, dessen Werte nicht mit seiner Arbeitsteilung synchronisiert sind.

Die Unterscheidung zwischen Veränderungen, die gewohnheitsmäßig vorgenommen werden, um ein Gleichgewicht aufrechtzuerhalten, und Veränderungen, die vorgenommen werden, um ein Gleichgewicht neu zu schaffen, liefert den Schlüssel zu einer grundlegenden Typologie des sozialen Wandels. Die Basis der Typologie ist der Faktor des absichtlichen Wandels der Sozialstruktur. Eine Art von Wandel, die einzige, die mit homöostatischem Gleichgewicht vereinbar ist, ist „evolutionärer" Wandel. Derartige evolutionäre Veränderungen werden von den Handelnden in Systemen bewirkt, aber die Handelnden haben dabei nicht die Absicht, Strukturwandel herbeizuführen, sei er evolutionär oder sonstwie beschaffen. Wenn unter diesen Umständen Strukturwandel eintritt, ist er eine *unbeabsichtigte Folge von* Handlungen, die zu anderen Zwecken unternommen wurden. Unbeabsichtigte, evolutionäre Veränderungen bilden somit eine Klasse von Strukturveränderungen, und Veränderungen dieser Klasse sind die einzigen, die eintreten können, ohne das Gleichgewicht eines Systems zu stören.

Die andere Hauptklasse von Veränderungen umfasst die Resultate bewusster, von Handelnden innerhalb des Systems verfolgter Politik des Strukturwandels (einschließlich möglicher unbeabsichtigter Resultate einer bewussten Politik des Strukturwandels). Diese zweite Klasse von Veränderungen lässt sich in zwei Typen unterteilen: 1) „konservativer" Wandel, der zwei Zwecken dient: der Strukturveränderung und der Vermeidung von Gewalt; 2) „aufrührerischer" Wandel, der nur dem Zwecke des Wandels selbst dient. Beide Typen von Wandel kommen nur in einem bereits aus dem Gleichgewicht geratenen System vor, und sie sind in erster Linie Folgeerscheinungen der Tatsache, dass das System ungleichgewichtig geworden ist. […]

Unserer Meinung nach gibt es für jede Revolution zwei Gruppen notwendiger, indirekter Ursachen, die sich gegenseitig beeinflussen. Das sind einmal die Drücke, die ein ungleichgewichtiges soziales System erzeugt – eine Gesellschaft, die sich wandelt und noch mehr Wandel braucht, wenn sie fortbestehen soll. Von allen Merkmalen des ungleichgewichtigen Systems trägt eines am unmittelbarsten zur Revolution bei: die *Machtdeflation*[3], d. h. die Tatsache, dass in einer Periode des Wandels die Integration eines Systems zunehmend davon abhängt, dass die Inhaber des formalen Autoritäts-Status Gewalt einsetzen.

Die zweite Gruppe notwendiger Ursachen ist verbunden mit der Qualität des Wandels, der planmäßig ins Werk gesetzt wird, während sich ein System außer Gleichgewicht befindet. Diese Qualität hängt ab von den Fähigkeiten der legitimen Führer. Sind sie unfähig, mit ihrer Politik das Vertrauen nicht-abweichender Handelnder zum System und zu dessen Fähigkeit zur Resynchronisierung lebendig zu erhalten, so kommt es zum *Autoritätsverlust*. Das bedeutet, dass Gewaltanwendung seitens der Elite nicht mehr als legitim angesehen wird; es bedeutet nicht notwendig, dass sofort eine Revolution ausbricht. Solange die Führer noch in der Lage sind, mithilfe der bewaffneten Kräfte soziale Interaktionen zu erzwingen, wird das System fortbestehen. [...]

Die unmittelbare, zureichende Ursache einer Revolution ist irgendeine – gewöhnlich vom Zufall gelieferte – Zutat, die entweder die Elite ihrer Hauptwaffe zur Durchsetzung sozialen Verhaltens beraubt (z. B. eine Meuterei des Militärs) oder die eine Gruppe von Revolutionären veranlasst *zu glauben*, sie besitze die Mittel, die Elite ihrer Zwangswaffen zu berauben. In der vorliegenden Studie sollen solche unmittelbaren Ursachen der Revolution „Auslöser" genannt werden. Es sind dies Drücke, die funktionale Gesellschaften meist ohne weiteres aushalten; wirken sie aber auf eine Gesellschaft ein, die eine Machtdeflation und einen Autoritätsverlust durchmacht, so katalysieren sie diese alsbald in den Aufstand hinein. Das sind auch die Faktoren, die wenn es zum Aufstand kommt, darüber entscheiden, ob es den Revolutionären gelingt, neue Autoritäts-Status aufzustellen und zu besetzen.

Die von einem ungleichgewichtigen sozialen System erzeugten Verhältnisse – das, was man in populärer Redeweise als „soziale Probleme" bezeichnet – können für sich genommen niemals zureichende Ursachen einer Revolution sein. Was sie bewirken, ist das Lautwerden von Forderungen, das System durch politisches Handeln den veränderten Umständen anzupassen. Während nun politische Konzeptionen für die Anpassung des Systems entworfen und in die Tat umgesetzt werden, treten Phänomene auf wie steigende Raten abweichenden Verhaltens, zunehmende Status-Proteste, Ausbreitung von Ideologien und so fort. Um dieser Erscheinungen Herr zu werden und ein gewisses Maß an systemischer Integration unter Druck aufrechtzuerhalten, muss die Elite ihre legitimen Gewaltmittel häufiger einsetzen. Doch solange die nicht-abweichenden Handelnden noch auf künftige Verbesserungen vertrauen, werden sie diesen vermehrten Gewaltgebrauch als legitim ansehen und als notwendige Begleiterscheinung sozialen Wandels tolerieren. Die Behörden können sogar einen von einer isolierten Gruppe unternommenen bewaffneten Aufstand niederschlagen, ohne dass ihre Autorität in Zweifel gerät (z. B. Niederwerfung eines städtischen Aufruhrs, der durch zeitweilige Nahrungsmittelknappheit, extreme Hitze oder dergleichen verursacht ist). [...]

Bisher haben wir die Revolution vom makroskopischen oder systemischen Standpunkt analysiert; das heißt, wir haben die Motive und die Persönlichkeitsveränderungen der Teilnehmer an einer Revolution unberücksichtigt gelassen. Unsere Aufmerksamkeit galt ausschließlich verschiedenen Konfigurationen des Systems und dem Fehlfunktionieren gewisser wesentlicher Prozesse, die, wenn sie zusammenfallen, zur Revolution führen. Aus dieser Analyse ergab sich das Prinzip: Machtdeflation plus Autoritätsverlust plus ein Auslöser erzeugen Revolution.

Chalmers Johnson, Revolutionstheorie. Aus dem Amerikanischen von Karl Römer, Kiepenheuer & Witsch, Köln 1971, S. 27f., 74f., 110–112, 126.

---

1 irreduzibles Merkmal: Merkmal, das sich nicht auf andere Merkmale zurückführen lässt

2 Homöostat: (technisches) System, das sich der Umwelt gegenüber in einem stabilen Zustand halten kann

3 Machtdeflation: Johnson benutzt das Wort ähnlich wie die Wirtschaftswissenschaftler, die unter Deflation einen Prozess stetiger Preissenkungen in der Volkswirtschaft verstehen, d. h. Waren und Dienstleistungen werden fortwährend billiger.

---

1 Arbeiten Sie heraus, was Johnson (M 6) unter „Revolution machen" versteht.

2 Fassen Sie die Kernaussagen Johnsons zu folgenden Typen sozialen Wandels zusammen: a) evolutionärer Wandel; b) bewusste Politik des Strukturwandels.

3 Erklären Sie mithilfe von M 6 die Ursachen von Revolutionen.

4 **Abschlussdiskussion:** Diskutieren Sie das Für und Wider der vorgestellten Revolutionstheorien. Legen Sie dazu im Plenum ein Revolutionsbeispiel fest, an dem Sie die Theorien überprüfen wollen. Bilden Sie zur Vorbereitung verschiedene Kleingruppen, in denen Sie einen der vorgestellten Ansätze wiederholen. Führen Sie anschließend die Gruppendiskussion in Form einer Amerikanischen Debatte durch.

1.3 Modernisierungstheorien

„Modern" und „Modernisierung" im heutigen Sprachgebrauch

Die Begriffe **„modern"** und „Modernisierung" fallen in unserer Alltagssprache in den unterschiedlichsten Zusammenhängen. Wir sprechen vom modernen Lebensstil, von moderner Musik, von moderner Kunst oder vom modernen Denken. In diesen Kontexten meint das Wort in der Regel etwas Heutiges, das morgen bereits wieder veraltet sein kann. Modern in diesem Sinne bedeutet „der letzte Schrei". Wenn bestimmte Dinge auf den gerade gültigen Stand gebracht werden, bezeichnet man diesen Prozess als **Modernisierung**. Kleidung, Ausstattung, Gebäude, industrielle Produkte, Verwaltungen oder das Layout einer Zeitung werden modernisiert, d. h. durch Veränderungen und Umgestaltungen auf einen neuen Stand gebracht und den zeitgemäßen Anforderungen angepasst.

Wissenschaftliche Modernisierungsforschung – was ist das?

Wenn Geschichts- und Sozialwissenschaftler von Modernisierung sprechen, reden sie dagegen über bestimmte, genau umschriebene **langfristige historische Entwicklungen**. Der Soziologe Wolfgang Zapf schlug 2000 die folgende Definition vor, die auf breite Zustimmung stieß: „Modernisierung ist die Entwicklung von einfachen und armen Agrargesellschaften zu komplexen, differenzierten und reichen Industriegesellschaften, die nach innen und außen ein bestimmtes Maß an Selbststeuerungsfähigkeit besitzen."

Dieser Prozess der Auflösung der traditionalen Gesellschaften und deren Übergang in moderne Gesellschaften erstreckte sich über mehrere Jahrhunderte und dauert bis heute an. Der Vorgang betraf alle Lebensbereiche, Politik, Wirtschaft, Gesellschaft und Kultur. Die Modernisierung erfasste aber nicht alle Länder gleichmäßig; vielmehr gab es Pionierstaaten und Nachzügler. Modernisierung ist dabei kein einförmiger, unumkehrbarer Fortschrittsprozess, sondern besaß und besitzt Phasen beschleunigter Entwicklung, des Stillstandes und des Rückschrittes.

Modernisierungstheorien

Mit **Ursachen, Verlauf und Folgen** dieses komplexen Wandels befassen sich Modernisierungstheorien. Ihre Entstehung lässt sich bis in das 18. und 19. Jahrhundert zurückverfolgen, als Philosophen die von der Amerikanischen, der Französischen und der Industriellen Revolution eingeleiteten weitreichenden Veränderungen zu ergründen und beurteilen suchten. Aber erst seit den 1950er-/60er-Jahren begann in der Geschichtswissenschaft wie in den Sozialwissenschaften eine intensive Modernisierungsforschung, zunächst in den USA, dann in Europa und schließlich weltweit. Der Historiker **Thomas Nipperdey** geht in seinem Text über Modernisierungstheorien in den USA und Europa (M2) auf die erkenntnisleitenden Interessen der Forscher ein, charakterisiert ihre theoretischen Konzepte und wägt deren Nutzen für die historische Forschung sorgfältig ab.

Seit den 1950er-/60er-Jahren haben die Sozialwissenschaften die Modernisierungstheorien weiterentwickelt. Der Forschungsansatz der niederländischen Soziologen **Hans van der Loo** und **Willem van Reijen** (M3), der in der neueren Modernisierungsforschung aufgegriffen und weiterentwickelt wurde, versucht die unter dem Etikett der „Modernisierung" zusammengefasste Vielfalt von Erscheinungen und Teilprozessen systematisch zu ordnen und zu charakterisieren. Diese 1990 publizierte Theorie erhebt den Anspruch, dass sie sowohl alle wesentlichen **Elemente** als auch die **Richtung des komplexen Modernisierungsprozesses** erfasst.

Nicht nur die Sozialwissenschaften, sondern auch die Geschichtswissenschaft profitiert von den Modernisierungstheorien. Der deutsche Historiker **Hans-Ulrich Wehler** hat eine

„Deutsche Gesellschaftsgeschichte“ (1987–2008) erarbeitet, die die Ergebnisse der sozialwissenschaftlichen Modernisierungsforschung aufgreift und für die Geschichtsschreibung gewinnbringend anwendet (M 6). Dieses fünfbändige Standardwerk der modernen Geschichtsforschung und -schreibung analysiert den gesamtgesellschaftlichen Wandel von 1700 bis 1990. Wehler knüpft an die Modernisierungstheorie des deutschen Soziologen, Juristen und Nationalökonomen **Max Weber** (M 8) an, der nach seiner Auffassung „zum Vorbild und Ideenspender künftiger Modernisierungstheorie bis heute avancieren konnte“.

Auf die Grenzen des Begriffs „Moderne“ in weltgeschichtlicher Perspektive weist der Historiker Jürgen Osterhammel hin (M 9).

1 Beschreiben Sie die unterschiedliche Bedeutungen der Begriffe „modern“ und „Modernisierung“.

2 Charakterisieren Sie Gegenstand und Bedeutung sozialwissenschaftlicher Modernisierungstheorien.

M 1 Werbeanzeige der Zeitschrift „Eltern“, 2008

1 Erläutern Sie die Aussage der Werbeanzeige und erklären Sie den Zusammenhang des Bildes mit dem Thema „Modernisierungstheorie“.

M2 Der deutsche Historiker Thomas Nipperdey über Modernisierung und Modernisierungstheorien (1979)

Modernisierung ist ein Begriff, der in den letzten zwanzig Jahren, ausgehend von der Soziologie in den USA, zu einem Modebegriff geworden ist. Einerseits sollte der Begriff die Prozesse beschreiben, die sich bei der Übernahme der industriellen, der westlichen Zivilisation in Ländern der Dritten Welt abspielen. Andererseits wurde er zu einem Schlüsselbegriff der Universalgeschichte: Er soll den einmaligen Prozess des ungeheuer schnellen ökonomischen, sozialen, kulturellen, politischen Wandels beschreiben, der sich in den letzten zweihundert Jahren, seit der Doppelrevolution des späten 18. Jahrhunderts, der industriellen und der demokratischen Revolution, zuerst in der europäisch-atlantischen Sphäre und dann in der ganzen Welt abgespielt hat. Modernisierung tritt an die Stelle älterer universalgeschichtlicher Begriffe, die den gleichen Vorgang zu beschreiben suchten: Aufstieg und Auflösung des Kapitalismus, industrielle Revolution, Rationalisierung, Säkularisierung, Demokratisierung, Europäisierung oder Verwestlichung. Denn offenbar ist dieser komplexe und interdependente[1] Vorgang nicht mit Begriffen aus der Ökonomie, der Technik, der Religion, der Geistesgeschichte, der Kultur oder der Politik allein zu erfassen. Darum eben wählt man den farbloseren, aber allgemeineren und umfassenderen Begriff Modernisierung, und man kann damit bisher vernachlässigte Wandlungsprozesse – vor allem den Wandel des Staates und den Wandel der Rolle des Einzelnen im politischen, sozialen, kulturellen System – besser beschreiben. In der gelehrten Diskussion werden jeweils eine ganze Reihe von Merkmalen für Modernisierung genannt. Mit einer etwas zufälligen und keineswegs vollständigen Aufzählung solcher Merkmale möchte ich lediglich daran erinnern oder vor Augen rufen, was jeder Vergleich einer modernen mit einer traditionellen Gesellschaft evident macht: demografische Revolution, Sinken der Mortalität, später dann der Geburten; Industrialisierung, Mechanisierung, Kommerzialisierung, Arbeitsteilung; Rückgang des Agrarsektors, Urbanisierung, Mobilisierung; dauerndes Wachstum, Innovationen, Ansteigen des Masseneinkommens und der Produktivität; Alphabetisierung, Verwissenschaftlichung, Säkularisierung; der Staat wird aus einer personalen Herrschaftsorganisation zu einer institutionellen Organisation, mit einem Gesetzessystem und einer Bürokratie, er steht mit allgemeiner Wehr-, Steuer- und Schulpflicht in unmittelbarem Verhältnis zu seinen „Untertanen", er dehnt seine Tätigkeit immer mehr aus (Wohlfahrtsstaat); gegen die partikularistischen Einheiten setzt sich die größere Einheit, zumeist der zentralisierende Staat, der Nationalstaat durch; Rekrutierung von Eliten und Funktionären nicht nach Prinzipien der Erblichkeit, nach Privilegien und Zuschreibung, sondern nach dem Prinzip der Leistung; Zunahme politischer Egalität; Einbeziehung von Massen in die Politik, die Konsens[2] und Legitimität[3] produziert, sei es auf demokratische, sei es auf totalitäre Weise; der Übergang von „Gemeinschaft" zu „Gesellschaft", von partikularen, vorgegebenen, unmittelbaren, personalen Gruppen und Bindungen zu universalen, selbst gewählten, impersonalen und abstrakten, sachlichen, organisatorischen Beziehungen, von der Nichtspezialisierung zur Spezialisierung, vom stabilen zum mobilen System, vom Homogenen zum Heterogenen, vom Einfachen zum Komplexen; das Leben des Einzelnen hört auf, traditionsgeleitet zu sein, es wird innen- oder außengeleitet; an die Stelle weniger vorgegebener Rollen treten viele selbst gewählte und sich widersprechende Rollen; die Pluralität (Pluralisierung) der Lebenswelten, die individualistische Lebensgestaltung; der Wandel der Werte: Individualismus, Leistung, Arbeit, Erfolg, Konsum, Fortschritt und Machen-Können; der Glaube an Dynamik und Wandel mehr als an Statik und Stabilität; die Entstehung von Intellektualismus, Relativismus, Entfremdung.

Hat man eine solche Aufzählung gehört, so liegen die Einwände gegen das Konzept Modernisierung auf der Hand, und solche Kritik ist inzwischen auch Mode. Ich hebe drei Punkte hervor. Diesem Konglomerat von Eigenschaften fehlt ein wirklich nachgewiesener, innerer Zusammenhang, eine Ordnung, eine Hierarchie der Faktoren oder eine rationale Klärung der angenommenen Interdependenz. Ein solches Konglomerat ist in der Forschung, das heißt für präzise Fragen, schlecht anzuwenden, es ist schlecht „operationalisierbar"; wo der Sprung zwischen Tradition und Moderne zu finden ist, wird nicht gesagt. Sodann: Eine solche Beschreibung endet in einer Fülle von Dichotomien[4] (prämodern – modern), während die historische Wirklichkeit aus Übergängen und Mischungen besteht; die Welt der Tradition ist nicht einfach statisch, die Welt der Moderne nicht einfach dynamisch, und in der Geschichte der letzten zweihundert Jahre ist beides in keiner Gesellschaft getrennt und einfach entgegengesetzt. Überall gibt es ein unbalanciertes Gleichgewicht. Schließlich: Das Konzept ist in Gefahr, eine bestimmte Norm, ein Ideal von Modernität anzusetzen, zum Beispiel die US-Gesellschaft von 1960. Ist eine Theorie sinnvoll, bei der Deutschland, Japan, ja auch Frankreich im 19. Jahrhundert, die Sowjetunion und China im 20. Jahrhundert, „Ausnahmen", abweichende Fälle sind?

Trotz dieser Einwände kann man die Konzepte Modernisierung und Modernität sinnvoll benutzen. Es handelt sich um Idealtypen, die uns die Wirklichkeit präziser begreifen und erklären lassen. Der Unterschied moderner und traditionaler Gesellschaften bleibt evident[5]. Die Gefahren, von denen die Einwände sprechen, lassen sich bei methodisch kritischem Gebrauch des idealtypischen Modells vermeiden. Und wir brauchen ein universalgeschichtliches Konzept, wenn wir die Geschichten der einzelnen Gesellschaften in den letzten zweihundert Jahren vergleichend und zusammenfassend zu dem verbinden wollen, was sie gewesen sind, zu *einer* Geschichte.

Thomas Nipperdey, Probleme der Modernisierung in Deutschland, in: ders., Nachdenken über die deutsche Geschichte. Essays, dtv, München 1990, S. 52–54 (Erstveröffentlichung 1979).

---

1 interdependent: voneinander abhängig
2 Konsens: Meinungsübereinstimmung
3 Legitimität: Rechtmäßigkeit einer Staatsgewalt
4 Dichotomie: Zweiteilung, Gegenüberstellung
5 evident: deutlich, einleuchtend

---

1 Analysieren Sie den Text Nipperdeys unter folgenden Gesichtspunkten:
- Gegenstand der Modernisierungstheorie;
- Aufgaben der Modernisierungstheorie bei der Untersuchung der Vergangenheit;
- Merkmale des Modernisierungsprozesses in sozialwissenschaftlichen Modernisierungstheorien;
- Einwände gegen Modernisierungstheorien;
- Vorzüge von Modernisierungstheorien.

M 3 Das Modernisierungskonzept der niederländischen Sozialwissenschaftler Hans van der Loo und Willem van Reijen (1992)

[Der Begriff der Modernisierung]
In den Sozialwissenschaften bezieht sich der Modernisierungsbegriff auf einen bestimmten, genau umschriebenen historischen Entwicklungsgang der (westlichen) Gesellschaft.

Modernisierung verweist auf einen Komplex miteinander zusammenhängender struktureller, kultureller, psychischer und physischer Veränderungen, der sich in den vergangenen Jahrhunderten herauskristallisiert und damit die Welt, in der wir augenblicklich leben, geformt hat und noch immer in eine bestimmte Richtung lenkt.

Es handelt sich um Entwicklungen, die langfristig ablaufen und durch die sich zuerst in Westeuropa und später in der übrigen Welt die Transformation und allmähliche Aufhebung der gesellschaftlichen Ordnung vollzogen hat. In einer modernen Gesellschaft wird für einen Markt produziert, haben Wissenschaft und Technik einen herausragenden Stellenwert, wird der Kampf um die Macht von mehreren politischen Parteien geführt, nimmt die Verstädterung zu, ist die Individualisierung weit vorangeschritten und vieles mehr. So selbstverständlich uns solche Dinge auch scheinen mögen, dürfen wir doch nie vergessen, dass unsere moderne Welt eine historisch gewachsene Wirklichkeit mit einmaligen Charakterzügen ist. […]

Wenn wir uns die gesamte Menschheitsgeschichte als einen Vierundzwanzigstundentag vorstellen, dann sehen wir, dass über 23 Stunden dieses Tages auf Jäger- und Sammler-Gesellschaften entfallen; Ackerbau und Viehzucht setzten vier Minuten vor Mitternacht ein; von urbanen Zivilisationen lässt sich erst drei Minuten vor Mitternacht sprechen und die Geburt der modernen Gesellschaft [...] tritt erst 30 Sekunden vor Mitternacht ein.

Modernisierung verweist also nicht auf eine spezifische Veränderung, sondern auf ein ganzes Knäuel miteinander verwobener Umwandlungsprozesse. In erster Linie deutet Modernisierung auf das Wachstum industrieller Komplexe, in der eine Massenproduktion von Gütern erfolgt. Aber es bleibt nicht nur bei der Industrialisierung: Modernisierung verweist zugleich auf zunehmende Urbanisierung, auf den Terrainverlust von Religion und Magie, auf die fortschreitende Rationalisierung unseres Denkens und Handelns, auf wachsende Demokratisierung und abnehmende soziale Unterschiede, auf fortschreitende Individualisierung und auf eine Reihe weiterer wirtschaftlicher, sozialer, politischer und kultureller Veränderungen. [...]

[Kriterien zur Beurteilung von Modernisierungstheorien]

Um [...] nicht in Verwirrung zu geraten, tun wir gut daran, nach einer Formel Ausschau zu halten, mit der die verschiedenen Phänomene der und die verschiedenen Theorien über die Modernisierung auf eine Linie gebracht werden können. Wir suchen, mit anderen Worten, nach einem konzeptionellen Schema, das es uns erlaubt, Modernisierung zu beschreiben und zu analysieren.

Glücklicherweise können wir auf ein bereits bestehendes Schema zurückgreifen: Ursprünglich von [dem amerikanischen Soziologen] Parsons [...] entworfen [...], erfasst es die gesellschaftliche Wirklichkeit und das menschliche Handeln von vier Seiten aus.

M4 Allgemeines Handlungsschema nach Parsons

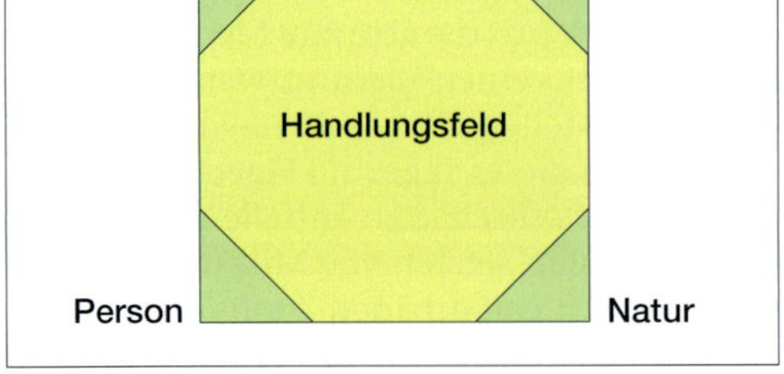

Aus der *strukturellen* Perspektive erscheint eine soziale Wirklichkeit, in der Menschen bestimmte gesellschaftliche Rollen ausfüllen (etwa die von Vater, Mutter, Arzt, Patient, Student oder Dozent) und in der man handelnd fortwährend auf andere bezogen ist. Diese Bezogenheit auf das Tun und Lassen anderer – im Fachjargon sprechen wir von *Interaktionen* – verläuft nicht ungeordnet: Man kann darin bestimmte Muster entdecken.

Die Wirklichkeit, in der wir leben, ist aber auch eine *kulturelle* Wirklichkeit, eine Wirklichkeit von Auffassungen, Ideen, Symbolen, Werten, Normen und Bedeutungen, die unserem Handeln Richtung geben und ihm Sinn verleihen. Unser Handeln und unsere Interaktionen sind eng verbunden mit den Bedeutungssystemen, die in unserer Kultur eine Rolle spielen.

Ein dritter Weg, auf dem wir uns der sozialen Wirklichkeit nähern können, ist der der *Person*. Mag unser Handeln auch in hohem Maß von den Begrenzungen und Möglichkeiten der uns umgebenden Strukturen und Bedeutungssysteme bestimmt sein, so ist damit natürlich auch ein Persönlichkeitsaspekt verbunden.

Der vierte und letzte Zugang ist jener der *Natur*. Obwohl sich der moderne Mensch nur ausnahmsweise (Naturkatastrophen, Fälle außerordentlicher „Umweltbedrohung", Krankheit) seiner natürlichen und biologischen Abhängigkeit bewusst wird, handelt es sich hier selbstverständlich um eine sehr essentielle, obgleich in den Sozialwissenschaften oftmals unterschätzte Dimension.

[Merkmale und Richtungen der Modernisierung]

Die vier Perspektiven „Struktur", „Kultur", „Person" und „Natur" lassen sich in jeder Handlung und an jedem Handlungskomplex unterscheiden. Bewusst sprechen wir hier von *Perspektiven* oder *Dimensionen:* Es geht nämlich darum, die wechselseitige Kombination von Struktur, Kultur, Person und Natur zu betonen.

Zugespitzt auf Modernisierung können wir das obenstehende, allgemeine Handlungsschema folgendermaßen „übersetzen":

M 5 Handlungsschema der Modernisierung nach Loo & Reijen

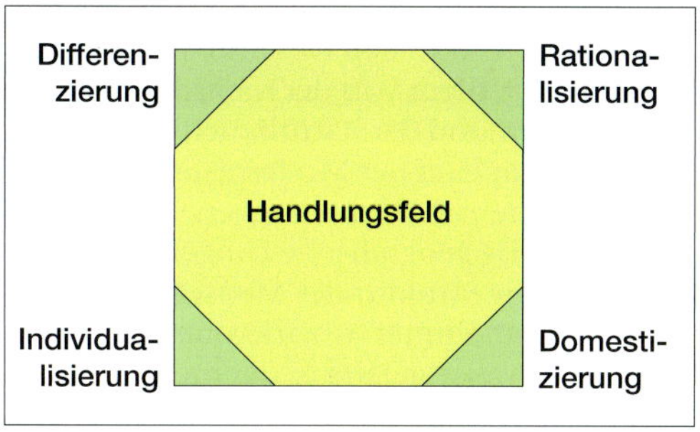

Von der strukturellen Dimension sich verändernder Handlungsmuster und Interaktionsformen aus erscheint Modernisierung als ein Prozess der *Differenzierung*. Durch die Brille der Kultur betrachtet, bietet sich uns Modernisierung als ein Prozess der *Rationalisierung* dar. Aus der Perspektive der Persönlichkeit wenden wir uns vor allem Prozessen der *Individualisierung* zu. Bleibt noch die vierte Dimension, die der physischen und biologischen Natur. Als kennzeichnend für Modernisierung kann gelten, dass Menschen immer erfolgreicher die sie umgebenden Tierarten und Naturkräfte zu beherrschen lernten. Modernisierung erscheint hier deshalb als ein Prozess der *Domestizierung*. Von unserem Schema aus betrachtet, deutet Modernisierung also auf die Kombination von Differenzierung, Rationalisierung, Individualisierung und Domestizierung. Da diese Begriffe vermutlich noch ziemlich vage klingen, wollen wir zunächst die vier Aspekte etwas näher umschreiben.

[Der Prozess der Differenzierung]
Differenzierung bezieht sich auf die Spaltung eines ursprünglich homogenen Ganzen in Teile mit eigenem Charakter und eigener Zusammensetzung. Als Folge von Differenzierung verselbstständigen sich allerlei Aktivitäten und Funktionen und bilden auf sie hin orientierte Institutionen und Organisationen. Die neuen differenzierten Einheiten spezialisieren sich immer weiter in der Erfüllung bestimmter Funktionen. Der Prozess der strukturellen Differenzierung lässt sich anhand der Unterschiede zwischen traditionellen und modernen Fürsorgeeinrichtungen verdeutlichen. Im Spätmittelalter war das städtische Spital ein völlig undifferenziertes Auffangzentrum für diejenigen, die sich am Rande der Gesellschaft befanden. So bot das Spital sowohl körperlich wie geistig Behinderten und auch unterstützungsbedürftigen Witwen, Waisen und allerlei fahrendem Volk Unterschlupf. Die Versorgung erfolgte durch Ordensleute oder religiös motivierte Laien. Die traditionelle Fürsorge war durch persönliche Abhängigkeit charakterisiert. Seit dem 18. Jahrhundert wurde das städtische Spital von der strukturellen Differenzierung erfasst: Es entstanden Krankenanstalten, Einrichtungen für Geisteskranke, Waisenhäuser, Armenhäuser und Gefängnisse. Die Pflege, Behandlung und Beherrschung – man erkennt, dass sich auch die Interventionsaktivitäten differenzieren – erfolgte nicht mehr auf freiwilliger Basis, sondern kam in die Hände von dazu speziell ausgebildeten Fachkräften. Die frühere persönliche Abhängigkeit wandelt sich im Lauf der Modernisierung zu formeller und bürokratischer Abhängigkeit. Das frühere städtische Spital verzweigte sich nicht nur in verschiedene eigenständige soziale Einheiten, sondern der Prozess struktureller Differenzierung setzte sich auch innerhalb dieser Einheiten fort: So verfügt jedes Krankenhaus zurzeit über verschiedene spezialisierte und relativ selbstständig arbeitende Abteilungen, die auf höherer Ebene integriert und koordiniert werden.

[Der Prozess der Rationalisierung]
Rationalisierung bedeutet Ordnen und Systematisieren der Wirklichkeit, um sie vorhersehbar und beherrschbar zu machen. Rationalisierung impliziert, dass unser Denken und Handeln immer mehr der Berechnung, Begründbarkeit und Beherrschung unterliegt. Rationales Handeln heißt wohlüberlegtes Handeln: Wir suchen Methoden und Mittel, die im Ergebnis effizient und effektiv sind. All unser Denken und Handeln ist von dem Gedanken erfüllt, die uns umgebende Wirklichkeit beherrschbar zu machen.

Ein konkretes Beispiel ist die Art, wie wir mit der neuen Seuche Aids umgehen. Nicht im Entferntesten denken wir daran, dass es sich dabei um die Rache von Gott oder von Dämonen handelt und dass die Krankheit erst nach ausgedehnten Versöhnungsritualen verschwinden wird. Stattdessen setzen wir unsere ganze Hoffnung auf die medizinische Wissenschaft, und zahllose hochspezialisierte Forscher suchen nach einem Mittel gegen die Erreger. Um die Ansteckungsgefahr so gering wie möglich zu halten, appellieren wir obendrein an das „rationale Verhalten" der Menschen. Über breite, fortwährend auf ihre Zweckmäßigkeit hin abgeklopfte Aufklärungskampagnen wird die Bevölkerung angespornt, für notwendig erachtete Vorsichtsmaßnahmen zu ergreifen, ehe es „zur Sache" geht.

[Der Prozess der Individualisierung]
Individualisierung verweist auf die wachsende Bedeutung des Individuums, das sich aus der Kollektivität seiner unmittelbaren Umgebung herauslöst. Individualisierung ist eine Folge des Umstands, dass Menschen es mit mehreren, oft in weitem räumlichen Abstand voneinander verstreuten sozialen Einheiten zu tun haben. Der Anspruch, den jede einzelne Einheit auf die Loyalität des Individuums erhebt, verringert sich dadurch. Infolge der Zugehörigkeit zu unterschiedlichen Einheiten erlangt das Individuum hinsichtlich jeder dieser Einheiten eine gewisse persönliche Unabhängigkeit.

In vormodernen Gesellschaften neigen die Menschen dazu, sich selbst vor allem als Teil des Kollektivs zu verstehen. Soweit das Phänomen des aus der Kollektivität herausgelösten Menschen hier in Erscheinung trat, handelte es sich um Ausnahmen. Der Prozess der Individualisierung und die Entwicklung der dazu notwendigen Mentalität des Individualismus setzte mit der Renaissance ein. In dieser Zeit entstand ein neues Weltbild, in dem der Mensch sich selbst als Mittelpunkt und Ursprung seiner eigenen Handlungen definierte.

[Der Prozess der Domestizierung]
Domestizierung schließlich bezieht sich auf das Maß, in dem Individuen sich ihren biologischen und natürlichen Begrenzungen entziehen konnten. Kennzeichnend für Modernisierung ist die enorme Beherrschung biologischer und natürlicher Prozesse. Übrigens bringt die zunehmende Beherrschung nicht nur eine Steigerung der Lebensqualität: Mit zunehmender Beherrschung steigt auch die Abhängigkeit von den Mitteln, durch welche beherrscht wird.

In der vormodernen Gesellschaft war das Handeln vor allem von der menschlichen Konstitution und der natürlichen Umwelt abhängig. Im Lauf der Modernisierung wurde eine Reihe von Begrenzungen, die durch die natürliche geografische Umgebung oder die physische Struktur des Menschen selbst gegeben sind, immer unwirksamer. Durch ihre Lebensweise gelang es der menschlichen Gattung, alle anderen Säugetiere zu unterwerfen: Soweit diese noch leben, können wir die dem Menschen mehr oder minder verwandten Tierarten im Zoo betrachten. Als Folge von drei technischen und kulturellen Umwälzungen – der Zähmung des Feuers, der Einführung des Ackerbaus und der umfänglichen Nutzung lebender Energie – hat sich die Beherrschung der Naturkräfte enorm gesteigert. Schließlich bezieht sich Domestizierung auch auf die Zähmung des „Tiers in uns": Ein wesentlicher Aspekt der Modernisierung liegt darin, dass der Mensch gelernt hat, seine biologischen Triebe und Impulse besser zu beherrschen.

Die vier Dimensionen von Modernisierung, wir betonen es nochmals, sind eng miteinander verwoben. Differenzierung, Rationalisierung, Individualisierung und Domestizierung treten in jedem konkreten Modernisierungsprozess in einer bestimmten Kombination auf. Oft bedingen sie sich auch gegenseitig.

So findet die strukturelle Differenzierung ihr kulturelles Pendant im Prozess der Verallgemeinerung von Bedeutungssystemen. Das ist auch leicht verständlich: Je weiter sich die soziale Struktur differenziert und spezialisiert, umso notwendiger ist ein System von Bedeutungen, damit die verschiedenen Einheiten in gegenseitiger Abstimmung gehalten werden. Die Auffassungen, Werte und Normen in einer modernen differenzierten Gesellschaft werden allgemeiner und abstrakter.

Ein anderes Beispiel bezieht sich auf das Verhältnis zwischen Differenzierung und Individualisierung. Die Ausfächerung einer Reihe ursprünglich ungeteilter sozialer Einheiten bedingt, dass moderne Menschen ihre Loyalität teilen können und müssen.

Das verschafft ihnen natürlich mehr individuellen Spielraum. Auch zwischen Domestizierung und Differenzierung besteht eine enge Beziehung. So erbrachte die Einführung von Ackerbau und Viehzucht nicht nur eine Produktionserhöhung, sondern es wurde mehr produziert, als konsumiert werden konnte. Diese Überproduktion ermöglichte es Gruppen innerhalb der Agrargesellschaft, sich permanent der „produktiven Arbeit" zu entziehen und sich anderen Tätigkeiten (Priester, Künstler, Politiker, Gelehrter) zuzuwenden.

Als letztes Beispiel nennen wir die Beziehung zwischen Domestizierung und Rationalisierung. Je mehr sich die Menschen aus den natürlichen und biologischen Eingrenzungen lösen, so behaupteten wir vorher, umso abhängiger werden sie voneinander und von dem Modus, in dem sie sich selbst zu beherrschen wissen. In einer Gesellschaft, die sich durch einen hohen Grad von Domestizierung auszeichnet, bedeutet dies, dass nicht nur das kollektive Handeln, sondern auch das individuelle Verhalten berechenbar und beherrschbar werden muss.

Hans van der Loo und Willem van Reijen, Modernisierung. Projekt und Paradox, dtv, München 1992, S. 11 f., 28–33.

1 Definieren Sie den Modernisierungsbegriff auf der Grundlage der Ausführungen von Loo und Reijen.

2 Erläutern Sie das allgemeine Handlungsschema von Parsons (M 4).

3 Stellen Sie den Zusammenhang zwischen dem allgemeinen Handlungsschema nach Parsons und dem Handlungsschema der Modernisierung nach Loo und Reijen her. Inwiefern beziehen sich Loo und Reijen auf Erkenntnisse Parsons?

4 Erläutern Sie anhand der Begriffe „Differenzierung", „Rationalisierung", „Individualisierung" und „Domestizierung" die zentralen Merkmale und Richtungen des Modernisierungsprozesses der (westlichen) Gesellschaft.

M 6 Der deutsche Historiker Hans-Ulrich Wehler über die Bedeutung des modernisierungshistorischen Ansatzes von Max Weber für die moderne Geschichtswissenschaft (2000)

Weber verfolgte zum einen das methodisch-theoretische Interesse, einen möglichst umfassend konzipierten Idealtypus der okzidentalen[1] Modernisierung (keineswegs von Modernisierung überhaupt!) zu entwickeln. Zum anderen blieb sein historisch-soziologisches Interesse darauf gerichtet, durch den universalhistorischen Vergleich die empirische Konstellationsanalyse dieser westlichen Modernisierung (noch einmal: nicht jeder irgendwo partiell erfolgenden oder nachholenden Modernisierung!) voranzutreiben. […]

„Welche Verkettung von Umständen hat dazu geführt", lautete seine Ausgangsfrage, „dass gerade auf dem Boden des Okzidents, und nur hier, Kulturerscheinungen auftreten, welche doch […] in einer Entwicklungsrichtung von universeller Bedeutung und Gültigkeit lagen". Die allgemeinste und zugleich hochspezifische Voraussetzung bildet, Weber zufolge, der einzigartige, alle Realitätsdimensionen durchziehende und prägende Rationalismus der okzidentalen Kultur. Dieser Grundzug sei wiederum abhängig von „der Fähigkeit und Disposition der Menschen zu bestimmten Arten praktisch-rationaler Lebensführung". Ihre „wichtigsten formenden Elemente" seien „die magischen und religiösen Mächte und die im Glauben an sie verankerten ethischen Pflichtvorstellungen".

Deshalb arbeitete Weber die unterschiedlichen, aber jeweils das Realitätsverständnis und seine Denkfiguren formenden, daher auch verhaltensleitenden religiösen „Weltbilder" heraus. Obwohl Weber aus theoretischen Gründen keine strenge Hierarchie der westlichen Modernisierungsursachen entwickelte, wird man doch mit dem Einfluss des religiösen „Weltbildes" beginnen können: mit dem Sonderfall des jüdisch-christlichen Monotheismus. Dank seiner strengen Architektonik, dem transzendenten Gott auf der einen Seite und seiner irdischen Gemeinde auf der anderen Seite, die sich in seinem Auftrag die Welt untertan machen soll, führt es zu der „Entzauberung" der diesseitigen Welt. Gemeint ist damit die Verdrängung nicht nur aller konkurrierenden religiösen Kulte, aller magischen und animistischen[2] Gottheitsvorstellungen, sondern vor allem auch die Durchsetzung eines zunehmend säkularisierten Weltverständnisses, das auf die rationale Erschließung und Bewältigung schlechthin aller Probleme baut. [...]

Als nicht minder folgenreich erwies sich die Trennung von Staat und Kirche, die beide unter heftigen Konflikten ihre eigenen autonomen Sphären entwickelten [...]. Überhaupt führten die Freiräume für die politischen Herrschaftsinstitutionen, die Kirchen, die ständischen Selbstverwaltungsorgane, die Korporationen zu einem parzellierten Rechts- und Machtsystem. Daraus ging ein fragiler, häufig gefährdeter, aber die unterschiedlichen Kräfte austarierender „pluralistischer" Balancezustand hervor, unter dessen Schutzdach sich in relativer Autonomie neue Entwicklungen anbahnen und durchsetzen konnten – die Grundlage des gesellschaftlichen und politischen Liberalismus im Westen. Obwohl ein florierender Handels- und Gewerbekapitalismus etwa in den katholischen oberitalienischen Städten entstand, maß Weber dem Protestantismus, insbesondere der Rigidität seiner calvinistischen Variante, eine extrem hohe Bedeutung für die innerweltlich-asketische Verhaltenssteuerung bei, die der Entfaltung des modernen Kapitalismus zugute kam. Allerdings ist der Protestantismus selber schon das Produkt von Modernisierungsschüben, die zu seiner relativ zügigen Bejahung des städtischen und gewerbekapitalistischen Lebens, der Wissenschaft und Technik führten. Demgegenüber mündete der Blockadeversuch der Gegenreformation dort, wo er erfolgreich war, vier Jahrhunderte lang in die Innovationsfeindlichkeit und Einschränkung des katholischen Milieus auf eine traditional geprägte, überwiegend ländliche und kleinstädtische Umwelt. [...]

Als Ausfluss der rationalen Dispositionen entwickelte sich nur im Westen die Wissenschaft als systematisch geordneter, empirisch streng abgesicherter Wissensgewinn. Besonders die Naturwissenschaften traten frühzeitig wegen der „Chancen, die sich an ihre wirtschaftliche Verwertbarkeit als Prämien knüpfen", in ein symbiotisches Verhältnis zur Technik, sprich zu innovativen, in Produktionsprozessen verwendbaren Technologien.

M7 Max Weber (1864–1920), Fotografie, 1918

Nur hier entstand aus römischem und germanischem Erbe ein rationales Recht, das imstande war, den „Rechtsapparat wie eine technisch rationale Maschine funktionieren" zu lassen. Seinen Kern bildeten zuverlässig geschützte private Eigentumsrechte, deren Bedeutung nach dem Urteil des Juristen Weber schlechterdings nicht überschätzt werden könne.

Nur im Westen ist auch der Staat ein rationales Kunstprodukt im Sinne einer dauerhaften „politischen Anstalt mit rational gesatzter Verfassung, rational gesatztem Recht und einer an rational gesatzten Regeln und Gesetzen orientierten Verwaltung durch Fachbeamte". Wenn der Kapitalismus „des berechenbaren Rechts und der Verwaltung nach formalen Regeln bedarf", stellt beides mit verlässlicher Sicherheit nur der westliche

Staat, der sein Herrschaftssystem auch als homogenen Rechtsbezirk ausbaut und sich „das Monopol der physischen Gewaltsamkeit“ sichert. Während des inneren Staatsbildungsprozesses wird der Feudalismus überwunden, das Privatrecht gesichert, die Despotie, aufs Ganze gesehen, vermieden, der Staatsapparat institutionell fest verankert.

In der staatlichen Bürokratie, die dabei in den Mittelpunkt rückt, sieht Weber ein weiteres westliches Unikat, zu dem er nirgendwo sonst eine analog einflussreiche Verwaltungsinstitution findet. Sie entwickelt sich im Verlauf des neuzeitlichen Staatsbildungsprozesses zum „Eckpfeiler“ nicht nur „des modernen Staates“, sondern auch „der modernen Wirtschaft des Okzidents“. Nur dort findet sich die „absolut unentrinnbare Gebanntheit unserer ganzen Existenz in das Gehäuse einer fest geschulten Beamtenorganisation“, nur dort dominiert „der juristisch geschulte staatliche Beamte als Träger der wichtigsten Alltagsfunktionen des sozialen Lebens“. Weber ist von der organisationstechnischen Überlegenheit der westlichen Bürokratie als Herrschaftsinstrument und Herrschaftsträger so überzeugt, dass er ihr auch in universalhistorischer Perspektive eine unwiderstehliche Durchsetzungskraft zubilligt.

Zugleich sind die allmählich entstehenden europäischen Staaten seit dem ausgehenden 15. Jahrhundert in ein welthistorisch einzigartiges, da ein monolithisches Großreich vermeidendes Staatensystem eingebunden, in dem eine unabhängige, die spätere ökonomische Konkurrenz modellartig vorwegnehmende Rivalität aller Mitglieder herrscht, die diese zur pausenlosen Anspannung aller Kräfte anhält. Unter solchen extremen Wettbewerbsbedingungen tritt der Staat in ein symbiotisches Verhältnis zum Kapitalismus, der staatliche Ressourcen ebenso stärkt, wie der Staatsapparat dem Kapitalismus zuverlässige Rahmenbedingungen und Unterstützung gewährleistet. Weder hat sich der Kapitalismus den Staat als gefügigen Agenten geschaffen, noch der Staat sich den Kapitalismus als Helfer hochgezüchtet. Aber in wechselseitiger, dialektischer Verschränkung treibt einer jeweils den Aufstieg des anderen voran.

Von besonders folgenreicher Bedeutung ist die „Eigenart der Sozialordnung des Okzidents“. Dabei steht an erster Stelle der Aufstieg „des abendländischen Bürgertums“, das nur dort in selbstständigen Stadtgemeinden das wirtschaftliche und politische Leben ordnet und dauerhaft – ein einzigartiges Phänomen im Konkurrenzkampf der Eliten – den Adel als Machtoligarchie verdrängt. Nur hier arbeitet sich auch der Sozialtypus des „Bourgeois“ als eines marktwirtschaftlich und später produktionskapitalistisch orientierten Unternehmers empor. Nur hier entsteht die Rechtsfigur des „Staatsbürgers“. Nur hier setzen sich Erwerbs- und Berufsklassen durch, die auf der Güter- und Leistungsverwertung auf Märkten, aber auch auf hoher sozialer und geografischer Mobilität beruhen.

Diesem Bürgertum gelingt die epochale Leistung, eine „nirgends sonst auf der Erde entwickelte, allein an den Chancen des Marktes orientierte“, dauerhafte, „rationale Betriebsorganisation“ zu schaffen, in deren Arbeits- und Herrschaftsverband, auch dank der „Trennung von Haushalt und Betrieb“, formell freie Lohnarbeit, maschinelle Ausrüstung und Produktionsablauf kombiniert und durch „rationale Buchführung“ kontrolliert werden.

Damit entsteht die Schlüsselorganisation für die „schicksalvollste Macht unseres modernen Lebens“, denn der Kapitalismus bestimmt „heute“, auch hier teilte Weber völlig Marx' Urteil, „den Lebensstil aller Einzelnen, die in dieses Triebwerk hineingeboren werden, mit überwältigendem Zwang“, der letztlich in ein „stahlhartes Gehäuse“ führe. Mit dieser Unternehmensform wird auch die institutionelle Voraussetzung für ein weiteres Unikat geschaffen, das „Proletariat als Klasse“.

Denn aus den ständischen Sozialverbänden mit zugeschriebenem Status gehen „marktbedingte Erwerbsklassen“ aufgrund ungleicher Leistungsverwertung hervor. Die Definition der Arbeitsfähigkeit als käuflicher Ware ermöglicht die vollständig exakte Kapitalkalkulation beim Einsatz der Produktionsfaktoren. Und die kollektive Interessenvertretung des Proletariats steht im Zeichen eines im Grunde auf Gesellschaftsreform ausgerichteten „rationalen Sozialismus“, für dessen *„social engineering"* Weber wiederum anderswo kein Pendant findet.

Weber ist nie der Illusion vom Primat einer einzigen Modernisierungskraft erlegen, sei es des religiösen „Weltbildes" oder des Kapitalismus. Vielmehr geht es ihm immer um die Gesamtkonfiguration westlicher Eigenarten mit historisch wechselnden Impulszentren. [...] So unübersehbar Webers Interpretation der okzidentalen Modernisierung auch von europäischem Leistungsstolz und dem Selbstbewusstsein eines „Mitglieds der bürgerlichen Klassen" getragen ist, hat ihn sein eigenes pessimistisches Weltbild davor bewahrt, diese Evolution des Westens als linear ansteigende Fortschrittsgeschichte zu verstehen. Vielmehr betont er nicht nur die hemmenden, verzögernden und häufig siegreichen Gegenkräfte, sondern immer wieder auch die „sozialen Kosten" – etwa jene Verlustbilanz, die seiner liberalaristokratischen Grundanschauung gemäß aus der Zerstörung der tragenden sozialen Grundlagen des autonomen Persönlichkeitstypus resultierte.

Hans-Ulrich Wehler, Modernisierung und Modernisierungstheorien, in: ders., Umbruch und Kontinuität. Essays zum 20. Jahrhundert, C.H. Beck, München 2000, S. 222–227.

---

1 okzidental: abendländisch, westlich
2 Animismus: Bezeichnung für ursprüngliche Naturreligionen von Jäger-Sammler-Kulturen, nach denen alle Lebewesen – auch Tiere und Pflanzen – eine Seele besitzen

---

1 Klären Sie unbekannte Begriffe.
2 Nennen Sie die zentrale Fragestellung Max Webers.
3 Arbeiten Sie die Beantwortung dieser Frage aus dem Essay Wehlers heraus. Fertigen Sie dazu eine Tabelle mit den Bereichen Staat/Politik, Wirtschaft, Gesellschaft und Kultur an.
4 Stellen Sie dar, welche Bedeutung Hans-Ulrich Wehler dem Ansatz Webers beimisst.

M8 Hans-Ulrich Wehler über die erkenntnisleitenden Interessen seiner „Deutschen Gesellschaftsgeschichte" (1987)

Wirtschaft, Sozialhierarchie, Herrschaft und Kultur werden hier als Hauptachsen der Gesellschaft angesehen und zugleich in ihrer Wechselwirkung im Verlauf des neuzeitlichen Modernisierungsprozesses vor allem während der beiden letzten Jahrhunderte verfolgt. [...]

Im Anschluss wiederum an Weber wird unter der Modernisierung und dem Evolutionsziel der Wirtschaft die Durchsetzung des Kapitalismus bis hin zum hochentwickelten Industriekapitalismus verstanden; im Hinblick auf die Sozialschichtung die damit zusammenhängende Durchsetzung „marktbedingter Klassen" bis hin zu großen, politisch handlungsfähigen „sozialen Klassen"; im Hinblick auf die politische Herrschaft die Durchsetzung des bürokratisierten Anstaltsstaats (seit dem 19. Jahrhundert in der Regel in der Form des Nationalstaats); im Hinblick auf die Kultur die Durchsetzung der „Rationalisierung" in wachsenden Bereichen des kulturellen Lebens [...], wie das am Aufstieg der Wissenschaften, der Säkularisierung und „Entzauberung" der Welt, an der Ausdehnung des Zweck-Mittel-Denkens einer instrumentellen Vernunft am augenfälligsten zutage tritt. [...]

1. Die Entfaltung erst des Kapitalismus, dann vor allem des Industriekapitalismus seit dem zweiten Drittel des 19. Jahrhunderts wird hier als einer der Basisprozesse der gesellschaftlichen Evolution auch in Deutschland betrachtet. Inhalt und Wirkung der deutschen Industrialisierung können ohne ihr Grundgesetz, die ungleichmäßige Entwicklung, nicht verstanden werden. Dass Landschaften und Regionen, Branchen und Sektoren (schließlich auch ganze Volkswirtschaften und Teile des Globus) sich ungleich entwickeln, dass kurz- und langfristige Schwankungen des konjunkturellen Verlaufs [...] den Wachstumspfad bestimmen, kann geradezu als die historische Natur privatwirtschaftlicher Industrialisierung gelten. [...]

2. Die Entwicklung auch der deutschen Gesellschaft in den vergangenen beiden Jahrhunderten ist durch die Dauerhaftigkeit struktureller sozialer Ungleichheit grundle-

gend bestimmt. Sie ist vielleicht die Hauptfrage jeder historischen Sozialforschung, jeder Stratifikationsanalyse[1], jeder Sozialgeschichte – nicht zuletzt auch deshalb, weil damit die Lebenschancen der vielen Individuen notwendig in den Blick kommen. Sie wird es auf absehbare Zeit auch bleiben. Ihr Gewicht in der Politik kann schwerlich überschätzt werden. Selbstredend wird hier nicht die vorindustrielle Vergangenheit idealisiert, um dann als Folie zu dienen, vor der sich die neuartige Ungleichheit, die von der industriellen Gesellschaft des Westens erzeugt wird, um so düsterer abhebt. Vielmehr teile ich die Auffassung, dass erfolgreiche Industrialisierung geradezu Bedingung der Möglichkeit für die Gesellschaftspolitik dieser Länder ist, soziale Ungleichheit auf die Dauer mindern zu können, und dass diese Ungleichheit in historischer Perspektive sogar erstmals abgebaut worden ist und noch weiter abgebaut werden kann. Anders gesagt: Sie ist im Vergleich mit früheren Epochen nicht verschärft worden oder gleich stark geblieben. Vorerst muss man sich jedoch sowohl Ursachen und Ausmaße, Wirkung und Wandel der je eigentümlichen Ungleichheit in der deutschen vorindustriellen, dann in der industriekapitalistischen Gesellschaft klarmachen, als auch sich der Frage stellen, auf welchen Bedingungen die Fähigkeit dieser Gesellschaften beruht, mit zum Teil außerordentlich schroffer Ungleichheit über lange Zeiträume hinweg leben, sie unterhalb des Gefahrenpunktes einer sozialen Eruption verarbeiten zu können. Anders gesagt: Relative Stabilität ist genauso erklärungsbedürftig, wie Spannung oder Konflikt es sind. Dazu ist die historische Analyse unumgänglich. Sie wird hier von der Überzeugung angeleitet, dass ein höheres Maß an Gleichheit der Lebenschancen unbedingt wünschbar, auch seit längerem möglich ist.

Zugleich ist aber diese Zielvorstellung, dass die Gleichheitsrechte breiter als bisher verwirklicht werden sollten, nicht an die naive Leitidee der völligen sozialen Gleichheit aller gebunden. Ein bestimmtes Maß an funktioneller, freilich schärfstem Legitimationszwang auszusetzender Ungleichheit scheint nicht nur der historischen Erfahrung nach unvermeidbar, sondern mit guten systematischen Argumenten verfechtbar zu sein. Um einige Beispiele zu nennen: Auch zum Zusammenleben der Menschen in einem demokratischen Industrieland gehört die prinzipielle Ungleichheit von Positionen innerhalb der politischen Herrschaftsordnung, selbst wenn diese optimalen Kontrollen ausgesetzt wäre. Gesellschaftlich hochbewertete Funktionen mögen durchaus ein ungleiches Maß an politischer, psychischer, prestigeträchtiger, keineswegs nur ökonomischer Auszeichnung auf sich ziehen, da gibt es viele Äquivalente. Gleichrangig, aber in einem offenbar unaufhebbaren tiefen Spannungsverhältnis zu den demokratischen Gleichheitsrechten stehen liberale Freiheitsrechte, bei deren Verwirklichung Ungleichheit nicht umgehbar und vertretbar erscheint.

Aber auch wenn alle möglichen Einschränkungen genannt und begründet wären, bliebe doch der grundlegende Impuls berechtigt, die auf schierer Tradition, auf blanker Macht, auf unbegründbarer Verteilung der Lebenschancen, die meist auf den Zufällen von Geburt und Herkunft beruhende Ungleichheit infrage zu stellen, auf der argumentativen Legitimierung jedweder sozialen Ungleichheit zu beharren und sie bei unzureichender Rechtfertigung anzufechten. Um es zu wiederholen: Der Ausgleich, nicht die völlige Aufhebung struktureller sozialer Ungleichheit wird als ein Langzeitproblem auch der zukünftigen deutschen Politik verstanden. [...]

3. Schließlich stehen die Struktur und Ausübung, die Funktionsweise und Wirkung von politischer Herrschaft zur Debatte. Gerade die deutsche Geschichte der beiden vergangenen Jahrhunderte lässt es nicht zu, diesen Bereich zu vernachlässigen. Wenige Staaten haben in dieser Zeit einen vergleichbaren Wechsel der politischen Regime und Herrschaftsformen, derart abrupte Brüche und neue Anfänge erlebt wie Deutschland. Zugleich mahnt diese Geschichte zur Vorsicht gegenüber allzu glatten Thesen. So hat sich etwa die deutsche Industrialisierung im Gehäuse des traditionalen Obrigkeitsstaats durchsetzen können, und jahrzehntelang vertrugen sich bestechende ökonomische Erfolge mit autoritär-bürokratischer Politik. Die von wenigen Ausnahmen abgeleitete

bequeme Gleichung, dass Industrialisierung zugleich notwendig Demokratisierung bedeute, führt auch hinsichtlich Deutschlands in die Irre. In einem Land, das so lange durch vorindustrielle Faktoren eine maßgebende Prägung erfahren hat, stellt sich die relative Autonomie von Politik sogar besonders scharf als Problem. […]

Die Grenzen zwischen politischer Herrschaft, die auf den Institutionen des modernen Staates mit ihrem spezifischen Eigengewicht, vor allem auch ihren eigenen Interessen, beruht, und der Herrschaft der Verwaltung im Alltag, die ihrerseits mit organisierten gesellschaftlichen Interessen aufs engste kooperiert, sind längst verschwommen. Politische Kontrolle erfolgreich ausgeübter bürokratischer Macht ist daher, wie nicht allein Max Weber wortgewaltig betont hat, seit langem zu einem Zentralproblem auch und gerade der deutschen Gesellschaft geworden. Das setzt auf der Linie der hier vertretenen Argumentation historische Einsicht in die Struktur und Politik von Bürokratien voraus, in ihre Möglichkeiten und Grenzen, in ihre eher noch wachsende Bedeutung als Konstante im Wirbel der Regimewechsel, der gesellschaftlichen Veränderungen, der politischen Tagesereignisse.

Aber nicht nur der Herrschaftsapparat mit seinen Eigenarten und Funktionsmechanismen ist ein wesentlicher Bestandteil dieser Thematik. Zugleich konvergieren im Herrschaftsproblem entscheidende Fragen der Wirtschafts- und Sozialentwicklung. Die politische Kontrolle ökonomischer und finanzieller Machtballung ist in einer Zeit, in der nationale und internationale Konzentrationsprozesse den Großunternehmen eine beispiellose Ausdehnung verschafft haben, immer dringender geworden. Der Markt genügt hier keineswegs als Regulator. […] Sondern hier muss wiederum politische Herrschaft erkämpft und zu steuernden, kontrollierenden, verändernden Eingriffen bewusst genutzt werden. […]

Der Leitperspektive vollständiger Herrschaftsfreiheit vermag dieses Buch jedoch genauso wenig zu folgen wie dem Ziel der sozialen Gleichheit aller. Nicht Herrschaftsfreiheit, sondern glaubwürdige Legitimation und maximale Kontrolle von Herrschaft umschreiben vielmehr seine Orientierungsvorstellungen. Dass es für absehbare Zeit als politische Daueraufgabe verstanden werden kann, die demokratischen Kontrollen zu verbessern, die politischen Entscheidungen transparenter zu machen, sie eventuell auch schneller korrigieren zu können, das „Gemeinwohl“ zu ermitteln und so weit wie möglich effektiv durchzusetzen – das dürfte schwer zu bestreiten sein. Wiederum scheint es daher eine lohnende Aufgabe zu sein, die historischen Bedingungen politischer Herrschaft in Deutschland so klar wie möglich herauszuarbeiten, damit der Gewinn, den sie bedeuten, aber auch der Preis, den sie verlangen kann, im Vergleich deutlich werden.

Hans-Ulrich Wehler, Deutsche Gesellschaftsgeschichte, Bd. 1: Vom Feudalismus des Alten Reiches bis zur Defensiven Modernisierung der Reformära 1700–1815, C.H.Beck, München 1987, S. 13–19.

1 Stratifikation: soziale Schichtung

1. Klären Sie unbekannte Begriffe.
2. Gliedern Sie M 8 in einzelne Abschnitte und formulieren Sie passende Zwischenüberschriften.
3. Arbeiten Sie die erkenntnisleitenden Interessen Wehlers heraus. Vergleichen Sie mit M 5. Gibt es Unterschiede und Gemeinsamkeiten?
4. Untersuchen Sie, welche Hauptprozesse nach Wehler die Modernisierung der deutschen Gesellschaft seit 1700 prägten und auf welche Ziele sich die deutsche Gesellschaft hin entwickelte.
5. **a)** Prüfen Sie, ob und inwieweit die Darstellung Wehlers politische, soziale oder moralisch-ethische Werturteile enthält.
   b) Erörtern Sie, ob Untersuchungen Werturteile enthalten dürfen.
6. Vergleichen Sie die Konzepte van der Loos und van Reijens mit dem Webers bzw. Wehlers.
7. Überprüfen Sie die Konzepte an Ihnen bekannten historischen Beispielen.
8. Diskutieren Sie die Vor- und Nachteile beider Forschungsansätze.

M9 Der Historiker Jürgen Osterhammel über die „Moderne" in universalhistorischer Perspektive (2009)

[Die Deutungsangebote der heutigen Soziologie] kreisen um den Begriff der „Moderne". Meist haben sie auch etwas über Vergangenheit zu sagen und sprechen daher explizit oder zwischen den Zeilen das 19. Jahrhundert an; häufig wird aber pauschal über die gesamte europäische Neuzeit hinweg generalisiert: Eine Kategorie wie „Individualisierung" lässt sich kaum im Zeitverlauf fixieren. Nahezu der gesamte moderne Diskurs der Soziologie beschränkt seine Referenz aus Tradition und Gewohnheit auf (West-)Europa und die USA. Einen wichtigen Fortschritt hat das Theorieprogramm der „Vielfalt der Moderne" (*multiple modernities*) gebracht, das der große Soziologe Shmuel Noah Eisenstadt seit dem Jahr 2000 propagiert. Die Differenzierungen innerhalb der Moderne treten Eisenstadt zufolge hauptsächlich im 20. Jahrhundert auf. Im 19. Jahrhundert beobachtet er vor allem eine Divergenz zwischen europäischen und nordamerikanischen Pfaden in die Moderne, die in seiner Sicht keinesfalls einen „homogenen" Westen bilden, während er innerhalb der nicht-okzidentalen Welt nur in Japan eine charakteristische Ausprägung von Moderne zu erkennen vermag. In der Tat ist es schwierig, für die Zeit zwischen etwa 1800 und 1900 eigenständige und unverwechselbare indische, chinesische, nahöstlich-islamische oder afrikanische Wege in die Moderne zu finden, die dem hegemonialen westeuropäischen Moderne-Modell Eigenes entgegensetzten. Solche Differenzierungen begannen sich erst nach der Jahrhundertwende bemerkbar zu machen […]. […]

Welches anderes Bild vom 19. Jahrhundert ergibt sich aus einer Betrachtung, die sich nicht auf Europa beschränkt? Als Erstes muss betont werden, dass die übliche Annahme eines langen 19. Jahrhunderts, das von den 1780er-Jahren bis zum Ersten Weltkrieg reicht, zwar eine nützliche Annahme und Hilfskonstruktion bleibt, aber nicht als gleichsam natürlich gegebene und weltweit gültige Form der Vergangenheit vorausgesetzt werden sollte. Selbst wenn man nicht kleinlich auf den europäischen Randdaten 1789 und 1914 besteht, so entziehen sich doch ganze National- und Regionalgeschichten diesem Raster. Wenn es außerhalb Europas zutrifft, dann zuweilen aus Gründen, die mit Europa selbst wenig zu tun haben. Dass Australien seine dokumentierte Geschichte mit der Sträflingsflotte von 1788 beginnen lässt, steht in keinerlei Verbindung zur Französischen Revolution. Und dass in der *politischen* Geschichte Chinas die Jahre zwischen der Abdankung des Qianlong-Kaisers 1796 und der Revolution von 1911 eine gewisse Einheit bilden, hat interne dynastische Gründe und lässt sich nicht auf europäische Aktivitäten in Ostasien zurückführen. Zahlreicher sind die Fälle, in denen andere Periodisierungen bevorzugt werden müssen. In Japan bilden die Jahre zwischen der Öffnung 1853 und dem Zusammenbruch des Imperiums 1945 einen geschlossenen historischen Zyklus. Das 19. Jahrhundert Lateinamerikas erstreckt sich von den Unabhängigkeitsrevolutionen der 1820er-Jahre (deren Ursachen in die 1760er-Jahre zurückreichen) bis zum Vorabend der Weltwirtschaftskrise von 1929. In den USA beendete der Bürgerkrieg in den 1860er-Jahren eine erste Ära, die mit der transatlantischen Krise der 1760er-Jahre begonnen hatte. Die neue Epoche amerikanischer Politik- und auch Sozialgeschichte endete gewiss nicht schon 1914 oder 1917/18, sondern 1941 oder 1945, unter dem sozialgeschichtlich wichtigen Gesichtspunkt der *race relation* sogar erst in den 1960er-Jahren. Für ganz Afrika – mit Ausnahme Ägyptens und Südafrika – sind ebenso das chronologische wie das „lange" 19. Jahrhundert irrelevant. Hier eröffnete die koloniale Invasion der 1880er-Jahre eine Epoche, die sich über die Weltkriege hinweg bis zum Zenith der Dekolonisation in den 1960er-Jahren erstreckte. Daraus folgt: Eine weltgeschichtliche Periodisierung kann nicht mit den scharfen Zäsurdaten einer einzelnen Nationalgeschichte und selbst der Geschichte Europas arbeiten.

Jürgen Osterhammel, Die Verwandlung der Welt. Eine Geschichte des 19. Jahrhunderts, C.H.Beck, München 2009, S. 1281, 1284f.

1 Skizzieren Sie, worin nach Osterhammel die Grenzen des Begriffs „Moderne" liegen.

2 Diskutieren Sie, inwiefern die vorgestellten Konzepte diese Grenzen reflektieren.

2 Transformationsprozesse

Will man den Zeitgeist des beginnenden 21. Jahrhunderts in einem Begriff zusammenfassen, schreiben die Historiker Jürgen Osterhammel und Niels P. Petersson 2003, „dann bleibt tatsächlich kaum eine Alternative zu der immerfort wiederholten Versicherung, wir seien in die **Epoche der Globalisierung** eingetreten [...]: Die Welt wird zusehends ‚kleiner', und Entferntes wird immer stärker miteinander verknüpft. Zugleich wird sie ‚größer', weil wir noch niemals weitere Horizonte überschauen konnten."

Beschleunigung, also **allgegenwärtige Temposteigerung**, scheint ebenfalls ein zentrales Merkmal unserer modernen Gesellschaft zu sein – weltweit. Technische bzw. technologische Neuerungen haben die Kommunikation und den Austausch der Menschen untereinander nachhaltig beschleunigt. Wer weite Stecken zurücklegen muss, ist längst nicht mehr auf die Postkutsche angewiesen, sondern benutzt das Auto oder Flugzeug. Geschäftspartner können sich in Sekundenschnelle wichtige Mitteilungen über E-Mail senden oder per Videokonferenz kommunizieren. Auch das soziale Leben ist schneller und abwechslungsreicher geworden. Moden und Stile ändern sich rasch, und Arbeitsplatzwechsel sind häufig geworden in den modernen Industriegesellschaften, die sich zunehmend in Dienstleistungs- und Wissensgesellschaften verwandeln. Überdies bestimmen Zeitnot und Hetze das individuelle Lebenstempo vieler Menschen. Statt eine ruhige Frühstücks- oder Mittagspause zu genießen, greift der eine oder andere zu *Fast Food* oder trinkt hastig aus dem „*Coffee to go*"-Becher.

Gewiss verdichten sich in den Begriffen „Globalisierung" und „Beschleunigung" mächtige Tendenzen unserer Zeit. Allerdings darf nicht vergessen werden, dass Beschleunigung und Globalisierung **mehrdimensionale Prozesse** sind, die soziale, kulturelle, politische und ökonomische Aspekte umfassen. Dementsprechend muss Globalisierung als **vielschichtiger und komplexer historischer Vorgang** aufgefasst werden, der auf verschiedenen Ursachen und Voraussetzungen beruht. Und Globalisierung ist **keine ganz neue Erscheinung in der Geschichte**. Eines der zentralen Merkmale der Neuzeit bestand und besteht darin, dass geografisch weit voneinander entfernte Kulturen und Gesellschaften miteinander in Kontakt traten, „gemeinsame" Erfahrungen machten und zum Teil heftige Konflikte miteinander austrugen. Auch Beschleunigung tritt nicht neu in der Geschichte auf und ist ein vielschichtiger und komplexer Vorgang. Allerdings verändert sich die Welt weder in allen Regionen der Erde noch in allen Bereichen des gesellschaftlichen Lebens gleich schnell. Der historische Wandel vollzieht sich zudem in den Bereichen Politik und Gesellschaft, Wirtschaft und Kultur in unterschiedlicher Geschwindigkeit.

Dieses Kapitel beschäftigt sich mit **geschichts- und sozialwissenschaftlichen Konzepten, Theorien, Erklärungsmodellen und Kontroversen** zu unterschiedlichen Aspekten des gesamtgesellschaftlichen Wandels. Historische Transformationsprozesse (zum Begriff s. S. 58) sind häufig, wie das Beispiel der Globalisierung zeigt, durch **Kulturkontakte** bzw. durch **Kulturkonflikte** geprägt. In Kapitel 2.1 werden Theorien und Kontroversen dazu vorgestellt. Das in Kapitel 2.2 dokumentierte Erklärungsmodell zu Transformationsprozessen plädiert dafür, die **Vielfalt der Geschwindigkeiten** bei geschichtlichen Veränderungen in den Blick zu nehmen und entsprechend **mehrere Zeitmaße oder Zeitschichten** zu unterscheiden. Kapitel 2.3 befasst sich mit Wanderungsbewegungen, die Transformationsprozesse in Vergangenheit und Gegenwart maßgeblich begleiten. Wie lassen sich **Migrationsvorgänge** typologisieren und erklären? Mit dieser Frage setzen sich die geschichtswissenschaftlichen Konzepte aus der historischen Migrationsforschung auseinander.

2.1 Theorien zu Kulturkontakt und Kulturkonflikt

„The Clash of Civilizations" oder „Kampf der Kulturen"?

Der Fall der Berliner Mauer 1989 war ein weltgeschichtliches Ereignis, das nicht nur die deutsche Wiedervereinigung ermöglichte, sondern auch den Beginn einer tief greifenden internationalen Wende markierte. Mit dem endgültigen Zusammenbruch des Sowjetimperiums 1990/91 endete der Ost-West-Konflikt bzw. der Kalte Krieg. Von 1945 bzw. 1947 bis 1990/91 bestimmte der Systemgegensatz zwischen westlicher Demokratie und Marktwirtschaft auf der einen, von den USA geführten Seite und kommunistischer Diktatur und Planwirtschaft auf der anderen, von der Sowjetunion beherrschten Seite die weltpolitische Auseinandersetzung. Politisch-ideologische und wirtschaftliche Gegensätze standen in der bipolaren Welt des Ost-West-Konfliktes im Vordergrund. Wie entwickelt sich seitdem das internationale System? Welche Kräfte bestimmen im 21. Jahrhundert die Weltgeschichte?

Im Jahre 1993 veröffentlichte der amerikanische Politikwissenschaftler **Samuel P. Huntington** einen Artikel über *„The Clash of Civilizations"*, der internationale Aufmerksamkeit erregte und leidenschaftliche Diskussionen auslöste. Seine Thesen begründete Huntington in seinem gleichnamigen Buch ausführlich, das 1996 mit dem Titel **„Kampf der Kulturen. Die Neugestaltung der Weltpolitik im 21. Jahrhundert"** auf deutsch erschien. Der international renommierte Politologe vertritt darin die Auffassung, dass sich die Weltpolitik mit Beginn des 21. Jahrhunderts von Grund auf verändere. Die internationale Politik werde nicht länger wie im 19. Jahrhundert durch machtpolitische Auseinandersetzungen zwischen Nationalstaaten bestimmt. Auch die politisch-ideologischen und wirtschaftlichen Gegensätze zwischen den USA und der Sowjetunion, die den Ost-West-Konflikt über weite Strecken des 20. Jahrhunderts beherrscht hätten, gehörten seit 1990/91 der Vergangenheit an. Seitdem erlebe die internationale Staatenwelt vielmehr einen **Konflikt der Kulturen**: „In der Welt nach dem Kalten Krieg definieren Staaten", argumentiert er in seinem Buch, „ihre Interessen zunehmend in kulturellen Begriffen. Sie kooperieren und verbünden sich mit Staaten, die einen ähnlichen oder denselben kulturellen Hintergrund haben, und befinden sich häufiger im Konflikt mit Ländern mit einer anderen kulturellen Basis." Religiöse Überzeugungen spielten dabei eine wesentliche Rolle. Sie prägten auch das Verhältnis zwischen dem Westen und der islamischen Welt, das immer spannungsreicher werde. Huntington prognostizierte, dass das Wiedererstarken des Islam die bisherige Vorherrschaft des Westens in der Weltpolitik bedrohe. Die westliche Staatengemeinschaft verliere immer stärker an Gewicht, während die Bedeutung von Staaten aus dem islamischen und aus anderen Kulturkreisen zunehme (M 1).

Kulturkontakte

Sowohl **Huntington** als auch seine **Kritiker** (M 3 a, b) konzentrieren sich auf die Analyse von Kulturkonflikten im ausgehenden 20. und beginnenden 21. Jahrhundert. Wie wirkten sich unterschiedliche kulturelle und mentale Prägungen auf die Beziehungen zwischen Menschen aus verschiedenen Zivilisationen in der Vergangenheit aus? Welchen Stellenwert besaßen Kultur und Mentalität in Transformationsprozessen früherer Epochen? Mit dieser Frage beschäftigte sich intensiv der Historiker **Urs Bitterli** (M 4 a, b). Er verdeutlicht in seinen Untersuchungen über die Kolonialgeschichte zwischen dem 15. und dem 18. Jahrhundert, dass der **Kulturzusammenstoß** nur *eine* Form des **Kulturkontaktes** zwischen gesellschaftlichen Gruppen, Völkern und Staaten ist. Daneben gibt es die **Kulturbeziehung**, die **Kulturberührung** sowie die **Kulturverflechtung** und **Akkulturation**. Diese Begriffe öffnen den Blick für das breite Spektrum unterschiedlichster Kulturkontakte in Vergangenheit und Gegenwart.

1 Erörtern Sie die Bedeutung von Kultur für das Zusammenleben der Menschen. Überprüfen Sie die Ergebnisse Ihrer Diskussion nach der Beschäftigung mit den Materialien M 1 bis M 4.

M 1 Der amerikanische Politologe Samuel P. Huntington über den Konflikt der Kulturen (1997)

Die ganze Erde steckt mitten in einer globalen Identitätskrise. Überall versuchen Völker und Nationen, die elementarste Frage zu beantworten, die sich dem Menschen stellt: „Wer sind wir?“ Und sie beantworten diese Frage so, wie Menschen sie herkömmlicherweise immer beantwortet haben: durch den Verweis auf die Dinge, die ihnen am meisten bedeuten. Die Menschen definieren sich über ihre Herkunft, Religion, Sprache, Geschichte, ihre Werte, Sitten und Institutionen. Sie identifizieren sich mit kulturellen Gruppen: Stämmen, ethnischen Gruppen, religiösen Gemeinschaften, Nationen und, auf einer umfassenden Ebene, mit Kulturen.

Die wichtigsten und mächtigsten Akteure des Weltgeschehens bleiben offenkundig die Nationalstaaten. Ihr Verhalten wird, wie dies auch in der Vergangenheit der Fall war, vom Streben nach Macht und Wohlstand geprägt, in der heutigen Welt aber auch von kulturellen Präferenzen, Gemeinsamkeiten und Unterschieden. [...] Staaten mit gemeinsamer Kultur werden einander eher verstehen und vertrauen. Weltweit wird die Politik unter Gesichtspunkten der Kultur und Zivilisation umgestaltet. Aus dieser Entwicklung sind fünf wesentliche Schlüsse zu ziehen.

Erstens: Zum ersten Mal in der Geschichte ist die globale Politik multipolar und gleichzeitig multizivilisational. Während des größten Teils der menschlichen Geschichte gab es nur sporadische oder gar keine Kontakte zwischen Kulturen. Mit dem Beginn der Neuzeit um 1500 n. Chr. entwickelte sich die globale Politik dann in zwei Dimensionen. Mehr als vierhundert Jahre lang bildeten die Nationalstaaten des Westens – Britannien, Frankreich, Spanien, Österreich, Preußen, Deutschland, die USA und andere – ein multipolares internationales System innerhalb des westlichen Kulturkreises und interagierten, konkurrierten und führten Krieg miteinander. Gleichzeitig expandierten die westlichen Nationen und eroberten, kolonisierten oder beeinflussten nachhaltig alle anderen Kulturen. Im Kalten Krieg war dann die Macht geteilt zwischen der Freien Welt und der Sowjetunion, die eine westliche Ideologie sich aneignete, umgestaltete und instrumentalisierte, um den Westen zu einem Ringen um die Weltherrschaft herauszufordern, das zu einem großen Teil in der weniger entwickelten Dritten Welt ausgetragen wurde.

Die Welt nach dem Kalten Krieg ist komplexer. Die wichtigsten Staatengruppen sind nicht mehr die drei Blöcke des Kalten Krieges, sondern die sieben oder acht großen Weltkulturen [damit gemeint sind: USA, Europa, China, Japan, Russland und wahrscheinlich Indien]. Diese sechs Großmächte [...] gehören zu fünf ganz verschiedenen Kulturen, in denen sie gleichzeitig Führungs- oder Kernstaat sind. Darüber hinaus gibt es wichtige islamische Staaten, die dank ihrer strategischen Lage, ihrer großen Bevölkerung und/oder ihrer Erdölvorkommen Einfluss auf das Weltgeschehen ausüben werden. [...] Der „Kampf der Kulturen“ ist dabei, die Rivalität der Supermächte zu verdrängen.

Zweitens: [...] Der Westen ist jahrhundertelang die erdrückend dominierende Kultur gewesen und wird dies noch bis weit ins nächste Jahrhundert hinein bleiben. Gleichwohl sind starke Kräfte am Werk, die eine Veränderung der relativen Macht bewirken. Zu diesen Kräften gehören die demografische Stagnation und die wirtschaftliche Verlangsamung des Westens auf der einen Seite und die wirtschaftliche Dynamik ostasiatischer Gesellschaften und die demografische Dynamik islamischer Gesellschaften auf der anderen Seite. [...] Verschiebungen wie diese veranlassen die Menschen dieser Gesellschaften dazu, zunehmendes Vertrauen in ihre eigenen Werte, Zivilisationen und Institutionen zu setzen und jene des Westens zu schmälern. [...] Das Entscheidende ist [...], dass Ostasiaten heute überzeugt sind, dass [...] sie ihr Wirtschaftswachstum nicht dem Import der westlichen Kultur, sondern der Treue zu ihrer eigenen Kultur verdanken und dass daher andere Menschen, die sich entwickeln wollen, ihre Kultur übernehmen sollten. Jahrelang haben die Westler ihre Zivilisation für die universale Zivilisation der ganzen Erde gehalten. [...]

Eine der bedeutsamsten Entwicklungen in kultureller wie in politischer Hinsicht ist außerdem die „Islamische Resurgenz“, das Wiedererstarken des Islams, das die ganze islamische Welt erfasst und wesentliche

Lebensaspekte eines jeden muslimischen Landes von Marokko bis nach Indonesien berührt hat. Mit der einzigen Ausnahme Iran ist jedes muslimische Land heute islamischer und islamistischer in seinen Perspektiven, seinem Verhalten und seinen Institutionen als noch vor fünfzehn Jahren. Diese neue Hingabe an die islamische Zivilisation bedeutet auch ganz ausdrücklich die Ablehnung der westlichen Zivilisation.

Drittens: In dieser neuen Welt werden die Beziehungen zwischen Staaten aus unterschiedlichen Kulturen normalerweise distanziert und kühl, oft sogar ausgesprochen feindselig sein. Es mag zwar gelegentlich adhoc-Koalitionen über Kulturgrenzen hinweg geben, doch werden sich interkulturelle Beziehungen eher mit Begriffen wie „konkurrierendes Nebeneinander", „kalter Krieg" oder „kalter Friede" beschreiben lassen. [...]

In dieser neuen Welt wird oder könnte der „Kampf der Kulturen" zwei verschiedene Formen der Gewaltsamkeit annehmen. Die verbreitetsten Kriege sind Bruchlinienkriege zwischen lokalen Gruppen aus unterschiedlichen Kulturen. Die gefährlichste Form des Krieges wären Kernstaatenkriege zwischen den großen Staaten unterschiedlicher Kulturen. Die Hauptursachen für diese beiden Formen des Konflikts und damit für die politische Instabilität im nächsten Vierteljahrhundert werden die Resurgenz des Islams und der Aufstieg Chinas sein. Die Beziehungen des Westens zu diesen Herausforderer-Kulturen – Islam und China – werden sich besonders schwierig und feindselig gestalten. Bei diesen Konflikten wird es klarerweise im Interesse des Westens liegen, sich mit den Kernstaaten der „Kulturen im Aufschwung", das heißt mit Russland, Japan und Indien zu verbünden. Der potenziell gefahrenträchtigste Konflikt ist der zwischen den USA und China. [...]

Viertens: Konflikte zwischen ethnischen Gruppen greifen offenkundig um sich. Eine Gefahr für den Weltfrieden wird ein ethnischer Konflikt jedoch nur dann, wenn er Gruppen aus unterschiedlichen Kulturen betrifft. [...] Die blutigen Zusammenstöße unterschiedlicher Kulturen auf dem Balkan, im Kaukasus, in Zentralasien und auf dem indischen Subkontinent, ganz zu schweigen vom Nahen Osten, sind gerade darum gefährlich, weil sie zu größeren Kriegen werden und andere Staaten hineinziehen könnten. [...]

In den interkulturellen Bruchlinienkriegen im früheren Jugoslawien gewährten katholische Länder Europas und Lateinamerikas Slowenien und Kroatien massive Unterstützung; Russland und Griechenland kamen materiell, diplomatisch und militärisch den Serben zu Hilfe; islamische Länder, namentlich der Iran, Saudi-Arabien, die Türkei und Malaysia, lieferten Hunderte von Millionen Dollar und umfangreiches militärisches Gerät an die bosnischen Muslime. Warum? Offensichtlich nicht aus Gründen der Machtpolitik, des wirtschaftlichen Interesses oder der politischen Ideologie, sondern vielmehr aufgrund kultureller Affinität.

Diese Bruchlinienkriege sind nicht aufs Geratewohl über die Erde verteilt. In sie pflegen besonders Muslime, vornehmlich im Kampf gegen Nichtmuslime, verwickelt zu sein. [...] Darüber hinaus geht aus dem Material hervor, dass der Islam auch im Inneren blutig ist; denn zum gegenwärtigen Zeitpunkt kämpfen Muslime viel häufiger gegeneinander, als Menschen anderer Kulturen – auch Afrikaner – gegeneinander kämpfen.

Ein tieferer Grund für diese Konflikte ist das muslimische Bevölkerungswachstum, zumal der Jugend-Boom und der starke Impuls, den dieser der islamischen Militanz, der muslimischen Migration und dem Druck rapide wachsender muslimischer Gesellschaften auf ihre Nachbarn verliehen hat. [...]

Auf absehbare Zeit werden die Beziehungen zwischen dem Westen und dem Islam im besten Falle distanziert und erbittert, im schlimmsten Falle konfliktreich und gewalttätig sein. Auf lange Sicht gesehen wird der demografische Boom jedoch verebben. [...] Im Laufe der Zeit und in dem Maße, wie die muslimischen Populationen altern, wird das islamistische Feuer in Nordafrika, auf dem Balkan, in der Levante und anderswo verlöschen. Dann wird der Weg zu einer freundlicheren Koexistenz zwischen dem Islam und dem Westen frei sein. Bis dahin aber muss der Westen fest und entschieden handeln, um seine Sicherheit, seine Kultur und seine Lebensweise gegen die vom islamischen Militarismus und von der islamischen Migration ausgehenden Gefahren zu verteidigen.

Fünftens: Während zivilisatorische und kulturelle Unterschiede die Menschen spalten, bringen kulturelle Ähnlichkeiten die Menschen einander näher und fördern Vertrauen und Kooperation. Auf der Welt werden viele Bemühungen um regionale Wirtschaftsintegration unternommen: Der relative Erfolg dieser Bemühungen ist direkt abhängig davon, inwieweit die beteiligten Länder eine gemeinsame Kultur haben. Auf der ganzen Welt sind Länder dabei, sich nach kulturellen Gesichtspunkten politisch neu zu gruppieren. […]

Nirgends vollzieht sich die kulturelle Neukonfigurierung der Politik dramatischer als in Europa. Fünfundvierzig Jahre lang war die kulturelle Scheidelinie in Europa der Eiserne Vorhang. Heute hat sich diese Linie einige hundert Kilometer nach Osten verlagert. Es ist die Linie, die die Völker des abendländischen Christentums auf der einen Seite von muslimischen und orthodoxen Völkern auf der anderen Seite trennt. […]

Die Frage heute lautet: Wie können wir verhindern, dass lokale Bruchlinienkriege und Kernstaaten-Rivalitäten zu großen interkulturellen Kriegen eskalieren? Erstens ist es nach meiner Überzeugung notwendig zu erkennen und anzuerkennen, in welchem Umfang globale Politik von kulturellen und zivilisatorischen Faktoren geprägt wird. Die Ordnung, die während des Kalten Krieges existierte, resultierte aus der Dominanz der Supermächte über ihren jeweiligen Block und dem Einfluss der Supermächte auf die Dritte Welt. […] Die Ordnungskomponenten in der heutigen, komplexeren und heterogeneren Welt müssen in den einzelnen Kulturen und zwischen ihnen gefunden werden. Die Welt tritt auf der Basis von Kulturen an die Stelle von Supermächten. Sie sind Quellen der Ordnung innerhalb der einzelnen Kulturen und, durch Verhandlungen mit anderen Kernstaaten, zwischen den Kulturen.

Man wird vielleicht einwenden: „Sprechen Sie nicht von Einflusssphären?" Das tue ich in der Tat. Eine Welt, in der Kernstaaten eine führende oder dominierende Rolle spielen, ist eine Welt der Einflusssphären. Es ist aber auch eine Welt, in der die Einflussnahme des Kernstaats in der Regel durch die gemeinsame Zivilisation temperiert und gemäßigt wird, die er mit den anderen Staaten seiner Kultur teilt. Die kulturelle Gemeinsamkeit legitimiert die Führungsrolle und Ordnungsfunktion des Kernstaats. Eine Kultur ist wie eine Großfamilie, und wie ältere Familienmitglieder lassen Kernstaaten ihren Verwandten zu gegebener Zeit Unterstützung und Leitung angedeihen und erlegen ihnen zu anderen Zeiten Zwänge und Disziplinierung auf. Kulturelle Verwandtschaft ist ausschlaggebend für die Fähigkeit eines mächtigeren Staates, in seiner Region Konflikte zu lösen und Ordnung zu schaffen und über die Lösung interkultureller Konflikte mit den Kernstaaten anderer Kulturen zu verhandeln. So ist in der heute entstehenden Welt zwar der „Kampf der Kulturen" die größte Gefahr für den Weltfrieden, eine internationale, auf Kulturen basierende Ordnung aber der sicherste Garant gegen den Weltkrieg.

Samuel P. Huntington, Kampf der Kulturen oder Weltkultur?, in: Kampf der Kulturen oder Weltkultur? Diskussion mit Samuel P. Huntington, übers. v. Holger Fliesbach, Alfred Herrhausen Gesellschaft für internationalen Dialog, Frankfurt/M. 1997, S. 14–29.

1 **a)** Erläutern Sie, was Huntington unter Kultur versteht.
b) Arbeiten Sie heraus, welche Bedeutung Huntington der Kultur für die Beziehungen zwischen Gruppen, Stämmen oder Nationen zuspricht.

2 **Arbeitsteilige Gruppenarbeit:** Bilden Sie fünf Gruppen und fassen Sie die zentralen Thesen Huntingtons zu folgenden fünf Themen zusammen:
- die Entwicklung des internationalen Systems;
- die Stellung der westlichen Welt in der internationalen Staatenwelt;
- die Beziehungen zwischen den Staaten;
- die Konflikte zwischen ethnischen Gruppen bzw. religiösen Gemeinschaften;
- die Bedeutung kultureller Unterschiede für das Zusammenleben der Menschen.

3 Überprüfen Sie die Thesen Huntingtons über die Bedeutung kultureller Prägungen an einem Ihnen bekannten historischen Beispiel: Kam es in der Vergangenheit zu einem Kampf der Kulturen?

4 **a)** Charakterisieren Sie Huntingtons Friedensstrategien.
b) Nehmen Sie Stellung zu seinen Empfehlungen für die politische Praxis.

M2 **„Islamic Project Berlin, Reichstag", Fotocollage der russischen Künstlergruppe AES, 1997**

1 Interpretieren Sie die Collage. Beziehen Sie die Thesen Huntingtons in Ihre Deutung mit ein.

M3 Die Kritik an den Thesen Huntingtons

3 a) Der deutsche Politologe Ulrich Menzel fasst grundlegende Einwände gegen die Thesen Huntingtons zusammen (1998)

Huntingtons prominentester Kritiker in Deutschland, [der Politologe] Dieter Senghaas, argumentiert von der Warte des universalistischen Paradigmas. Kultur- oder Religionskonflikte haben immer sozio-ökonomische Hintergründe, die wiederum gleichermaßen aus erfolgreichen (zumindest kurzfristig) wie aus gescheiterten Modernisierungsbestrebungen resultieren können. Ist ein Modernisierungsprozess im Ergebnis erfolgreich, wirkt er langfristig auch konfliktlösend. Es komme zur Herausbildung universalistischer Wertvorstellungen auch in nicht-westlichen Gesellschaften. Im Übrigen bleibe Huntington eine detaillierte Analyse schuldig, wodurch sich nicht-westliche Kulturen eigentlich auszeichnen, worin das Konfliktpotenzial unterschiedlicher Kulturen bestehe und wie es sich […] konkret in weltpolitisches Handeln umsetze […].

Ein weiterer, eher politiktheoretischer Einwand […] lautet, dass Kulturen oder Zivilisationen, so wie von Huntington definiert, bloße Konstrukte sind und keine politischen Akteure im internationalen System sein können. Insbesondere der islamische Kulturkreis ist politisch derart fragmentiert, dass einheitliches politisches Handeln kaum vorstellbar ist. Von einer Achse zwischen Konfuzianismus und Islam könne erst recht keine Rede sein.

Wie auch von Huntington selber konzediert, sei nach wie vor der Nationalstaat der wichtigste internationale Akteur, sei der Nationalismus eine wichtigere politische Kraft als die zweifelhafte Zugehörigkeit zu einem Kulturkreis. Huntingtons Dritter-Weltkrieg-Szenario sei folglich auch sehr viel einfacher realpolitisch als unter Rückgriff auf Kulturkonflikte zu erklären. Insofern sei der eigentliche Anspruch, ein neues Paradigma zur Erklärung der internationalen Beziehungen liefern zu wollen, nicht wirklich eingelöst. [...]

Und schließlich wird Huntington mit dem Hinweis abgetan [...], dass es sich bei seinen Thesen lediglich um die Neuauflage eines abendländischen Niedergangspessimismus à la Spengler und Toynbee handle, der insbesondere in den USA [...] viele Anhänger habe, wobei diesmal nicht die ökonomische, [...] sondern die kulturelle Argumentation in den Vordergrund gestellt werde. Dieser Vorwurf ist insofern pikant, als Huntington noch vor wenigen Jahren [...] zu den prominenten Kritikern der These vom amerikanischen Niedergang gehörte [...].

Ulrich Menzel, The West against the Rest: Samuel Huntingtons Rekonstruktion des Westens, in: ders., Globalisierung versus Fragmentierung [zuerst 1997], Suhrkamp, Frankfurt/M. 1998, S. 80f.

3 b) Menzels eigenes Urteil über die Thesen Huntingtons (1998)

Zuzustimmen ist Huntington mit seiner Aussage, dass Modernisierung nicht zwangsläufig mit Verwestlichung gleichbedeutend sein muss [...]. Die Länder Ost- und Südostasiens, allen voran China, aber auch Malaysia, Indonesien und Singapur, sind Beispiele für eine Industrialisierung ohne gleichzeitige Demokratisierung nach westlichem Vorbild. [...]

Zuzustimmen ist Huntington ferner, dass das asiatische Wirtschaftswunder die weltwirtschaftlichen und weltpolitischen Gewichte verschoben hat. Zu leugnen, dass China nach einem Jahrhundert der Demütigung wieder weltpolitisches Gewicht besitzt und noch weiter gewinnt, wäre töricht. Wenn man Macht als ein relatives Gut definiert, folgt daraus definitionsgemäß ein relativer Abstieg des Westens. [...]

Auch sein Argument, dass Gesellschaften, die ein hohes Bevölkerungswachstum bei gleichzeitig ausbleibender Modernisierung erfahren, einem besonderen Problemdruck ausgesetzt sind, lässt sich nur schwerlich widerlegen. Das gilt allerdings nicht nur für islamische Gesellschaften, sondern auch für afrikanische, asiatische und lateinamerikanische, wie umgekehrt auch islamische Gesellschaften (Beispiele sind etwa Malaysia und Indonesien) sich sehr wohl zu modernisieren vermögen, der Islam also nicht zwangsläufig ein Modernisierungshindernis darstellt.

Dass aus Bevölkerungsdruck überall, im 19. Jahrhundert auch in Westeuropa, Armutswanderung entsteht oder entstehen kann, dass hierdurch Bürgerkriege, Genozid, Zerfall von Staaten mitverursacht werden können, weil es keine Prärien, die der Siedlungsauswanderung offenstehen, mehr gibt, versteht sich. Doch dafür bedarf es nicht des Kulturarguments.

Zuzustimmen ist Huntington schließlich darin, dass es eine wachsende Zahl ethnonationalistischer Konflikte gibt, bei denen auch die Religion eine Rolle spielt, und dass der religiöse Fundamentalismus in vielen Ländern auf dem Vormarsch ist. Das gilt für den Islam gleichermaßen wie für das Judentum, den Hinduismus, das westliche wie das östliche Christentum. Dass damit vielerorts zu innergesellschaftlichen Konflikten, auch im Westen, beigetragen wird, zeigt das Beispiel Frankreich mit seinen moslemischen Immigranten nur zu deutlich [...]. Allerdings sind diese Konflikte nicht unbedingt der von Huntington anvisierten geopolitischen Globalebene zuzurechnen.

Aber: Das alles konzediert – muss das auch zwangsläufig heißen, dass die schiere Existenz unterschiedlicher Kulturen die einzig relevante oder zumindest die dominante Konfliktursache des 21. Jahrhunderts sein wird? [...]

Und selbst wenn es Kulturkonflikte gibt, was spricht dagegen, sie auf kooperative Weise lösen zu können? Ganz so, wie die zweifellos immer vorhandenen unterschiedlichen wirtschaftlichen Interessen nicht zwangsläufig immer zu militärischen Konflikten geführt haben, sondern durchaus konsensual gelöst werden können und vielfach auch gelöst wurden.

Vieles von dem, was Huntington beschreibt, lässt sich durchaus in den klassischen Kategorien von Machtpolitik interpretieren, wo wirtschaftliche Interessen natürlich auch eine Rolle spielen, wo das Erbe des Kolonialismus immer noch mächtig ist, ohne dass es in jedem Fall des Rückgriffs auf Kultur oder gar Religion bedarf. Und schließlich lässt sich nicht leugnen, dass es bis 1945 auch massive, militärisch ausgetragene, Konflikte *innerhalb* des westlichen Kulturkreises gab und heute auch noch gibt (z. B. Baskenland, Nordirland), dass heute islamische Staaten oder Stämme mindestens ebenso oft untereinander wie mit nichtislamischen Staaten oder Stämmen in „blutiger" Fehde liegen, dass es innerhalb der konfuzianischen oder sinischen[1] Welt massive, auch militärisch ausgetragene Konflikte gibt (China versus Vietnam, Süd- versus Nordkorea), dass der afrikanische Kulturkreis auch in sich und nicht nur an den Grenzen zum Islam vielfältige blutige Konflikte austrägt. Nehmen wir nur als Beispiel den Komplex Zaire, Angola, Ruanda, Burundi. [...]

Der gravierendste Einwand resultiert allerdings aus der Inkonsequenz, die in Huntingtons eigener Argumentation angelegt ist, und aus den normativen Schlussfolgerungen, die daraus gezogen werden. Auf der einen Seite wird die Einzigartigkeit der westlichen Kultur betont, die es zu bewahren und neu zu stärken gilt. Andererseits wird einem Kulturrelativismus und damit Einmischungsverbot gegenüber der übrigen Welt das Wort geredet.

Dies übersieht aber zweierlei: Erstens ist die westliche Kultur keineswegs statisch, besteht nicht nur aus Elementen wie dem vormodernen Christentum, katholischer oder puritanischer Orthodoxie, Gegenreformation und Inquisition, sondern besteht auch aus Opposition und Gegenbewegungen wie Reformation, Humanismus, Aufklärung, Rationalismus, Säkularisierung und der Propagierung universalistischer Werte[2]. Insofern ist der Westen zumindest beides, religiös und säkular [...], wobei Letzteres sicher die stärkere Komponente bildet. Der rückläufige Einfluss der Kirchen im Westen ist auch eine späte Folge der Aufklärung.

Alle Menschen sind in der westlichen Vorstellung nicht nur gleich, sie haben auch gleiche Rechte, und zwar nicht nur gleiche soziale und ökonomische, sondern auch gleiche Freiheitsrechte. Und das heißt zweitens, dass die Bekräftigung und Verfolgung westlicher Werte eben *gerade* die Einmischung weltweit, die universale Deklaration der Menschenrechte, die Charta der Vereinten Nationen, den Idealismus, die Vorstellung der *one world*, der *global governance* [...] als paradigmatischen Gegenentwurf zu Huntington, die Ausweitung der westlichen Wertegemeinschaft verlangt.

Geradezu grotesk wird die Argumentation Huntingtons, wenn er zwar das heutige Griechenland aus dem Westen ausgrenzen will, gleichzeitig aber das klassische, d. h. in erster Linie das griechische Erbe zu den Wurzeln der christlichen Kultur zählt, jedoch die orientalischen Wurzeln des Christentums unterschlägt bzw. geflissentlich übersieht und auch übersieht, dass die westliche Kultur sehr viel germanisches und keltisches und damit heidnisches, also keinesfalls aufklärerisches oder christliches Kulturgut inkorporiert hat. [...]

Das Festhalten an den universalistischen Werten bedeutet allerdings, hierin ist Huntington zuzustimmen, dass Migranten, die sich aus anderen Kulturkreisen im Westen niederlassen, auch die westliche Kultur zu akzeptieren haben, wenn nicht in der ersten, so doch in der zweiten Einwanderergeneration. Insofern ist Huntingtons Ablehnung des Multikulturalismus nur zuzustimmen. Denn Multikulturalismus heißt implizit auch Kulturrelativismus, und Kulturrelativismus lässt sich nur schwerlich mit dem Universalismus der Aufklärung verbinden, ist im Grunde sogar antiaufklärerisch [...].

Ulrich Menzel, The West against the Rest: Samuel Huntingtons Rekonstruktion des Westens, in: ders., Globalisierung versus Fragmentierung [zuerst 1997], Suhrkamp, Frankfurt/M. 1998, S. 86–90.

---

1 sinisch: Der sinische Kulturkreis umfasst die Länder China, Vietnam und Korea, in denen der Konfuzianismus ein wichtiges Element ist.

2 universalistische Werte: Werte, die für alle Menschen gelten und begründbar sind, unabhängig von der jeweiligen kulturellen, ethnischen oder religiösen Zugehörigkeit

---

1 Stellen Sie mithilfe von M 3 a, b die Stärken und Schwächen der Argumente Huntingtons zusammen.

2 Ziehen Sie aus Ihren Ergebnissen aus Aufgabe 1 ein Fazit zur Bewertung von Huntingtons Argumentation.

M4 Der Historiker Urs Bitterli über die Begegnung unterschiedlicher Kulturen und Zivilisationen (1976 und 1986)

4 a) Kulturberührung, Kulturzusammenstoß, Kulturbeziehung (1986)

[Kulturberührung]
Unter Kulturberührung verstehen wir das in seiner Dauer begrenzte, erstmalige oder mit großen Unterbrechungen erfolgende Zusammentreffen einer Gruppe von Europäern mit Vertretern einer überseeischen Kultur. Kulturberührungen dieser Art haben weitgehend den Charakter der frühen Entdeckungsfahrten bestimmt. […]

Neben ihrer Zufälligkeit und ihrer kurzen Dauer sind solche Kulturberührungen gekennzeichnet durch die rudimentären Formen der Kommunikation zwischen den aufeinandertreffenden Kulturvertretern. Man verständigte sich zwar, aber nicht in der umfassenden Form des Gesprächs, sondern durch Zeichensprache und Mimik; man tauschte zwar Geschenke aus, aber lediglich, um die Annäherung zu erleichtern, nicht um eine Partnerschaft, wie die Handelsbeziehung sie erfordert, herzustellen. […]

Fast immer standen diese Kulturberührungen im Zeichen freundlicher gegenseitiger Annäherung. Zwar ist ein reiches Spektrum von Varianten zu beobachten – von der extremen Scheu […] bis zur geradezu überströmenden Sympathiekundgebung […]. Spontan feindseliges Verhalten vonseiten der Eingeborenen aber war selten […].

Auch wenn im ersten Auftreten der Europäer der spätere Konflikt meist schon angelegt war, darf festgehalten werden, dass die Kulturberührung in der Regel nicht nur durch beidseitige Friedfertigkeit gekennzeichnet war, sondern auch eine Periode gegenseitiger Annäherung darstellte, die für alle Beteiligten überaus anregend, unterhaltsam, ja beglückend verlaufen konnte.

Die anfängliche Unfähigkeit, sich verbal zu verständigen, war kein nennenswertes Hindernis im persönlichen Umgang; auch fanden sich bald sprachgewandte Personen auf beiden Seiten, die Dolmetscherfunktionen übernahmen. […]

[Kulturzusammenstoß]
Die Dauer solcher Kulturberührungen war abhängig vom Grad des kolonialen Engagements des Mutterlandes, von den Distanzen sowie der Zugänglichkeit der Küsten und Territorien, von den Aktivitäten rivalisierender Seemächte. Es lag in der Natur dieser Art des Kulturkontakts, dass er meist nur wenige Jahre währte. Dann pflegte sich entweder – im glücklichsten Falle – ein *Modus vivendi* friedfertigen gegenseitigen Austauschs einzuspielen, der zu neuen Abhängigkeiten und beidseitigen Anpassungen führte: die Kulturbeziehung war entstanden. Oder es ereignete sich – leider der häufigere Fall –, dass die Kulturberührung in einen Kulturzusammenstoß umschlug, der die kulturelle Existenz des militärisch und machtpolitisch schwächeren Partners bedrohte und seine physische Existenz gefährdete oder gar auslöschte. Zu Kulturzusammenstößen kam es in allen Weltgegenden, wo der weiße Mann auftauchte; doch sie verliefen in vielerlei Formen und endeten unterschiedlich. Ausschlaggebend für den Verlauf waren die geografische Situation und das Machtgefälle zwischen den Kulturen. Auf Inseln führte der Kulturzusammenstoß oft zur völligen Liquidation der Urbevölkerung, während er auf dem Festland, wo Fluchtwege offenblieben, den scheinbar milderen Charakter der Verdrängung gewann. Militärisch gut ausgerüstete Hochkulturen oder solche, die in der Lage waren, sich in nützlicher Frist gegen die Bedrohung zu schützen, konnten dem Kulturzusammenstoß ausweichen, ihn lokalisieren oder in der Form des „kalten Krieges" einfrieren. […]

Die Ursachen für den Umschlag der Kulturberührung in den Kulturzusammenstoß dürften oft komplex gewesen sein […]. Grundsätzlich aber kam es aus zwei Hauptgründen zum Konflikt, einerseits, weil die Vertreter der Fremdkulturen sich in ihrer bisherigen Lebensweise und in ihrem gewohnten Besitzstand bedroht fühlten, andererseits, weil sie den Respekt vor und das Vertrauen zu den Europäern verloren hatten. […]

Neben der hauptsächlichen Konfliktursache der Besitzaneignung gab es eine große Zahl weiterer Konfliktherde, von denen hier nur kurz die Rede sein kann. Häufig mischten sich die Europäer in die internen Auseinandersetzungen der Eingeborenen ein, und es gelang ihnen, etwa durch Waffenlieferungen, die Machtkonstellation in ihrem Sinne zu verändern oder das bisher bestehende Gleichgewicht zu zerstören. […] Nicht selten versuchte man auch auf die innertribalen Machtverhältnisse Einfluss zu nehmen, zuweilen absichtslos, indem man mit unzuständigen Partnern verhandelte, zuweilen absichtsvoll, indem man genehme Stammesführer stützte, immer aber in unzureichender Kenntnis von Stammesstruktur und Herrschaftsfolge. […] Oft entstanden Konflikte auch im Zusammenhang mit dem Warenhandel, den dadurch geweckten neuen Bedürfnissen und der Erschöpfung der Ressourcen […]. Schließlich kam es auch immer wieder und überall, oft unter der Einwirkung von Alkohol, zu Gewalttätigkeiten zwischen einzelnen Personen aus beiden Kulturen, die bereits schwelende Spannungen ins offene Feuer der Kampfhandlungen umschlagen lassen konnten. Mitverantwortlich für den Ausbruch solcher persönlichen Konflikte war, das muss leider betont werden, die weitverbreitete Diskriminierung der Fremdkulturen, die das Leben ihrer Vertreter als weniger wertvoll und Mord, Totschlag und Vergewaltigung als lässliche Sünde erscheinen ließ. […]

Auch wenn Kriegsausbruch und nachfolgende Strafaktionen die Geschichte der frühen Kulturkontakte in besonders markanter Weise prägten und in der Fachliteratur besonders ausführlich abgehandelt worden sind, haben doch andere Formen des Kulturzusammenstoßes unter der Bevölkerung der Fremdkulturen größere Opfer gefordert. Eine enorme Bedrohung bedeutete die Einschleppung und Übertragung bisher unbekannter Krankheiten wie Pocken, Tuberkulose oder Syphilis, denen die Überseebewohner keine durch Immunisierung entwickelten Abwehrkräfte entgegensetzen konnten. […] Umgekehrt konnte es durchaus vorkommen, dass die nach Übersee ausfahrenden Europäer ihrerseits Opfer ihnen bisher kaum bekannter Krankheiten wurden. […]

Katastrophale Folgen für die Fremdkulturen ergaben sich nicht nur durch Krieg und Epidemien, sondern auch aus der Überführung großer Bevölkerungsteile in Zwangsarbeit und Sklaverei. […]

Auf eine besonders verzweifelte Reaktion des machtpolitisch Unterlegenen auf den Kulturzusammenstoß sei hier nur ganz kurz eingegangen: auf den Selbstmord. Eine markante Zunahme der Suizide lässt sich überall feststellen, wo die Kulturberührung in den Kulturzusammenstoß umschlug. […]

[Kulturbeziehung]
Unter bestimmten Umständen jedoch konnte es geschehen, dass die Kulturberührung in eine Kulturbeziehung überging oder dass sich, weit seltener zwar, der Kulturzusammenstoß zur Kulturbeziehung wandelte. Unter der Kulturbeziehung […] verstehen wir ein dauerndes Verhältnis wechselseitiger Kontakte auf der Basis eines machtpolitischen Gleichgewichts oder einer Patt-Situation. Bedingung einer Kulturbeziehung war das Spiel von Angebot und Nachfrage; ihre Träger waren auf europäischer Seite Händler und Missionare. […]

Unentbehrlich für den reibungslosen Verlauf der sich auf den Handel stützenden Kulturbeziehung war eine Mittlerschicht von Afrikanern und Mischlingen, die als Zwischenhändler, Bootsleute, Dolmetscher oder Handwerker dienten. Diese Mittlerschicht, die zwischen den Kulturen stand und sich einer Mischsprache bediente, konnte zuweilen eine solche Bedeutung gewinnen, dass die Interessen der weißen Faktoreibeamten, aber auch jene der einheimischen Lokalregierung, gefährdet wurden. […]

Zweierlei darf freilich nicht vergessen werden, wenn von der Friedlichkeit solcher kommerzieller Kulturbeziehungen die Rede ist: zuerst, dass diese Friedlichkeit meist nur so lange anhielt, als die Waren geliefert werden konnten und gefragt blieben, und ferner, dass dieselbe Kulturbeziehung, die in einer bestimmten Region pazifizierend wirkte, bereits in deren unmittelbarer Nachbarschaft Kulturzusammenstöße schlimmster Art auslösen konnte. […]

Friedliche Kulturbeziehungen, wie der Handel sie ermöglichte, wurden auch von den Missionaren angestrebt und oft über längere Zeiträume hinaus auch erreicht. […] Es gibt keinen Zweifel, dass die Mission aller Konfessionen, wie immer man persönlich zu ihr stehe, die Friedfertigkeit des Kulturkontakts aufrichtig anstrebte. Dies geschah in einem doppelten Sinne: einerseits sah man ein, dass Bekehrungen nur in einem Klima gegenseitigen Vertrauens Glaubwürdigkeit beanspruchen konnten, und man bemühte sich, dieses Klima herzustellen; andererseits erkannte man es als wichtige Aufgabe, Spannungen, wie sie aus dem Verhältnis der autochthonen Bevölkerung zu den Kolonisten entsprangen, abzubauen, und hatte damit auch oft Erfolg. Dennoch war die Kulturbeziehung, wie der Missionar sie pflegte, ein äußerst problematisches Unterfangen, was darin begründet lag, dass der Missionar zwar weit stärker als der Händler und der Kolonist die sympathetische Annäherung suchte, dass er aber dennoch im Kern immer der Exponent der europäischen Kultur blieb und letztlich von der materiellen Unterstützung kirchlicher Institutionen sowie der Kolonialadministration abhängig war. […]

An diesen mannigfaltigen, in der missionarischen Berichterstattung zuweilen verdeckten Bindungen geistiger und struktureller Natur an die Kolonialmacht änderte auch die Tatsache nichts, dass die Missionare häufig als scharfe und verantwortungsbewusste Kritiker des Kolonialismus auftraten. Es ist bezeichnend, dass ihre Kritik meist auf inhumane Formen des Umgangs mit der Überseebevölkerung abzielte, die Voraussetzungen jedoch, die solchen Umgang möglich machten, unangetastet ließ. So sind beispielsweise der Arbeitszwang für Indianer sowie Sklavenhandel und Sklavenwirtschaft weder von katholischen noch von calvinistischen Missionaren frühzeitig infrage gestellt und systematisch bekämpft worden.

Urs Bitterli, Alte Welt – neue Welt. Formen des europäisch-überseeischen Kulturkontaktes vom 15. bis zum 18. Jahrhundert [zuerst 1986], dtv, München 1992, S. 17–50.

4 b) Kulturverflechtung und Akkulturation (1976)

Im Unterschied zu den bereits beschriebenen Formen der kulturellen Begegnung setzen Akkulturation und vor allem Kulturverflechtung ein länger dauerndes Zusammenleben und Zusammenwirken von Bevölkerungsgruppen verschiedener Kultur im selben geografischen Raum voraus. Während bei der Beziehung, die wir als Kulturkontakt bezeichnet haben, Aspekte des Handels oder der Mission in der Regel im Vordergrund stehen und die Permanenz des gegenseitigen Verhältnisses nicht so sehr durch Ansiedlung und Fortpflanzung der einen Partnergruppe, als vielmehr durch die laufende Ablösung ihrer Vertreter durch Neuankömmlinge gesichert wird, vollzieht sich besonders die Kulturverflechtung vor dem Hintergrund einer intensiven gesellschaftlichen Durchdringung. Diese Durchdringung tritt dann an die Stelle des historisch häufiger zu beobachtenden Kulturzusammenstoßes, wenn sich zwischen zwei oder mehreren Kulturen die zwingende Notwendigkeit zur Existenz sichernden Zusammenarbeit und das Bewusstsein einer verpflichtenden Aufeinanderangewiesenheit ergibt. Damit dieser Sonderfall eintritt, müssen verschiedene Vorbedingungen in ganz bestimmtem Grad und bestimmtem Mischverhältnis gegeben sein; die wichtigsten aufeinander einwirkenden Faktoren sind die Mentalität der sich begegnenden Völker, ihre Anpassungsfähigkeit und Anpassungsbereitschaft, die geografischen und demografischen Gegebenheiten.

Akkulturation und Kulturverflechtung sind Prozesse, die sich über mehrere Generationen hin erstrecken und nie als eigentlich abgeschlossen gelten können; sie bereiten sich bereits in der Phase der Kulturberührung durch den Austausch gewisser Verhaltensformen unter den Beteiligten vor, erreichen aber ihre historische Eigenständigkeit erst, wenn sich aus der engen und ständigen Begegnung der Kulturen eine neue Mischkultur ergibt, die alle Bereiche des wirtschaftlichen, sozialen und religiösen Lebens der Partner enthält und die Widersprüchlichkeiten der ursprünglichen kulturellen Situation zunehmend in sich aufhebt.

Urs Bitterli, Die ‚Wilden' und die ‚Zivilisierten'. Grundzüge einer Geistes- und Kulturgeschichte der europäisch-überseeischen Begegnung [zuerst 1976], 3. Aufl., C. H. Beck, München 2004, S. 161.

1 **a) Arbeitsteilige Gruppenarbeit:** Erläutern Sie anhand der Texte von Bitterli (M 4 a, b) die Begriffe „Kulturberührung" (Gruppe 1), „Kulturzusammenstoß" (Gruppe 2), „Kulturbeziehung" (Gruppe 3), „Kulturverflechtung" und „Akkulturation" (Gruppe 4).
b) Plenum: Präsentieren Sie Ihr Ergebnis.

4 c) Amerika und Europa, Karikatur aus Südamerika zum 500-jährigen Jubiläum der „Entdeckung" Amerikas durch Kolumbus, 1992.
Der Text auf dem Schild heißt übersetzt: „Die amerikanischen Ureinwohner entdecken die neue Welt…!" Der amerikanische Häuptling sagt: „Hey! Das wird ein großartiger Ort sein, sobald wir diese Leute beseitigt, sie ihres Landes beraubt und ihre Kultur zerstört haben!"

1 Interpretieren Sie die Karikatur. Ordnen Sie dabei die Sicht des Karikaturisten in die Typologie Bitterlis (M 4 a, b) ein.

2 Überprüfen Sie die Begriffe Bitterlis an Ihnen bekannten Beispielen aus Geschichte und Gegenwart.

3 Erläutern Sie, welcher Aspekt der kulturellen Begegnung in M 2 visualisiert wird. Nehmen Sie begründet Stellung, ob der dargestellte Sachverhalt Ihrer Meinung nach realistisch ist. Bewerten Sie die Art der Darstellung.

4 Erörtern Sie, ob Bitterli alle möglichen Formen des Kulturkontaktes erfasst bzw. die von ihm analysierten Formen angemessen beschrieben hat. Ergänzen Sie gegebenenfalls die Typologie Bitterlis.

2.2 Historische Erklärungsmodelle zu Transformationsprozessen

Der Begriff „Transformation"

Der Begriff „Transformation" (lat. *transformare* = umbilden, umwandeln) bezieht sich auf Ereignisse, Vorgänge und Handlungen, bei denen bestimmte Strukturen eine grundlegende Veränderung erfahren. Verwendet wird der Begriff nicht nur in der Bildungssprache, sondern auch und vor allem in der Fachsprache unterschiedlicher Wissenschaften. So sprechen Physiker von „Transformation", wenn sie von einem theoretischen Bezugssystem in ein anderes wechseln. Auch Wirtschafts-, Sozial- und Kulturwissenschafter sowie Historiker greifen auf den Begriff zurück. Das geschieht vorzugsweise, wenn sie einen bestimmten Typ von **Modernisierungsprozessen** (s. S. 32 ff.) charakterisieren, bei denen unterentwickelte Gesellschaften beginnen, mit entwickelten Gesellschaften gleichzuziehen. Außerdem befasst sich die sozial-, wirtschafts- und politikwissenschaftliche Transformationsforschung mit **Systemtransformationen**. Dabei geht es in der Regel um den Übergang von Plan- und Kommandowirtschaften zu Marktwirtschaften und die Umwandlung von Diktaturen oder autoritären Systemen in Demokratien. Transformationsprozesse, also **tief greifende Umbrüche in Politik und Kultur, Gesellschaft und Wirtschaft**, sind überdies ein zentraler Gegenstand der Geschichtswissenschaft. Sie richtet ihren Blick dabei nicht allein auf Revolutionen (s. S. 5 ff.) in Vergangenheit und Gegenwart, sondern auch auf andere Wendepunkte bzw. Umbrüche in der Geschichte, z. B. die Übergänge von der Antike zum Mittelalter oder vom Mittelalter zur Neuzeit.

Modernisierungs- und Revolutionstheorien reichen zur Erklärung tief greifenden gesamtgesellschaftlichen Wandels in der Geschichte nicht aus. Der französische Historiker **Fernand Braudel** (1902–1985) erarbeitete ein anderes Erklärungsmodell. Es unterscheidet **unterschiedliche Zeitschichten**, die sich **mit verschiedenen Geschwindigkeiten** verändern. Sein Modell differenziert zwischen **Strukturen, Konjunkturen und Ereignissen**. Während Ereignisse (z. B. Herrscherwechsel, Kriege, Aufstände oder Revolutionen) raschen Wandel markierten, würden Konjunkturen (z. B. die periodischen Wechsel zwischen Auf- und Abschwüngen in der Wirtschaftsgeschichte) durch Zyklen bzw. wiederkehrende Wechselfälle des historischen Geschehens bestimmt. Strukturen (z. B. Klima, Geografie, Bevölkerungsentwicklung oder religiöse Einstellungen und kulturelle Mentalitäten) zeigten dagegen häufig eine große Beharrungskraft und prägten das Leben vieler Menschen über weite Strecken der Geschichte hinweg.

Fernand Braudel gehörte zu den herausragenden Vertretern einer französischen Historikerschule, die sich um die 1929 gegründete und bis heute bestehende Zeitschrift *„Annales d'histoire économique et sociale"* versammelt haben. Die Wissenschaftler der sogenannten **Annales-Schule** wollten die politische Nationalgeschichte zurückdrängen, die sich auf Männer, Taten und Ereignisse konzentrierte. Stattdessen legten sie das Gewicht auf die Wirtschafts- und Sozialgeschichte sowie die Kultur- und Mentalitätsgeschichte. Außerdem öffneten sie die Geschichtswissenschaft für Fragestellungen und Theorien der Nachbardisziplinen Geografie, Soziologie, Psychologie und Ökonomie. In seinem Hauptwerk „Das Mittelmeer und die mediterrane Welt in der Epoche Philipps II." (1949) entwickelte und erprobte Braudel sein dreiteiliges Modell von geohistorischen Grundlagen, wirtschaftlich-sozialen Konjunkturen und politisch-militärischen Ereignissen während der zweiten Hälfte des 16. Jahrhunderts. Die Begriffe „lange Dauer" (***„longue durée"***), „Strukturen" und „Konjunkturen" entwickelten sich zu Leitbegriffen der Annales-Schule.

1 Erläutern Sie den Begriff „Transformation". Berücksichtigen Sie dabei, dass der Begriff in unterschiedlichen Bereichen verschieden verwendet wird.

2 Nennen Sie historische Beispiele für Transformationsprozesse. Erläutern Sie sie jeweils.

M 1 Aus dem Vorwort Fernand Braudels zu seinem Buch „Das Mittelmeer und die mediterrane Welt in der Epoche Philipps II." (1969)

Dieses Buch zerfällt in drei Teile, von denen jeder den Versuch einer Gesamterklärung unternimmt.

Der erste führt eine gleichsam unbewegte Geschichte vor, die des Menschen in seinen Beziehungen zum umgebenden Milieu; eine träge dahinfließende Geschichte, die nur langsame Wandlungen kennt, in der die Dinge beharrlich wiederkehren und die Kreisläufe immer wieder neu beginnen. Diese fast außer der Zeit liegende, dem Unbelebten benachbarte Geschichte wollte ich weder vernachlässigen noch sie, wie es traditionell in so vielen Büchern geschieht, als nutzlose geografische Einführung an die Schwelle der eigentlichen Darstellung verbannen: jene Geschichte mit ihren mineralischen Landschaften, Äckern und Blumen, die man rasch vorzeigt und von der dann nie mehr die Rede ist, als ob die Blumen nicht in jedem Frühling wiederkämen, als ob die Herden in ihren Wanderungen innehielten, als ob die Schiffe nicht auf einem realen Meer segeln müssten, das sich mit den Jahreszeiten verändert.

Oberhalb dieser unbewegten Geschichte lässt sich eine Geschichte langsamer Rhythmen ausmachen; man möchte fast sagen – wäre dem Ausdruck sein voller Sinn nicht verlorengegangen – eine *soziale* Geschichte, die der Gruppen und Gruppierungen. Wie diese Grundsee das mediterrane Leben als Ganzes aufwühlt, das ist die Frage, die ich mir im zweiten Teil meines Buches gestellt habe. Dort werden nacheinander die Ökonomien, die Staaten, die Gesellschaften und die Zivilisationen untersucht; und damit mein Verständnis der Geschichte deutlicher wird, versuche ich schließlich zu zeigen, wie all diese aus der Tiefe wirkenden Kräfte im komplexen Bereich des Krieges am Werk sind. Denn der Krieg ist, wie wir wissen, keine reine Domäne individueller Verantwortlichkeiten.

Der dritte Teil endlich ist der der traditionellen Geschichte; wenn man so will, der Geschichte nicht im Maßstab des Menschen, sondern des Individuums; der Ereignisgeschichte, wie Paul Lacombe und François Simiand sagen würden. Eine ruhelos wogende Oberfläche, vom Strom der Gezeiten heftig erregte Wellen. Eine Geschichte kurzer, rascher und nervöser Schwankungen. Überempfindlich, wie sie ist, versetzt der geringste Schritt all ihre Messinstrumente in Alarm. So ist sie von allen die leidenschaftlichste, menschlich reichste, doch die gefährlichste auch. Misstrauen wir dieser Geschichte, deren Glut noch nicht abgekühlt ist, der Geschichte, wie sie die Zeitgenossen im Rhythmus ihres Lebens – das kurz war wie das unsere – empfunden, beschrieben, erlebt haben. Sie hat die Ausmaße ihres Zorns, ihrer Träume und ihrer Illusionen. Im 16. Jahrhundert folgt der eigentlichen Renaissance die Renaissance der Armen, Bescheidenen, die begierig sind zu schreiben, von sich zu erzählen, zu den anderen zu sprechen. Diese kostbaren Berge von Papier geben ein ziemlich verzerrtes Bild, verdecken die verlorene Zeit, stehen außerhalb der Wahrheit. Der Historiker, der die Papiere Philipps II.[1] liest, gleichsam an seinem Platz und an seiner Stelle, fühlt sich in eine bizarre, dimensionslose Welt versetzt. Eine Welt heftiger Leidenschaften, gewiss; blind wie jede lebendige Welt, wie die unsere, unbekümmert um die geschichtlichen Tiefen, um jene lebhaften Gewässer, auf denen unser Boot dahinzieht wie das trunkenste aller Schiffe. Eine gefährliche Welt, deren Zauber wir jedoch gebannt haben werden, sobald wir die großen, lautlosen Strömungen in der Tiefe kennen, deren Richtung sich nur feststellen lässt, wenn man große Zeiträume umfasst. Die dröhnenden Ereignisse sind oft nur Augenblicke, nur Erscheinungen jener großen Schicksale und erklären sich nur aus diesen.

So sind wir dahin gelangt, die Geschichte in mehrere Etagen zu zerlegen oder, wenn man will, in der Zeit der Geschichte eine geografische, eine soziale und eine individuelle Zeit zu unterscheiden.

Zit. nach: Fernand Braudel, Schriften zur Geschichte 1. Gesellschaften und Zeitstrukturen. Aus dem Französischen übersetzt von Gerda Kurz/Siglinde Summerer, Klett-Cotta, Stuttgart 1992 (zuerst 1969), S. 21 f.

1 Philipp II. (1527–1598), seit 1556 Herrscher von Spanien, den Kolonien in Amerika, der Niederlande, seit 1580 auch von Portugal.

M2 Fernand Braudel über die Geschichte und die Dauer in ihren verschiedenen Formen (1969)

Jede historische Arbeit zerlegt die vergangene Zeit und entscheidet sich je nach mehr oder weniger bewussten Vorlieben und mehr oder weniger exklusiven Standpunkten für die eine oder andere der chronologischen Realitäten. Die traditionelle Geschichtsschreibung hat sich auf die kurze Zeit, auf das Individuum spezialisiert, und so sind wir seit langem an einen überstürzten, dramatischen, kurzatmigen Bericht gewöhnt.

Der neuen Wirtschafts- und Sozialgeschichte dagegen geht es bei ihren Untersuchungen in erster Linie um die zyklischen Schwankungen und deren Dauer; sie hält sich an die Luftspiegelung der Preiskurven bzw. an die Wirklichkeit ihres zyklischen Aufstiegs und Falls, und so gesellt sich heute zum Bericht (oder traditionellen „Rezitativ") das Rezitativ der Konjunktur, das die Vergangenheit in großen Zeiträumen von 10, 20, 50 Jahren betrachtet.

Dieses zweite Rezitativ wiederum wird überlagert von einer Geschichte mit einem noch viel längeren, über Jahrhunderte hinweg reichenden Atem: von der Geschichte der langen, der sehr langen Dauer. Diese Formel, ob gut oder schlecht, ist mir in Fleisch und Blut übergegangen. Sie bezeichnet das Gegenstück zu François Simiands Ereignisgeschichte, wie er die kurzatmige Geschichte als einer der Ersten [...] taufte. [...]

Nun sind diese Begriffe allerdings nicht absolut eindeutig. Nehmen wir das Wort *Ereignis*. Ich für meinen Teil würde es in der kurzen Dauer ansiedeln, einsperren: Für mich ist das Ereignis etwas Explosives, eine „klingende Neuigkeit", um einen Ausdruck aus dem 16. Jahrhundert zu gebrauchen. Es erfüllt das Bewusstsein der Zeitgenossen mit seiner übermäßigen Rauchentwicklung, ist aber schnell verpufft, sodass kaum Zeit bleibt, die Flamme wahrzunehmen. [...]

Darum wollen wir uns anstelle von Ereignis für den eindeutigeren Begriff der kurzen Zeit entscheiden, die kurze Zeit der Individuen, des Alltags, unserer Illusionen, für den Augenblick des Bewusstwerdens – mit einem Wort, für die Zeit par excellence des Chronisten und Journalisten. Denn Chronik wie Tageszeitung berichten außer über die großen, die sogenannten historischen Ereignisse auch über Ereignisse von mittlerer Bedeutung aus dem täglichen Leben wie Feuersbrünste, Eisenbahnkatastrophen, Getreidepreise, Verbrechen, Theateraufführungen, Überschwemmungen. Und ebenso haben, was wohl niemand bezweifeln wird, auch die anderen Formen des Lebens, das wirtschaftliche, soziale, literarische, institutionelle, religiöse, ja sogar das geografische (in Form eines Windstoßes, eines Sturms), und natürlich auch das politische, ihre kurze Zeit. [...]

Vor allem jedoch hat sich die traditionelle historische Zeit verändert. Konnten dem politischen Historiker ein Tag, ein Jahr als geeignete Maßeinheiten erscheinen, war die Zeit für ihn letztlich eine Summe von Tagen, erforderten Preiskurven, Bevölkerungswachstum, Lohnbewegungen, Zinsschwankungen, die (eher erträumte als verwirklichte) Untersuchung der Produktion, die gedrängte Analyse der Zirkulation weit größere Maßeinheiten.

Eine neue Mode des historischen Berichts tauchte auf, das – wenn man so sagen darf – „Rezitativ" der Konjunktur, des Zyklus bzw. des „Interzyklus", das uns die Wahl zwischen einem Dutzend Jahren, einem Vierteljahrhundert und dem halben Jahrhundert des klassischen Kondratieff-Zyklus[1] als äußerster Grenze lässt. Beispielsweise steigen die Preise in Europa – von kurzen, oberflächlichen Einbrüchen abgesehen – von 1791 bis 1817, während sie von 1817 bis 1852 fallen: Dieser langsame Auf- und Abschwung kann für Europa, ja fast für die ganze Welt, als vollständiger Interzyklus gelten. Allerdings stellen diese periodischen Bewegungen keinen absoluten Wert dar. Andere Indikatoren wie das Wirtschaftswachstum und das Volkseinkommen oder Sozialprodukt würden [...] andere Eckwerte liefern. [...] Wichtig ist [...], dass der Historiker über eine neue Zeit verfügt, das heißt, dass er je nach noch nicht endgültig festgelegten Kriterien kürzere oder längere Kurven erarbeiten kann, die ihm eine neue Deutung und Einteilung der Geschichte erlauben. [...]

Gehen wir über die Zyklen und Interzyklen noch hinaus, stoßen wir auf den „langfristigen Trend" der Wirtschaftswissenschaftler, den sie allerdings keineswegs immer untersuchen. […] Den zweiten, weitaus nützlicheren Schlüssel liefert das Wort *Struktur,* das, ob gut oder schlecht gewählt, die Probleme der langen Dauer beherrscht. Die Beobachter des Sozialen verstehen darunter eine Organisation, einen Zusammenhang, relativ feste Beziehungen zwischen bestimmten Realitäten und sozialen Massen. Für uns Historiker ist eine Struktur zweifellos etwas Zusammengefügtes, ein Gebäude, mehr noch aber eine Realität, der die Zeit nicht viel anhaben kann und die sie deshalb sehr lange mitschleppt. Ja, manche Strukturen werden aufgrund ihrer Langlebigkeit für zahllose Generationen zu einem festen Bestand und behindern dadurch die Geschichte, hemmen sie, indem sie ihren Ablauf beherrschen. Andere Strukturen wiederum zerfallen schneller. Alle aber sind gleichzeitig Stütze und Hindernis. Hindernis, insofern sie Grenzen bezeichnen […], die der Mensch und seine Erfahrung kaum zu überschreiten vermögen. Man denke nur, wie schwer sich in manchen Fällen ein bestimmter geografischer Rahmen, bestimmte biologische Realitäten, bestimmte Produktionsgrenzen bzw. die einen oder anderen geistigen Zwänge sprengen lassen: denn auch die geistigen Rahmen sind Langzeitgefängnisse.

Das einleuchtendste Beispiel scheint noch immer der von der Geografie ausgeübte Zwang zu sein. Jahrhundertelang ist der Mensch der Gefangene des Klimas, der Vegetation, der Tierwelt, der Bodennutzung, kurzum, eines im Lauf der Zeit langsam aufgebauten Gleichgewichts, aus dem er sich nicht lösen kann, ohne womöglich alles zu gefährden. Man nehme nur einmal die Bedeutung der Transhumanz[2] für das Leben in den Bergen, die Dauerhaftigkeit bestimmter Lebensbereiche der Küstenregionen oder die Standorttreue der Städte und der Straßen und damit auch des Verkehrs, kurzum, die erstaunliche Festigkeit des geografischen Rahmens der Kulturen. […]

Auf Schwierigkeiten beim Aufspüren der langen Dauer stößt die historische Forschung, was auf den ersten Blick paradox erscheinen mag, just in einem Bereich, in dem sie unbestreitbare Erfolge zu verzeichnen hat: im wirtschaftlichen Bereich. Indessen werden Ordnung und Beständigkeit von Systemen oder, wie manche sagen, von Kulturen – das heißt alte, festverwurzelte Denkgewohnheiten und Verhaltensmuster, Rahmen, die sich, manchmal entgegen jeder Logik, zäh behaupten – oft von Zyklen, Interzyklen, Strukturkrisen verdeckt.

Aber schauen wir uns das Ganze an einem schnell analysierten Beispiel an. In unmittelbarer Nähe, innerhalb Europas, hat sich ein Wirtschaftssystem, das sich mit ein paar Linien umreißen und in allgemeinen, ziemlich eindeutigen Regeln zusammenfassen lässt, vom 14. bis […] um 1750 behauptet. Jahrhundertelang hängt hier die Wirtschaftstätigkeit, wie die großen Krisen von 1350 bis 1450 und von 1630 bis 1730 beweisen, von demografisch zerbrechlichen Populationen ab. Jahrhundertelang triumphieren auf dem Verkehrssektor das Wasser und das Schiff; bedeutet kontinentale Masse Hindernis, Unterlegenheit; beschränkt sich der Aufschwung in Europa – von den Ausnahmen abgesehen […] – auf die Küstengebiete.

Dazu kommen als weitere Kennzeichen des Systems: der Primat der Kaufleute; die ungeheure Rolle der Edelmetalle Gold, Silber und sogar Kupfer, deren dauernde Zusammenstöße auch durch die entscheidende Entwicklung des Kredits Ende des 16. Jahrhunderts nur bedingt abgemildert werden; die immer neu geschlagenen Wunden durch witterungsbedingte landwirtschaftliche Krisen – mit einem Wort: der unsichere Boden des Wirtschaftslebens; und schließlich die auf den ersten Blick unverhältnismäßig erscheinende Bedeutung des Außenhandels: des Levantehandels[3] vom 12. bis zum 16. Jahrhundert und des Kolonialhandels im 18. Jahrhundert.

Damit habe ich die für Westeuropa wichtigsten Züge des Handelskapitalismus, eines Abschnitts von langer Dauer, definiert oder vielmehr im Anschluss an andere grob umrissen. Trotz der während dieser vier oder fünf Jahrhunderte beobachtbaren Veränderungen weist das Wirtschaftsleben in diesem Zeitraum bis zur Umwälzung des 18. Jahrhunderts und der bis heute fortdauernden industriellen Revolution eine *gewisse* Kohärenz auf; gemeinsame Merkmale, die unverändert erhalten bleiben, während sich das Gesicht der Welt ringsum durch tausend Umstürze und den Bruch anderer Kontinuitäten erneuert. […]

Für mich ist Geschichte die Summe aller möglichen Geschichten – eine Sammlung der Auffassungen und Gesichtspunkte von gestern, heute, morgen. Der einzige Fehler, den man begehen könnte, wäre meiner Ansicht nach, sich für eine Geschichte unter Ausschluss aller anderen zu entscheiden. [...]

Ob wir das Jahr 1558 oder das Jahr der Gnade 1958 nehmen, wenn wir die Welt begreifen wollen, müssen wir erst einmal die Hierarchie der Kräfte, Strömungen, besonderen Bewegungen definieren und dann die Gesamtkonstellation erfassen. Bei einer solchen Untersuchung müssen wir stets zwischen langen Rhythmen und kurzen Stößen oder Schüben unterscheiden, wobei wir die kurzen leicht bis zu ihrer unmittelbaren Quelle zurückverfolgen können, während sich die langen in einer fernen Zeit verlieren. Die Welt von 1558, für Frankreich keine gute, ist keineswegs nur die Frucht dieses so reizlosen Jahres. Und das gleiche gilt für das für Frankreich so schwierige Jahr 1958. In jeder „Aktualität" laufen Bewegungen von unterschiedlichen Ursprüngen, unterschiedlichen Rhythmen zusammen: Das Heute reicht ins Gestern, Vorgestern, ins Ehedem zurück. [...]

Schließen wir unsere Betrachtungen mit einem Wort Lucien Febvres [...]: „Die Geschichte ist die Wissenschaft von der Vergangenheit und die Wissenschaft von der Gegenwart." Und vermag die Geschichte, die Dialektik der Dauer, nicht in der Tat das Soziale in seiner ganzen Realität zu erfassen und damit das Aktuelle auf ihre Weise zu erklären? Vermag sie nicht eine Lektion zu erteilen bzw. zu mahnen, vor dem Ereignis auf der Hut zu sein; nicht nur in kurzen Zeiträumen zu denken, die Akteure, die Lärm schlagen, nicht für die einzig authentischen zu halten und darüber die anderen, die stillen, zu vergessen? Aber wer hätte das nicht schon gewusst?

Fernand Braudel, Geschichte und Sozialwissenschaften. Die lange Dauer, in: Fernand Braudel, Schriften zur Geschichte 1. Gesellschaften und Zeitstrukturen. Aus dem Französischen übersetzt von Gerda Kurz/ Siglinde Summerer, Klett-Cotta, Stuttgart 1992 (zuerst 1969), S. 52–67.

---

1 Kondratieff-Zyklus: von dem russischen Wirtschaftswissenschaftler Nikolai Kondratjew entwickelte Theorie zur zyklischen Wirtschaftsentwicklung

2 Transhumanz: Wanderviehwirtschaft mit jahreszeitlichem Wechsel der Weidegebiete

3 Levante („Morgenland"): Bezeichnung für die Länder des östlichen Mittelmeeres, d. h. die heutigen Staaten Syrien, Libanon, Israel, Jordanien sowie die palästinensischen Autonomiegebiete

---

1 Beschreiben Sie die verschiedenen Zeitschichten, die Braudel in M 1 und M 2 analysiert, indem Sie eine Skizze/Grafik anfertigen und Ihre Visualisierung erläutern.

2 Überprüfen Sie die Thesen Braudels an einem Transformationsprozess. Welche von Braudel genannten Zeitschichten lassen sich identifizieren? Wie wirkten sich die Ereignisse, Konjunkturen, Strukturen auf den Transformationsprozess aus?

3 Nehmen Sie Stellung zu Braudels These: „In jeder ‚Aktualität' laufen Bewegungen von unterschiedlichen Ursprüngen, unterschiedlichen Rhythmen zusammen: Das Heute reicht ins Gestern, Vorgestern, ins Ehedem zurück."

4 **a)** Vergleichen Sie das Erklärungsmodell Braudels mit den Modernisierungs- und Revolutionstheorien (S. 5 ff.).
b) Beurteilen Sie ihren praktischen Nutzen für die historische Analyse.

5 **Facharbeit/Referat:** Ähnlich wie Fernand Braudel hat der deutsche Historiker Reinhart Koselleck (1923–2006) eine Theorie historischer Zeiten erarbeitet. Untersuchen Sie diese Theorie: Konzentrieren Sie sich auf die unterschiedlichen Zeitschichten, die Koselleck darstellt. Klären Sie dabei, ob Koselleck wie Braudel unterschiedliche Geschwindigkeiten des geschichtlichen Wandels erkennt.

Literaturtipps:

Reinhart Koselleck, Darstellung, Ereignis und Struktur, in: ders., Vergangene Zukunft. Zur Semantik geschichtlicher Zeiten, Frankfurt/M. 1984, S. 144–157.

Ders., Geschichte, Geschichten und formale Zeitstrukturen, in: ebd., S. 130–143.

Ders., Das 19. Jahrhundert – eine Übergangszeit, in: ders., Vom Sinn und Unsinn der Geschichte. Aufsätze und Vorträge aus vier Jahrzehnten, hg. v. Carsten Dutt, Berlin 2010, S. 131–150.

Ders., Zeitschichten, in: ders., Zeitschichten. Studien zur Historik, Frankfurt/M. 2000, S. 19–26.

Ute Daniel, Reinhart Koselleck (1923–2006), in: Lutz Raphael (Hg.), Klassiker der Geschichtswissenschaft, Bd. 2: Von Fernand Braudel bis Nathalie Z. Davis, München 2006, S. 166–194.

2.3 Bedingungen, Formen und Folgen von Migration

M1 Abschied der Auswanderer, Gemälde von Antonie Volkmar, 1860

M2 Flüchtlingsschiff „Monica" im Hafen von Catania, Italien, Fotografie, 2002

1. Stellen Sie Vermutungen an, was die Menschen auf den Abbildungen zu Flucht und Auswanderung bewogen hat.
2. Erstellen Sie in Kleingruppenarbeit ein Brainstorming: Welche Gründe und welche Folgen hat Migration in der Geschichte?
3. Versuchen Sie auf der Grundlage Ihrer Ergebnisse eine erste Definition des Begriffs Migration zu erarbeiten.
4. Überprüfen Sie Ihre Definition nach Erarbeitung des Kapitels.

Der „Homo migrans" – ein wesentliches Element der Weltgeschichte

Obwohl das **20. Jahrhundert** als das **„Jahrhundert der Flüchtlinge"** bezeichnet wurde, haben sich Öffentlichkeit und Politik lange Zeit vergleichsweise wenig mit dem Problem der Migration beschäftigt. Das änderte sich erst in den letzten Jahrzehnten. Die größten und häufigsten Flüchtlingsströme finden sich heute zwar in Afrika und Asien, aber ihre Ausläufer erreichen zunehmend die Industriestaaten. Dort werden die Einwanderer aus den ärmeren Regionen der Welt zum Teil als Bedrohung empfunden. Gleichzeitig setzt sich in den Industrieländern jedoch die Einsicht durch, dass die Überalterung ihrer Gesellschaften und schrumpfende Bevölkerungszahlen die Zuwanderung von jüngeren hochqualifizierten Experten und Fachkräften notwendig macht. Nur so scheint es möglich, die Volkswirtschaft in Gang zu halten und den erreichten Wohlstand aufrechtzuerhalten.

In den letzten Jahrzehnten haben sich auch die Historiker intensiv mit der Migration beschäftigt. Eine zentrale Erkenntnis der **Historischen Migrationsforschung** ist, dass Migration eine wesentliche Erscheinung der Weltgeschichte darstellt. Der Historiker Klaus J. Bade hat diese Einsicht 2007 einmal am Beispiel der europäischen Geschichte verdeutlicht: „Migration gehört zur *Conditio humana* [zu den Bedingungen des Menschseins und zur Natur des Menschens] wie Geburt, Vermehrung, Krankheit und Tod; denn der *Homo sapiens* hat sich als *Homo migrans* über die Welt ausgebreitet. Auch die europäische Geschichte wurde entscheidend geprägt durch **Migration und Integration**. In der europäischen Geschichte haben Inländer im Ausland und Ausländer im Inland, Einheimische und Fremde alle Erscheinungsformen des grenzüberschreitenden Wanderungsgeschehens erlebt oder miterlebt, mitgestaltet oder erlitten. [...] Die Begegnung von Fremden und Einheimischen war in der europäischen Geschichte aber nicht nur geprägt durch die Bewegung von Menschen über Grenzen. Sie war auch bestimmt durch die Bewegung von Grenzen über Menschen, durch die Minderheiten zu Mehrheiten, Mehrheiten zu Minderheiten und Einheimische zu Fremden im eigenen Land werden konnten. Und sie war schließlich geprägt durch die – auf kollektiven Fremdheitszuschreibungen basierende – Ausgrenzung von ‚fremden' bzw. dazu erklärten Gruppen und Minderheiten innerhalb der ‚eigenen' Grenzen selbst."

Themen und Aspekte der Historischen Migrationsforschung

Menschen verlassen selten aus freien Stücken ihre Heimat. Viele Wanderungsbewegungen in Vergangenheit und Gegenwart sind die Folge von Hungerkrisen und Armut, Wettrüsten und Krieg, Umweltzerstörung und ökologischer Katastrophen sowie politischer Verfolgung und der Unterdrückung religiöser Überzeugungen. Die Auswanderer wissen, dass sie ihre vertraute Umgebung verlieren und sich neuen Lebensbedingungen anpassen müssen. Oft erschweren Vorurteile oder soziale wie ökonomische Ängste ihre Eingliederung.

Besonders in den modernen Industriegesellschaften gibt es aber auch freiwillige Migration, etwa Auszubildende, die zur Verbesserung ihrer Qualifikation Firmenfilialen im unterschiedlichen Regionen oder Ländern kennen lernen sollen, oder führende Mitarbeiter einer Firma, die zum Auf- und Ausbau eines ausländischen Tochterunternehmens in ein fremdes Land gehen. Diese Beispiele verdeutlichen die **Vielfalt der Bedingungen, Formen und Folgen von Migration**, mit denen sich moderne geschichts- und sozialwissenschaftliche **Theorien der Migration** befassen. Sie bieten nicht nur wertvolle Orientierungshilfen bei der **Erklärung von Wanderungsbewegungen**, sondern bemühen sich auch um die **Typologisierung der unterschiedlichen Formen von Migration**. Bevor jedoch zwei moderne Migrationstheorien bzw. -typologien (M 5 und M 6) dokumentiert werden, geht es um den Begriff der Migration: Welche Erscheinungen untersuchen Migrationsforscher, welche nicht (M 3–M 5)?

1 Beschreiben Sie Aufgaben und Themenfelder der Historischen Migrationsforschung.

M3 Die Soziologin Ingrid Oswald über Probleme bei der Definition des Begriffs „Migration" (2007)

In der Fachliteratur gibt es keine einheitliche Definition der Begriffe „Migration" bzw. „Wanderung". Angesichts der zu beobachtenden Begriffsvielfalt eignet sich für soziologische Zwecke eine relativ komplexe Begriffsumschreibung, mit der wichtige Aspekte der Theoriebildung in den Blick genommen werden.

Konstitutiv sind die drei (Forschungs-) Dimensionen:
- Ortswechsel,
- Veränderung des sozialen Beziehungsgeflechts,
- Grenzerfahrungen.

Migration wird daher [...] verstanden als ein Prozess der räumlichen Versetzung des Lebensmittelpunkts, also einiger bis aller relevanten Lebensbereiche, an einen anderen Ort, der mit der Erfahrung sozialer, politischer und/oder kultureller Grenzziehung einhergeht. [...]

Abb. 1: Versetzung des Lebensmittelpunktes von A nach B

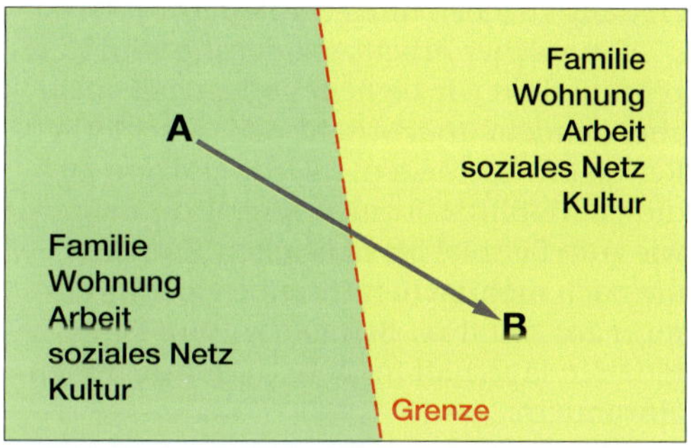

Abbildung 1 zeigt Migration nicht nur als Bewegung von A nach B, sondern als einen Prozess, der all das betrifft, was durch die von A nach B erfolgende Versetzung des Lebensmittelpunktes – sei es von Individuen oder von Gruppen – in Gang gesetzt wird. Die „Grenze" (in der Abbildung die diagonale gestrichelte Linie) kann dabei eine Nationalstaatsgrenze sein, ein Fluss, der zwei Regionen voneinander trennt, aber auch nicht-räumliche Grenzen, wie es die zwischen Sprach- und Wissensräumen oder religiöse bzw. kulturell-ethnische Abgrenzungen sind. Ob diese Grenzen im Migrationsprozess überwunden werden (können) oder ob sie in seinem Verlauf erst entstehen, weil soziale und kulturelle Unterschiede wahrgenommen und als solche artikuliert und gelebt werden, spielt dabei keine Rolle. Die Offenheit des Konzepts betont die empirische Vielfalt sowie den Prozesscharakter von Wanderungen, die sich mitunter über Generationen hinziehen. Ebenso offen bleiben zeitlicher und personeller Umfang, Distanzen, Ursachen und Motive, da diese nicht prinzipiell die Notwendigkeit der Neuordnung von Lebensmittelpunkten infrage stellen, wohl aber die Begleitumstände bestimmen, wie diese Neuordnung gelingt bzw. gelingen kann.

Zu unterscheiden sind fünf Bereiche mit mehreren konstitutiven Elementen, die – je nach Perspektive – in der Forschung hervorgehoben oder zurückgestellt werden können (s. Abb. 2).

Abb. 2: Bereiche und konstitutive Elemente eines Lebensmittelpunkts

Wohnung	Vorhanden- bzw. Nichtvorhandensein von meldebehördlicher Registrierung/geografische und soziale Einordnung des Wohngebiets (Wohnlage, Stadtteil, „Kiez")/Kontakt mit Nachbarn
Familie	Rechtlicher Status/Familienform und -struktur/Vorhanden- bzw. Nichtvorhandensein von Kindern/Stellung der Familienmitglieder
Arbeit/Einkommen	Erwerbsstatus (Bezug von Erwerbs-, Transfereinkommen)/Ausbildung und Beruf/sozialer Status/Kontakt mit Kollegen/Arbeitszufriedenheit
Soziales Netz	Kontakt mit Verwandten, Freunden und Bekannten, Nachbarn und Arbeitskollegen/Schulkontakte der Kinder/Versorgung von Kranken und Alten
Kulturelle und politische Orientierungen	Sprachkompetenzen/Religionszugehörigkeit und -ausübung/ethnische Orientierungen/Staatsbürgerschaft und Wahlrecht/Wahrnehmungen und Werteinstellungen/Diskursmuster (Darstellung von In- und Ausländern, Stereotypenbildung)

Das Lebenmittelpunkt-Modell soll verdeutlichen, welche Lebensbereiche von Migration betroffen sind bzw. sein können und wie komplex und langwierig ein Migrationsprozess ist. Je nachdem, welche Fragestellung interessiert, kann dieser oder jener Bereich als solcher und in seiner Funktion für andere Bereiche thematisiert werden.

Der Blick richtet sich also nicht nur auf die Migranten einerseits und/oder auf die Gesamtgesellschaft andererseits, sondern ebenso auf die spezifischen Bedingungen der Milieus, in denen Migrationen stattfinden. Migrationsverläufe betreffen ebenso Nicht-Migranten aller sozialen Gruppierungen sowie Ziel-, Transit- und Herkunftsgesellschaften bzw. Segmente derselben.

Da in den Zielregionen von Migration in der Regel komplexe Sozialorganisationen existieren, die durch Zuwanderung verändert werden und sich ändern müssen, können natürlich Konflikte zwischen den Eingesessenen und den Zuwanderern bzw. zwischen den Akteuren einzelner Migrationsphasen entstehen. Die sozialen Einschnitte, die sowohl Individuen wie Familien oder Gruppen, die aufnehmende und die abgebende Gesellschaft verarbeiten müssen, können dabei sehr gravierend sein und sind es meist auch.

Das Modell ermöglicht bei Fragen nach der Integration von Zuwanderern die analytische Trennung der relevanten Bereiche und macht verständlich, warum „unvollständige" Migrationsformen wie beispielsweise Pendelmigrationen die Integration einzelner Lebensbereiche in die Zielgesellschaft erschweren bzw. nicht benötigen […]. Bei Fragen nach lebensweltlichen Relevanzen und Prioritäten lässt sich ein breites Spektrum von Motivationen untersuchen, ohne auf simple Erklärungen, wie beispielsweise die generell starke Anziehungskraft höherer Löhne, zurückgreifen zu müssen […]. *Vice versa* ermöglichen derartige Fragen auch Erklärungsansätze nicht nur dafür, warum Menschen wandern, sondern warum sie an einem bestimmten Ort bleiben, auch wenn es an vielen Orten der Welt vielleicht „besser" wäre. Und schließlich lässt sich beschreiben, wie sich mit Grenz- und Abgrenzungserfahrungen kulturelle und ethnische Identitäten formen […]. […]

Migration ist also wesentlich mehr als eine Ortsveränderung oder der Wechsel eines Wohnsitzes, sie ist aber auch nicht immer ein Wechsel der Gruppenzugehörigkeit, denn Zuwanderer können mitunter völlig isoliert oder im Kreise ihnen bekannter Zuwanderer oder der Familie leben bzw. als Pendler an der Aufnahme sozialer Beziehungen am Zielort gar nicht interessiert sein.

Ingrid Oswald, Migrationssoziologie, UVK, UTB, Konstanz 2007, S. 13–18.

M4 Die Historiker Dirk Hoerder, Jan Lucassen und Leo Lucassen über den Begriff „Migration" (2007)

Der Begriff Migration bezieht sich auf räumliche Bevölkerungsbewegungen, sowohl über Staatsgrenzen (grenzüberschreitende bzw. transnationale Migration) wie innerhalb eines politisch-territorialen, sozialen oder kulturellen Raumes (interne Migration). Er schließt den Prozess der Wanderungsentscheidung ein, sowohl für Migration mit dauerhafter Bleibeperspektive wie mit offenem Zeithorizont oder auch Wanderungen auf Zeit mit der Absicht, im Zielgebiet eine Zeitlang zu leben und zu arbeiten.

Von solcher Arbeitswanderung wird Kurzzeitmobilität wie tägliches oder wöchentliches Pendeln, touristische oder geschäftliche Reisen unterschieden. Allerdings kann aus diesen Mobilitätsformen Migration werden, wie zum Beispiel bei deutschen Touristen, die nach mehrfachen Urlauben am Mittelmeer zur Zeit ihres Berufslebens im Rentenalter dauerhaft in diese Urlaubsregionen abwandern.

Migration wird darüber hinaus von Kurzstreckenmobilität, wie zum Beispiel bei Umzug innerhalb einer Gemeinde, unterschieden. Diese Mobilitätsformen sind Teil sozialräumlicher Veränderung, werden jedoch – in der Regel – nicht als Teil des Phänomens Migration eingeordnet.

Dirk Hoerder, Jan Lucassen u. Leo Lucassen, Terminologien und Konzepte in der Migrationsforschung, in: Klaus J. Bade u. a. (Hg.), Enzyklopädie Migration in Europa. Vom 17. Jahrhundert bis zur Gegenwart, Schöningh, Wilhelm Fink Verlag, Paderborn, München 2007, S. 36.

M 5 Der Historiker Jochen Oltmer über den Begriff „Migration" (2010)

Migration ist die auf einen längerfristigen Aufenthalt angelegte räumliche Verlagerung des Lebensmittelpunktes von Individuen, Familien, Gruppen oder auch ganzen Bevölkerungen. Wanderungen bilden ein Kontinuum und ein konstitutives Element in der Menschheitsgeschichte, seit sich der „Homo sapiens als Homo migrans über die Welt ausgebreitet hat" (K. J. Bade). Unterscheiden lassen sich verschiedene Erscheinungsformen räumlicher Bevölkerungsbewegungen. Dazu zählen vor allem Arbeits- und Siedlungswanderungen, Bildungs-, Ausbildungs- und Kulturwanderungen, Heirats- und Wohlstandswanderungen sowie Zwangswanderungen.

Jochen Oltmer, Migration im 19. und 20. Jahrhundert, Oldenbourg, München 2010, S. 1.

1. Arbeiten Sie aus M 3 bis M 5 die zentralen Merkmale von Migration heraus.
2. Vergleichen Sie die Definitionen M 3 bis M 5 miteinander. Formulieren Sie gegebenenfalls eine eigene Definition.
3. Überprüfen Sie die Tragfähigkeit der Definitionen an einem Ihnen bekannten Beispiel.

M 6 Bedingungen, Formen und Folgen von Migration – eine Typologie des Historikers Jochen Oltmer (2010)

[Arbeitswanderungen]

Arbeitswanderungen waren, anders als Siedlungs- und Heiratswanderungen, häufig zeitlich befristet und konnten als Saisonwanderungen mit einer gewissen Regelmäßigkeit zur Rückkehr ins Herkunftsgebiet führen. Zahlreiche Beispiele für solche mitunter über längere Zeit hinweg strukturstabilen Formen zirkulärer Migration gab es in agrarisch geprägten Herkunftsgesellschaften bzw. -regionen, aber auch im Kontext der beschleunigten Urbanisierung des 19. und frühen 20. Jahrhunderts: Die Einbahnstraße der Land-Stadt-Wanderungen stellte nur eines unter vielen Mustern innerhalb jener Migrationen dar, die das massive Wachstum der städtischen Agglomerationen wesentlich trugen. In gleichem Maße gehörte auch der Kreisverkehr von temporären Land-Stadt-Land-Wanderungen dazu, die nach Jahren in dauerhaften Niederlassungen in den Städten enden konnten, aber nicht notwendigerweise mussten.

[Wanderungsintentionen]

Räumliche Bewegungen zur Erschließung oder Ausnutzung von Chancen strebten nicht ausschließlich nach einer Stabilisierung oder Verbesserung der ökonomischen und sozialen Lage von Zuwanderern im Zielgebiet. Wanderungszweck konnte gleichermaßen die Verbesserung der Situation in der Herkunftsgesellschaft sein, wie bei den saisonalen Arbeitswanderungen oder bei den Rückwanderungen nach Jahren oder Jahrzehnten der Erwerbstätigkeit in der Fremde. Eine ausgesprochen hohe Bedeutung haben bis in die Gegenwart für einzelne Haushalte, für regionale Ökonomien oder selbst für ganze Volkswirtschaften die mehr oder minder regelmäßigen Geldüberweisungen durch Migranten an zurückbleibende Familienmitglieder (Rücküberweisungen).

Migration bildete in den genannten Kontexten ein Element der Lebensplanung und verband sich häufig mit (erwerbs-)biografischen Grundsatzentscheidungen wie Heirat, Wahl des Berufs oder Arbeitsplatzes; der überwiegende Teil der Arbeits-, Ausbildungs-, Siedlungs- und Heiratswanderer war also jung. Der Wanderungsentschluss resultierte in derartigen sozialen Konstellationen aus persönlichen Entscheidungen oder Arrangements in Familienwirtschaften. Individuelle bzw. familienwirtschaftliche Handlungsalternativen gab es allerdings vor allem dann nicht, wenn aufgrund von wirtschaftlichen, sozialen oder umweltbedingten Krisen existenzielle Not drohte oder herrschte.

Solche Notlagen verloren zwar im Abwanderungsraum Deutschland des 19. Jahrhunderts an Gewicht, prägen aber bis in die Gegenwart vielfältige Zuwanderungen nach Mitteleuropa. Vor allem umweltbedingte Zwänge aufgrund von anthropogener oder natürlicher Umweltzerstörung (Umweltflucht, Umweltmigration) gewinnen gegenwärtig weltweit erheblich an Bedeutung und dürften damit zukünftig für die Entwicklung der europäischen Migrationssituation immer wichtiger werden.

[Bedeutung wirtschaftlicher Ungleichheiten]
Bei den Wanderungen, die auf die Umsetzung ökonomischer und sozialer Chancen ausgerichtet waren, [...] unterschieden sich Herkunfts- und Zielgebiet vornehmlich durch ein ökonomisches Gefälle. Es muss keineswegs als übergreifender wirtschaftlicher Entwicklungsunterschied zwischen zwei Großräumen verstanden werden, sondern beschränkte sich vielmehr häufig auf einzelne Marktsegmente. Spezifische soziale Merkmale von Individuen bzw. Mitgliedern von Familien oder Gruppen, darunter vor allem Geschlecht, Alter, Position im Familienzyklus sowie berufliche Stellung und Qualifikationen, bedingten den Marktzugang und damit auch die migratorische Chancenwahrnehmung.

[Kultur- und Wohlstandswanderungen]
Von den Migrationen, die auf eine Erschließung oder Verbesserung wirtschaftlicher und sozialer Chancen zielten, lassen sich die in wesentlich geringeren Dimensionen auftretenden Kultur- und Wohlstandswanderungen abgrenzen. Beide Formen sind eng miteinander verknüpft. Kulturwanderungen zielten zeitlich begrenzt oder dauerhaft auf kulturell attraktive Stätten. Das konnten urbane Kultur- und Bildungsräume sein, aber auch spezifische kulturelle Rückzugs- oder Experimentierräume, wie sie sich z. B. als Künstlerkolonien [...] ausprägten. Wohlstandswanderungen im engeren Sinn verweisen auf die Ansiedlung finanziell weitgehend unabhängiger Personen, die vornehmlich aus klimatischen oder kulturellen Erwägungen ihren Wohnsitz auf Zeit oder auf Dauer verlegten – im 19. Jahrhundert galt das z. B. für Baden-Baden oder Karlsbad, heute gilt es für Mallorca oder die süd- und ostspanische Mittelmeerküste. [...]

[Vermittlung von Wissen über die Chancen von Migranten]
Kommunikationsprozesse motivierten und strukturierten räumliche Bevölkerungsbewegungen; ob und inwieweit eine Abwanderung als individuelle oder familienwirtschaftliche Alternative verstanden wurde, hing entscheidend vom Wissen über Migrationsziele, -pfade und -möglichkeiten ab. Damit Arbeits-, Ausbildungs- und Siedlungswanderungen einen gewissen Umfang und eine gewisse Dauer erreichten, bedurfte es kontinuierlicher und verlässlicher Informationen über das Zielgebiet.

Die Formen der Vermittlung waren vielgestaltig: Ein zentrales Element bildete die mündliche oder schriftliche Übermittlung von Wissen über Beschäftigungs-, Ausbildungs-, Heirats- oder Siedlungschancen durch vorausgewanderte (Pionier-)Migranten, deren Nachrichten aufgrund von verwandtschaftlichen oder bekanntschaftlichen Verbindungen ein hoher Informationswert beigemessen wurde.

Vertrauenswürdige [...] Informationen standen dem potenziellen Migranten häufig nur für einen Zielort bzw. für einzelne, lokal begrenzte Siedlungsmöglichkeiten oder spezifische Segmente des Arbeits- oder Ausbildungsmarktes zur Verfügung, sodass realistische Wahlmöglichkeiten zwischen verschiedenen Zielen nicht gegeben sein mussten.

[Netzwerke]
Die Bedeutung der Informationsvermittlung mithilfe verwandtschaftlich-bekanntschaftlicher Netzwerke kann nicht überschätzt werden. Verwandte oder Bekannte bildeten z. B. die erste Station oder das direkte Ziel der Reise von 94 % aller Europäer, die um 1900 in Nordamerika eintrafen. Mindestens 100 Mio. private Auswandererbriefe sind 1820–1914 aus den USA nach Deutschland geschickt worden und kursierten in den Herkunftsgebieten im Verwandten- und Bekanntenkreis. Herkunftsräume und Zielgebiete waren mithin über transatlantische Migrationsnetzwerke, durch Verwandtschaft, Bekanntschaften und Herkunftsgemeinschaften zusammengehaltene Kommunikationssysteme miteinander verbunden.

Wissen über Chancen und Gefahren der Ab- bzw. Zuwanderung, über räumliche Ziele, Verkehrswege sowie psychische, physische und finanzielle Belastungen vermittelten darüber hinaus mündliche und schriftliche Auskünfte staatlicher, kirchlicher oder privater Hilfsorganisationen und Beratungsstellen sowie Publikationen (z. B. die im 19. Jahrhundert weit verbreitete Auswanderungsliteratur). Auch die staatliche oder private Anwerbung von Arbeits- oder Siedlungswanderern – z. B. mithilfe von Agenten bzw. Werbern – kann als eine Form des Transfers von Wissen über migratorische Chancen verstanden werden.

[Migrationsmotive]
[…] [E]ine Vielfalt unterschiedlicher Motive bestimmte die Entscheidung zur Abwanderung bzw. zur Zuwanderung in einem bestimmten Raum. Zumeist waren wirtschaftliche, soziale, politische, religiöse und persönliche Motive in unterschiedlichen Konstellationen mit je verschiedener Reichweite eng miteinander verflochten. Hoffnungen auf und Erwartungen über eine Verbesserung der Situation nach der Abwanderung standen dabei immer auch spiegelbildlich für Enttäuschungen über die individuelle Lage in der Herkunftsgesellschaft.

[…] Räumliche Bewegungen wurden z. B. abgebrochen, weil bereits ein im Zuge einer Transitwanderung zunächst nur als Zwischenstation gedachter Ort unverhofft neue Chancen bot. Umgekehrt konnte sich das geplante Ziel als ungeeignet oder wenig attraktiv erweisen, woraus eine Weiterwanderung resultierte. Zudem konnte der Erfolg im Zielgebiet die Rückkehr in die Heimat möglich oder der Misserfolg sie nötig machen. Häufig wurde die geplante Rückkehr aufgeschoben, bis die Fremde Heimat geworden war und die alte Heimat zur Fremde. Der Prozess der Migration blieb also ergebnisoffen […].

[Migration und Staat]
Jenseits dieser individuell oder gruppenspezifisch wirksamen Faktoren förderte, steuerte oder begrenzte im 19. und 20. Jahrhundert vor allem staatliche Einflussnahme entscheidend die Umsetzung und Gestaltung von Migrationsoptionen. Staaten konnten räumliche Bevölkerungsbewegungen und deren Begleit- und Folgeerscheinungen als wirtschaftliche, soziale, rechtliche, kulturelle oder innen- bzw. außenpolitische Probleme wahrnehmen. Migrationsbewegungen reagierten auf restriktive staatliche Interventionen (z. B. Ab- oder Zuzugsbeschränkungen) oder waren umgekehrt Folge von attrahierenden[1] Maßnahmen (z. B. Ansiedlungs- oder Zuwanderungspolitik zur Gewerbeförderung). […]

[Zwangswanderungen]
Staatliches Handeln bildete einen der wichtigsten Hintergründe für die Entwicklung von Zwangswanderungen als einer weiteren wesentlichen Migrationsform. Zwangsmigration war durch eine Nötigung zur Abwanderung verursacht, die keine realistische Handlungsalternative zuließ. Sie konnte Flucht vor Gewalt sein, die Leben und Freiheit direkt oder erwartbar bedrohte, zumeist aus politischen, ethno-nationalen, rassistischen oder religiös-konfessionellen Gründen. Zwangsmigration konnte aber auch gewaltsame Vertreibung, Deportation oder Umsiedlung bedeuten, die sich oft auf ganze Bevölkerungsgruppen erstreckte. Nicht selten verbanden sich solche Formen mit Zwangsarbeit. Zwangsmigration war meist Ergebnis von Krieg, Bürgerkrieg oder Maßnahmen autoritärer Regime – vor allem die Weltkriege bildeten elementare Katalysatoren in der Geschichte der Zwangswanderungen im 19. und 20. Jahrhundert.

[Niederlassungsprozesse und Integration]
Kenntnisse über Wanderungsformen und Wanderungsverhalten helfen nur bedingt bei der Rekonstruktion von Prozessen der Niederlassung und Integration, zumal Absicht und Ergebnis von Wanderungen, wie gezeigt, nicht übereinstimmen mussten. Integration ist ein alltäglicher und in der Regel unauffälliger wirtschaftlicher, gesellschaftlicher, kultureller und mentaler Anpassungsprozess, der schrittweise verläuft und Generationen übergreifen kann. Dabei verblassen vorgebliche oder tatsächliche distinktive Merkmale zwischen Zuwanderern bzw. Zuwanderergruppen und einheimischer Bevölkerung, das gilt für Selbst- bzw. Fremdzuschreibungen (z. B. ethnische Zugehörigkeit, kulturelle Prägung, nationale oder regionale Identität) ebenso wie für soziale bzw. wirtschaftliche Kriterien (z. B. Sprache, soziale bzw. berufliche Position, Qualifikation).

Die lange Dauer des Anpassungsprozesses bedingt, dass er zugleich Teil eines mehr oder minder tief greifenden Wandels von Wirtschaft und Gesellschaft, Politik und Kultur im Zielraum ist. […] Integration verändert bei größeren Bewegungen sowohl die Zuwanderergruppe als auch die Aufnahmegesellschaft, wenn auch die Anpassungsleistung der Zuwanderer jene der Einheimischen in der Regel deutlich übersteigt. In der historischen Lebenswirklichkeit war Integration weder für die Zuwanderer noch für die Mehrheitsbevölkerung *ein* Globalereignis *der* Anpassung an *eine* Gesellschaft. Integration bedeutete vielmehr das permanente Aushandeln von Chancen der ökonomischen, politischen, religiösen oder rechtlichen Teilhabe.

Jochen Oltmer, Migration im 19. und 20. Jahrhundert, Oldenbourg, München 2010, S. 1–6.

1 attrahierend: anziehend

M7 Die Historiker Dirk Hoerder, Jan Lucassen und Leo Lucassen über Formen und Klassifikationen der Migration (2007)

Der Prozess der Migration besteht aus drei Phasen: die erste Phase reicht von der Entstehung von Wanderungsbereitschaft bis zur konkreten Entscheidung zum Verlassen des Ausgangsraumes; die zweite Phase umschließt die – mitunter in Etappen mit mehr oder minder langer Verweildauer gegliederte – Reise zum gewählten Zielort; die dritte Phase ist die der ganz unterschiedlich geprägten und zeitlich dimensionierten Eingliederung in die Aufnahmegesellschaft. […]

Die Wanderungsentscheidung wird in Ausgangsgesellschaften getroffen, die beschreibbar sind nach demografischen Charakteristika, politischem System, sozialer Stratifikation[1], wirtschaftlicher Struktur und Entwicklung unter Einbeziehung von Industrialisierungs- und Urbanisierungsgrad, nach ethnisch-kultureller und/oder religiöser Zusammensetzung, dem Zugang zu gesellschaftlichen Ressourcen im Allgemeinen und zu Bildungseinrichtungen im Besonderen. Potenziell zur Wanderung bereite Menschen und Familien erlebten diese Rahmenbedingungen unter speziellen regionalen Voraussetzungen […], unter dem Einfluss regionaler Wanderungstraditionen und daraus resultierenden Informationsflüssen. Hinzu kommt ein das Wanderungsverhalten korrigierender Rückfluss von Informationen aus dem Zielgebiet. Werden die vorgegebenen gesellschaftlich-wirtschaftlichen Rahmen- und Lebensbedingungen als sehr einschränkend empfunden, können sie wanderungsbestimmend wirken […] und Gruppen, Familien oder Einzelne ihrer Mitglieder veranlassen, andernorts nach besseren oder als besser vermuteten Lebensbedingungen […] zu suchen. […]

Wanderungsentscheidungen, ob im ländlich-agrarischen, im städtisch-industriellen Milieu oder in den Dienstleistungs- und Konsumgesellschaften des 20. Jahrhunderts, werden oft innerhalb von Familienzusammenhängen getroffen. […]

Die geplante Route konnte angsteinflößend sein: unbekannte Regionen, fremder Sprachgebrauch im alltäglichen Leben, vermutete Gefahren oder, bei Überseereisen, die noch bis zur Mitte des 19. Jahrhunderts nicht unbegründete Furcht vor der Schiffsreise in die Neue Welt. Zudem bedeutete die eigentliche Zeit der Reise bei Überseeauswanderungen, aber auch bei Fernwanderungen vor dem Zeitalter des Schienenverkehrs eine Phase ohne Einkommen zum Beispiel aus kleinbäuerlicher Tätigkeit oder Lohnarbeit. Selbst billige Transportmöglichkeiten waren in Zeiten ohne Einkommen teuer, weil Ersparnisse aufgezehrt oder doch vermindert wurden, die zum Aufbau einer neuen Existenz oder doch für die ersten Wochen am Zielort gedacht waren. Informationen erwiesen sich manchmal als fehlerhaft oder unvollständig. Schließlich konnten auch nationale und lokale Zuwanderungs- oder Ansiedlungsbestimmungen die Einreise erschweren oder verhindern […].

Angesichts der erwarteten Kosten konnte der Wanderungsprozess in Etappen vor sich gehen: zuerst aus der ländlichen Gemeinde bis in eine nahegelegene Stadt, um durch Lohnarbeit die Kosten für die nächste Etappe zu decken oder um sich den andersartigen urbanen Lebensgewohnheiten anzupassen; später dann in eine weiter entfernte und größere Stadt; schließlich in ein anderes Land. […]

Schwächung wie Verstärkung von Migrationsmotivation und -potenzial wurden und werden durch dichten und präzisen Informationsfluss erreicht und durch die Sicherheit, am Zielort auf Zeit von vorausgewanderten Familienmitgliedern oder Bekannten unterstützt zu werden. […] Migration konnte und kann zudem auch durch die Hilfe von Aus- und Einwanderungsorganisationen, von Migrantenselbstorganisationen im Zielgebiet und von Ausgangsraum und Zielgebiet überbrückenden Migrationsnetzwerken im weitesten Sinne sowie von religiös-konfessionellen oder staatlichen Institutionen des Auswanderungslandes beeinflusst, zum Beispiel zur sozialen Entlastung, regulär gefördert und dadurch verstärkt werden. [...]

Auf ihrer Reise überschreiten die meisten Migranten in Geschichte und Gegenwart Grenzen unterschiedlicher Art: zwischen Kultur-, Sprach- und Dialektregionen, zwischen Land- und Stadtleben, zwischen bäuerlichem Hof- und städtischem Fabrikleben, zwischen Dorfgemeinschaften, städtischen Kommunen, Provinzen und Staaten. Bis in die zweite Hälfte des 19. Jahrhunderts hinein waren die staatlichen Grenzen in diesem Zusammenhang eher unbedeutend. Ausweise oder Pässe, die während der Französischen Revolution erfunden worden waren, dienten hauptsächlich dazu, die Identität von Migranten in Zeiten politischer Unruhen zu überprüfen. Sie fungierten noch nicht als Mittel zur administrativen Ab- oder Zuwandererkontrolle. [...]

Bei Untersuchungen zur Migration sollte zuerst zwischen dem Prozess und den Analysekategorien unterschieden werden. Der Prozess kann zum Beispiel als Arbeitsmigration, koloniale Siedlungswanderung, Heiratsmigration, Transhumanz oder Nomadentum (Migration als Sozialstruktur) klassifiziert werden. Die analytischen Ansätze sind mannigfaltig. Sie umfassen unterschiedliche Forschungsfragen (zum Beispiel in den Wirtschafts-, Rechts- oder Sprachwissenschaften), thematische Schwerpunkte (zum Beispiel Familie, Generationen, Religion) und Prozesse in der Empfängergesellschaft (zum Beispiel Diskriminierung, Diasporabildung, Integration, staatliche Kontrolle). [...] Die folgende Tabelle erfasst vergleichend die häufigsten Migrationsformen.

Tabelle: Typologie der Migrationen

Motiv	Erzwungen (zum Beispiel umweltbedingte Zwänge durch menschliche oder natürliche Umweltzerstörung)	Flucht/Vertreibung (überwiegend weltanschaulich orientiert und kriegsbedingt)	Wirtschaftlich (auch als „Verbesserungsmigration" bezeichnet)	Kulturell (zum Beispiel Bildungsreisen, Umsiedlung im Rentenalter)
Distanz	Kürzere Entfernung (lokal)	Mittlere Entfernung (meist regional)	Größere Entfernung (meist international, einschließlich kolonialer oder transozeanischer Migration)	
Richtung	Hinwanderung	Zirkulär	Multipel: in mehreren Richtungen oder wiederholt an den gleichen Ort	Rückwanderung
Dauer des Aufenthalts	Saisonal	Mehrjährig	Arbeitsleben	Auf Lebenszeit
Sozioökonomischer Raum	Ländlich-ländlich (zum Beispiel der Ausbau der Landwirtschaft nach 1500, insbesondere in Osteuropa)	Ländlich-städtisch (Urbanisierung, die am besten bekannte Migrationsform in der europäischen Geschichte)	Städtisch-städtisch	Kolonial (Siedler, Händler, Soldaten, Seeleute)
Wirtschaftlicher Sektor	Agrarisch (Siedler oder Bauern)	Gewerblich-industriell (Arbeit, einschließlich Wanderungen von Gesellen)	Dienstleistungssektor (Dienstleistende, Pflegepersonal, Reinigungspersonal, Soldaten, Seeleute, Händler und Verwaltungsangestellte)	Elite (Beamte, freie Berufe und Geschäftsleute)

Da Motive für Migration in gewissem Maße immer von Zwängen abhängen, ist eine Unterscheidung zwischen freiwilliger und unfreiwilliger Migration oft schwierig. Dennoch ist zu differenzieren zwischen Situationen, in denen Migranten unter dem Druck zum Beispiel beschränkter wirtschaftlicher Möglichkeiten aus freiem Willen eine Region verlassen oder wegen tatsächlicher, drohender oder auch nur gefürchteter Verarmung zur Abwanderung gezwungen werden. Bei unfreiwilligen Migrationen muss unterschieden werden zwischen Flüchtlingen, die Fluchtwege und Zielorte bestimmen können, und Vertriebenen ohne jede Entscheidungsmöglichkeit. [...]

Migration kann Individuen betreffen, deren Wanderungsentscheidung innerhalb von Familienökonomien getroffen wurde; sie kann ganze Familien oder Familienteile betreffen sowie durch gemeinsame Religion, politische Überzeugung oder ethno-kulturelle Muster definierte Gruppen (zum Beispiel Mennoniten). [...] Darüber hinaus gab es auch zahlreiche andere soziale Faktoren und Organisationen, die die Wanderungsentscheidungen maßgeblich beeinflussten, zum Beispiel beruflich-soziale Organisationen wie die Zünfte mit ihrem Wanderzwang. [...]

Entfernung erscheint als plausibles, weil messbares Kriterium der Kategorisierung an Migration: Wandel der Transportmöglichkeiten ändert jedoch die Relation zwischen räumlicher Distanz, Reisezeit, Reisekosten und die bestimmende Kraft dieser Faktoren für Wanderungsentscheidungen. [...]

Nicht minder wichtig ist die Unterscheidung zwischen Wanderungsabsicht und Wanderungsergebnis. Manche Migranten starben, ohne oder bevor ihre Migration das Ergebnis erreicht hatte. [...] Aber auch die Rückkehrabsichten vieler Flüchtlinge ließen sich nicht verwirklichen. [...]

Die Migrationsforschung hat lange die dauerhaften Auswanderungen überbewertet und temporäre Migration vernachlässigt. Hinzu kam, dass sich Wanderungsabsichten im Migrationsprozess ändern konnten: Ursprünglich nur als Saison- oder als Zeitwanderungen geplante Mobilität konnte im Zielgebiet oder auch andernorts zu dauerhafter Integration führen. Umgekehrt konnten geplante definitive Auswanderungen mit dem Ziel der dauerhaften Niederlassung scheitern und in Rückwanderung enden. [...]

Wichtig ist auch die Unterscheidung zwischen ländlichen und städtischen Migrationsmilieus. [...]

Wie die obige Tabelle zeigt, müssen Unterscheidungen zwischen den Arbeitsmarktsegmenten, in denen Migranten arbeiten bzw. arbeiten wollen, ebenfalls unter Berücksichtigung der wirtschaftlichen Entwicklung Europas analysiert werden.

Dirk Hoerder, Jan Lucassen u. Leo Lucassen, Terminologien und Konzepte in der Migrationsforschung, in: Klaus J. Bade u. a. (Hg.), Enzyklopädie Migration in Europa. Vom 17. Jahrhundert bis zur Gegenwart, Schöningh, Wilhelm Fink Verlag, Paderborn, München 2007, S. 32–39.

1 Stratifikation: soziale Schichtung

1 Arbeitsteilige Gruppenarbeit: Eine Arbeitsgruppe befasst sich mit M 6, die andere mit M 7.

a) Untersuchen Sie die jeweilige Migrationstheorie bzw. -typologie unter folgenden Gesichtspunkten: Ursachen und Bedingungen bzw. Motive der Migration; Formen der Migration, Verlauf der Migration, Folgen der Migration.

b) Präsentieren Sie Ihre Ergebnisse.

2 Vergleichen Sie M 6 und M 7 miteinander.

3 Wählen Sie ein Beispiel für Migration und prüfen Sie, ob sich dieses Beispiel mithilfe eines der beiden Konzepte einordnen lässt.

4 Abschlussdiskussion: Nach Klaus J. Bade hat sich die Historische Migrationsforschung mit vier Dimensionen auseinanderzusetzen:

1. den Hintergründen und Formen der Abwanderung als schrittweiser Ausgliederung aus den Ausgangsräumen;
2. den Mustern räumlicher Bewegung zwischen Herkunfts- und Zielgebieten;
3. den Formen und Folgen der Zuwanderung im Zielgebiet, die in einen Generationen übergreifenden Prozess der Integration münden kann;
4. den Wechselbeziehungen zwischen Ausgangs- und Zielräumen und den Rückwirkungen auf die Ausgangsräume.

Beurteilen Sie, ob die vorgestellten Migrationstheorien bzw. -typologien diese vier Dimensionen angemessen berücksichtigen.

3 Die Frage nach der deutschen Identität

„Deutschland? Aber wo liegt es?“ fragten Johann Wolfgang Goethe und Friedrich Schiller im Jahre 1796. „Ich weiß das Land nicht zu finden, wo das gelehrte beginnt, hört das politische auf.“ Ungläubig und resignierend fügten sie hinzu: „Zur Nation euch zu bilden, ihr hofft es, Deutsche, vergebens. Bildet, ihr könnt es, dafür freier zu Menschen euch aus.“ Diese Zeilen aus den „Xenien“ verdeutlichen die Unbestimmtheit der deutschen Nation an der **Wende vom 18. zum 19. Jahrhundert**. Tatsächlich war **„Deutschland“** damals noch kein politischer, sondern allenfalls **ein unbestimmter geografischer Begriff**, der eine gewisse kulturelle und sprachliche Einheit zum Ausdruck brachte. Bis zu seiner Auflösung im Jahre 1806 bestand das Heilige Römische Reich Deutscher Nation aus einer Vielzahl von Staaten, Territorien und kleinen bis kleinsten Herrschaften, denen die Loyalität ihrer Einwohner galt. Was man unter „Deutschland“ verstehen könne bzw. in welchem Verhältnis es zur „Deutschen Nation“ stehe, dieses Problem beschäftigte besonders die Gebildeten im 19. Jahrhundert.

Die Situation heute, im beginnenden **21. Jahrhundert**, unterscheidet sich grundlegend von der vor über 200 Jahren. Seit der Wiedervereinigung Deutschlands am 3. Oktober 1990 leben die Deutschen zum zweiten Mal in einem **Nationalstaat**. Im Unterschied zum ersten deutschen Nationalstaat, dem 1870/71 gegründeten Deutschen Reich, ist die Bundesrepublik Deutschland kein autoritärer Obrigkeits- und Machtstaat, sondern ein demokratisch-parlamentarischer Staat und fest integriert in die westliche Staatengemeinschaft. In einer Demokratie gehen Fragen nach der Identität der Nation alle an.

Über weite Strecken ihrer neueren Geschichte taten sich die Deutschen jedoch schwer damit, ihre nationale Identität zu begreifen und zu beschreiben. Wer sich mit der wechselvollen Geschichte der deutschen Nationalgeschichte im 19. und 20. Jahrhundert beschäftigt, muss das komplexe Verhältnis von Nation, Nationalstaat und Nationalismus analysieren. Dabei ist nicht nur das Nationsverständnis der Zeitgenossen, sondern auch das der Geschichts-, Sozial- und Geisteswissenschaftler in den Blick zu nehmen. Über diese historisch-politischen Schlüsselbegriffe gibt es bis in die Gegenwart hinein kontroverse Auffassungen. Deutlich zeigt dies **Kapitel 3.1**, das die wichtigsten **Definitionen des Begriffs „Nation“** dokumentiert. Wie in anderen Ländern haben auch in Deutschland politische Mythen die Debatte um Herkunft und Zukunft der Nation mitgeprägt. Mit der **politischen Bedeutung und den Funktionen von Mythen** befasst sich daher das **Kapitel 3.2**. **Kapitel 3.3** beschäftigt sich mit der Frage, wie Intellektuelle, Schriftsteller, Publizisten und Wissenschaftler das **deutsche Selbstverständnis** in Vergangenheit und Gegenwart bestimmt haben.

M 1 Karikatur von Gerhard Mester, 1999

3.1 Der Begriff „Nation"

Nationale Identität heute: das Beispiel des Sports

Wenn Olympia-Sieger geehrt werden, erklingt die Nationalhymne des Landes, dessen Staatsangehörigkeit der Goldmedaillen-Gewinner besitzt. Für die drei Medaillen-Gewinner werden bei der Siegerehrung die Nationalflaggen ihrer Herkunftsländer aufgezogen. Vor jedem Fußballländerspiel stellen sich die beiden Nationalmannschaften auf, während die Nationalhymnen ihrer Staaten gespielt oder gesungen werden. Erst dann wird das Fußballspiel angepfiffen. Diese Beispiele verdeutlichen, dass **nationales Denken und Fühlen die Gegenwart nach wie vor stark prägen**. Sportler kämpfen bei internationalen Wettbewerben nicht nur für sich selbst oder ihre Mannschaften, sie vertreten auch ihre Nationen. Sportliche Erfolge erhöhen das Prestige einer Nation.

M2 „Deutschland. Ein Sommermärchen", Film von Sönke Wortmann über die Fußball-Nationalmannschaft bei der Weltmeisterschaft 2006.
Während der Fußball-Weltmeisterschaft 2006 in Deutschland zeigten Tausende deutsche Fußballfans ihre Begeisterung für die deutsche Nationalmannschaft in Form von schwarz-rot-goldenen Fahnen, Autowimpeln und Bemalungen. Dieser neue Nationalstolz wurde von vielen als friedlich und ungezwungen gelobt, einige sahen darin jedoch auch die erneute Gefahr eines übersteigerten Nationalismus und Rassismus.

1 **Umfrage:** Führen Sie eine Blitzlichtumfrage in Ihrem Kurs durch: Wie bewerten Sie den „neuen Nationalismus"?
2 Wiederholen Sie diese Umfrage nach Abschluss dieser Themeneinheit. Diskutieren Sie, ob und ggf. warum es zu Veränderungen in Ihrem Abstimmungsverhalten gekommen ist.
3 **Filmanalyse/Referat:** Der Kritiker Reinhold Mohr schrieb im „Spiegel" über den Film: „Zugleich aber ist Wortmanns Film eine Innenaufnahme deutscher Seelenzustände im Sommer 2006, das Protokoll einer Veränderung, die Skizze einer neuen Generation, das bewegte und bewegende Album eines anderen Lebensgefühls in Deutschland. Und damit auch eine Antwort auf die Frage, warum die Deutschen plötzlich so sympathisch wirkten […]." Analysieren Sie den Film – ausgehend von diesem Zitat – im Hinblick auf seine Darstellung des deutschen Nationalgefühls. Stellen Sie Ihre Ergebnisse am Beispiel ausgewählter Filmsequenzen vor.

Geschichte des Begriffes „Nation"

Der Begriff „Nation" stammt von dem lateinischen Wort *„natio"* ab, das sich übersetzen lässt mit „Abstammung" oder „Geburtsort". Bedeutung und Sinn von Nation haben sich im Verlauf der Geschichte jedoch stark verändert. Die Wandelbarkeit der Idee der Nation – und des auf sie bezogenen Handelns, des Nationalismus – lässt sich an der deutschen Geschichte verdeutlichen. Im **Mittelalter** bezeichnete *„natio"* eine Rechtsgemeinschaft, der jemand aufgrund seiner Geburt angehörte. Die mittelalterlichen und die frühneuzeitlichen Universitäten gliederten sich dementsprechend in *nationes*. Das waren Zusammenschlüsse von Lehrern und Studenten aus bestimmten Regionen oder Landschaften. In der **Frühen Neuzeit** dachten die Menschen außerdem an einzelne Stammesgruppen (Baiern, Sachsen) und die sie beherrschende Adelsschicht, wenn von Nationen die Rede war. Darunter verstanden die Zeitgenossen politische Einheiten, die einen gemeinsamen Mittelpunkt, einen König oder ein Reich, besaßen. Das Wort „Nation" erscheint um 1500 auch im offiziellen Titel „Heiliges Römisches Reich Deutscher Nation". Dieses Reich war ein Zusammenschluss selbstständiger und bündnisfähiger Reichsfürsten aus verschiedenen Territorien oder Völkern, die sich gemeinsame Institutionen (Kaiser, Reichstag, Reichsgericht) schufen. Neben diesen politischen Bedeutungen von Nation gab es bereits ein **kulturell gefärbtes Nationenverständnis**, das auf **gemeinsamer Sprache und Geschichte** beruhte.

Einen wichtigen Beitrag zur Entwicklung und Verbreitung nationaler Identität leisteten in der Frühen Neuzeit die Humanisten, die sich auch für die deutsche Geschichte und deren literarisches Erbe interessierten. Der Rhetorikprofessor Conrad Celtis (1459–1509) gab die älteste Druckfassung der „Germania" heraus, in der der Römer Tacitus (um 55–nach 116 n. Chr.) die einfache, ehrliche und kraftvolle Lebensart der Germanen pries. Der Elsässer Jakob Wimpfeling (1450–1528) verfasste 1501 auf dieser Grundlage die erste deutsche Geschichte, die er ebenfalls „Germania" nannte. Wimpfeling bemühte sich darin, die Anfänge der deutschen Geschichte als ebenso alt und ehrwürdig wie die italienische darzustellen. Und bei dem Reichsritter Ulrich von Hutten (1488–1523) weitete sich der entdeckte Nationalstolz zu einer leidenschaftlichen Kampfansage gegen die römische Kurie, ihre angebliche Herrschsucht und Geldgier aus. Die von ihm beeinflussten Humanisten verstanden die wenig später beginnende Auseinandersetzung zwischen dem Reformator Martin Luther (1483–1546) und dem Papst auch als patriotischen Kampf gegen Rom.

Dieses **vormoderne Nationalbewusstsein** prägte vom hohen Mittelalter bis ins 18. Jahrhundert aber lediglich das Denken und Handeln einer schmalen Elite, des sozial und politisch herrschenden Adels. Die große Masse der Bevölkerung war dagegen fest eingebunden in die „natürlichen Ordnungen" des Lebens, in Familie und Verwandtschaft, Dorf und Pfarrei, Kirche und Religion sowie in das von einem Fürsten regierte Territorium. Diese Bindungen bestimmten die unterschiedlichsten Loyalitätsgefühle der Menschen: regionales Zusammengehörigkeitsbewusstsein, Stammesstolz, Heimatgefühl oder Royalismus, d. h. die Treue zu einem bestimmten Königs- oder Herrscherhaus.

Der **moderne Nationalismus** entstand im **ausgehenden 18. und beginnenden 19. Jahrhundert**, als die Amerikanische und die Französische Revolution die Grundlagen der feudalständischen Ordnung erschütterten und der bürgerlichen Gesellschaft zum Durchbruch verhalfen. Für diesen Nationalismus galt die Nation oder der Nationalstaat als oberster Wert, als allgemein verbindliche Sinn- und Rechtfertigungsinstanz politischen Handelns. Der Einzelne sollte sich zuallererst als Mitglied einer nationalen Lebensgemeinschaft verstehen. Allerdings konnte die eigene Nationalität durchaus unterschiedlich bestimmt werden, sei es durch die Gleichheit der Sprache oder Kultur, sei es durch Abstammung oder die Zugehörigkeit zu einem Volk.

Der moderne Nationalismus vermittelte ein Stück Lebenssinn in Gegenwart und Zukunft und war dadurch in der Lage, ein Volk oder eine große Bevölkerungsgruppe zu mobilisieren. Nationale Gefühle konnten und können die Integration und Solidarität in einer Gesellschaft dadurch stärken, dass sie einer Gemeinschaft ihre Zusammengehörigkeit bewusst machen und diesem Gefühl einen besonderen Stellenwert zuschreiben. Mit dem Argument, die Interessen der Nation oder des Nationalstaates besäßen Vorrang vor allen anderen Normen und Werten, ließen sich die Mitglieder einer Gesellschaft auf ein gemeinsames Ziel einschwören. Diese Hochschätzung des Nationalen konnte aber derart übersteigert werden, dass der Nationalismus zum Religionsersatz wurde. Die Nation erhielt dann gewissermaßen religiöse Weihen, sie erschien als etwas Heiliges. Ein solcher Nationalismus konnte leicht in ein rauschhaftes Gemeinschafts- und Solidaritätserlebnis münden, das den Zusammenhalt und die Selbstbehauptung der Nation von Opfern bis hin zum Tod abhängig machte und macht. Auch hat die geschichtliche Erfahrung gezeigt, dass ein derart extremer Nationalismus häufig mit nationalem Sendungsbewusstsein nach außen verbunden war und in Aggression und Krieg umschlagen konnte.

Zusammenfassend lässt sich der moderne Nationalismus durch drei Merkmale definieren: Erstens erklärte er die **Nation zum höchsten gesellschaftlichen Wert**. Zweitens wurde die **Selbstbestimmung der Nation** im Nationalstaat angestrebt. Und drittens legitimierte er seine besondere Wertschätzung der Nation **säkular**, d. h. weltlich; religiöse Begründungen spielten in den meisten Ländern nur noch eine untergeordnete Rolle.

„Nation" in der modernen Forschung

In den Geschichts- und Sozialwissenschaften gibt es keine allgemein akzeptierte Definition des Begriffes „Nation". Die zahlreichen Definitionen, die miteinander konkurrieren, lassen sich in vier unterschiedliche Hauptgruppen zusammenfassen:

1. **Subjektivistische Definitionen** betonen, dass Nationen allein auf dem subjektiven Zugehörigkeitsgefühl ihrer Mitglieder beruhen. Grundlage einer Nation ist danach einzig die

M3 Das „Heilige Römische Reich mit seinen Gliedern", Holzschnitt von Hans Burgkmair d. Ä., 1511, spätere Kolorierung.
Auf den Flügelspannen sind die Wappen der sieben Kurfürsten und des Podestà (Bürgermeisters) von Rom, auf den Flügelfedern die Wappen der Herzöge und Markgrafen angeordnet.

innere und freiwillig geäußerte Überzeugung ihrer Mitglieder, Teil einer nationalen Gemeinschaft zu sein. Dieses Verständnis, das sich seit der Französischen Revolution herausbildete, hat besonders der französische Religionswissenschaftler Ernest Renan (1823–1892) geprägt. An seine Thesen knüpft der deutsche Historiker Hagen Schulze an. Treffsicher hat er die wesentlichen Elemente der subjektivistischen Definition zusammengefasst (M 4).

2. **Objektivistische Definitionen** betrachten die Nation als natürliche Größen des menschlichen Zusammenlebens, die es schon immer gegeben habe. Diese Auffassung beruht auf der Überzeugung, dass sich die verschiedenen Nationen durch „objektive", von dem Willen der einzelnen Individuen unabhängige Kriterien voneinander abgrenzen ließen. Als wichtigste Zugehörigkeitskriterien gelten gemeinsame Sprache, Kultur, Tradition, Geschichte, gemeinsames Territorium, die Landesnatur sowie vermeintlich angeborene geistige oder seelische Eigenschaften, die als „Volksgeist" oder „Volkscharakter" bezeichnet werden. Eine extreme Form dieser objektivistischen Definitionen erklärt gemeinsame Abstammung und Blutsverwandtschaft, kurz: die Rasse, zum Wesensmerkmal einer Nation.

Objektivistische Definitionen haben lange Zeit die Geschichtswissenschaft geprägt. Die Kernthesen dieser herkömmlichen Nationalismusforschung hat der deutsche Historiker Hans-Ulrich Wehler knapp und prägnant herausgearbeitet (M 6). Eine Definition, die das objektivistische und das subjektivistische Nationsverständnis miteinander verknüpft, erarbeitete der deutsche Geschichtswissenschaftler Friedrich Meinecke. Seine Ende 1907 veröffentlichte Unterscheidung zwischen **Staats- und Kulturnationen** (M 7) hat die Forschung nachhaltig beeinflusst. Bei der Definition der Kulturnation wählt Meinecke mit der Kultur ein „objektives" Kriterium, während die Staatsnation als gemeinsames politisches Projekt eines Landes begriffen und damit durch ein „subjektives" Kriterium bestimmt wird.

3. Die objektivistische Sicht der Nation lehnen die Anhänger eines **dekonstruktivistischen Forschungsansatzes** strikt ab. Dekonstruktivistisch sind diese Definitionen, weil sie bewusst und planmäßig die Auffassung zerstört – dekonstruiert – haben, Nationen stellten feste und dauerhafte Bestandteile der Menschheitsgeschichte dar. Gefühle nationaler Zusammengehörigkeit seien vielmehr in den unterschiedlichsten Gesellschaften unter bestimmten historischen Bedingungen entstanden und sie konnten ganz unterschiedliche Erscheinungsformen annehmen. Nationen und Nationalismus waren nach dieser Deutung das Ergebnis komplizierter geschichtlicher Prozesse, in denen sich Gruppen der Gesellschaft zusammenfanden und sich das Bewusstsein einer nationalen Gemeinschaft herausbildete. Welche gemeinsamen Eigenschaften diese Großgruppe auswählte, um sich als Einheit zu begreifen, hing von den sie prägenden kulturellen Vorstellungen ab. Die Anhänger dieser Interpretation betrachten **Nationen** daher als **„vorgestellte Gemeinschaften"** bzw. als **„gedachte Ordnungen"**. Der britisch-amerikanische Politikwissenschaftler Benedict Anderson, einer der profiliertesten Vertreter dieser in den 1980er-Jahren entstandenen Forschungsrichtung, gab seinem Buch folgerichtig den Titel **„Die Erfindung der Nation"** (M 9). Der deutsche Soziologe M. Rainer Lepsius hat die dekonstruktivistische Nationsforschung ebenfalls vorangetrieben (M 10).

4. Eine **Mittlerposition zwischen objektivistischen und dekonstruktivistischen Definitionen** nimmt der deutsche Historiker Hans-Ulrich Wehler ein. Er betrachtet die Nation zwar als eine „gedachte Ordnung". Aber die gemeinsame Herkunft der Nation ist aus seiner Sicht keine reine nachträgliche ideologische Konstruktion, sondern entwickelt sich aus den Überlieferungen eines ethnischen Herrschaftsverbandes (M 12).

1 Erläutern Sie am Beispiel des Sports die Bedeutung nationalen Denkens und Fühlens in der Gegenwart. Suchen Sie weitere Beispiele für nationale Einstellungen in Politik, Wirtschaft, Gesellschaft und Kultur in der heutigen Welt.

2 Beschreiben Sie die Begriffsgeschichte des Wortes „Nation" von der Antike bis zum 19. Jahrhundert.

3 Fassen Sie die unterschiedlichen Definitionen des Begriffes „Nation" zusammen.

M4 Der deutsche Historiker Hagen Schulze über den Begriff der „Nation" (1994)

Der französische Religionswissenschaftler Ernest Renan (1823–1892) ist nach dem deutsch-französischen Krieg von 1870/71, bewegt von der nationalen Zerrissenheit des Elsass zwischen Deutschland und Frankreich, der Frage nachgegangen, was denn eine Nation sei. In seinem Vortrag *„Qu'est-ce qu'une nation?"*, den er am 11. März 1882 in der Sorbonne hielt, griff er sachlich-methodisch eine gängige Antwort nach der anderen auf, um sie zu widerlegen: Die Nation ist nicht gleichbedeutend mit der Rasse, denn offensichtlich weisen alle modernen Nationen ein ethnisches Gemisch auf: Frankreich ist keltisch, iberisch, germanisch, Deutschland germanisch, keltisch und slawisch, Italien ethnisch überhaupt unentwirrbar. Eine Politik, die die Einheit einer Nation mit rassischen Argumenten betreibt, gründet also auf einer Chimäre[1]; sie würde die europäische Zivilisation zugrunde richten. Eine Nation ist auch nicht identisch mit der Sprache – wie wäre sonst die Trennung der Vereinigten Staaten von Amerika von Großbritannien, Spaniens von Südamerika zu erklären, wie andererseits der Zusammenhalt der Schweiz? Auch die Religion taugt nicht als Grundlage einer modernen Nation, wie die unterschiedlichen Grenzen der Staaten und der Konfessionen erweisen. Eine Gemeinschaft von Interessen? „Ein Zollverein ist kein Vaterland." Und die Geografie? Es gibt keine willkürlichere, gefährlichere Theorie, als die Nation zwischen „natürlichen Grenzen" errichten zu wollen; die Vergangenheit zeigt, dass die Lebensräume der Nationen immer fluktuiert haben.

Eine Nation, schließt Renan daraus, kann mit materiellen Umständen nicht hinreichend beschrieben und begründet werden. Seine Schlussfolgerung: „Eine Nation ist eine Seele, ein geistiges Prinzip. Zwei Dinge, die in Wahrheit nur eins sind, machen diese Seele, dieses geistige Prinzip aus. Eins davon gehört der Vergangenheit an, das andere der Gegenwart. Das eine ist der gemeinsame Besitz eines reichen Erbes an Erinnerungen, das andere ist das gegenwärtige Einvernehmen, der Wunsch, zusammenzuleben [...]. Eine Nation ist also eine große Solidargemeinschaft, getragen von dem Gefühl der Opfer, die man gebracht hat, und der Opfer, die man noch zu bringen gewillt ist. Sie setzt eine Vergangenheit voraus, aber trotzdem fasst sie sich in der Gegenwart in einem greifbaren Faktum zusammen: der Übereinkunft, dem deutlich ausgesprochenen Wunsch, das gemeinsame Leben fortzusetzen."

Ernest Renans Definition hat bis heute ihre Gültigkeit behalten: Nationen sind geistige Wesen, Gemeinschaften, die existieren, solange sie in den Köpfen und Herzen der Menschen sind, und die erlöschen, wenn sie nicht mehr gedacht und gewollt werden; Nationen beruhen auf Nationalbewusstsein. Nationen erkennen sich in einer gemeinsa-

M5 Germania, Malerei auf Baumwollgewebe von Philipp Veit, 1848.
Das Bild hing über der Rednertribüne des Frankfurter Paulskirchenparlamentes.

1 Beschreiben Sie das Bild und erläutern Sie die Eigenschaften, die der deutschen Nation in dieser Personifikation der Germania zugeschrieben werden.

men Geschichte, in gemeinsamem Ruhm und gemeinsamen Opfern wieder – man muss hinzufügen, dass diese gemeinsame Geschichte in aller Regel von begrenzter Realität ist, in aller Regel mehr erträumt und konstruiert als wirklich.

Hagen Schulze, Staat und Nation in der europäischen Geschichte, C.H. Beck, München 1994, S. 109–111.

1 Chimäre: Geschöpf der griechischen Mythologie; hier gemeint: Trugbild, Hirngespinst

M6 Der deutsche Historiker Hans-Ulrich Wehler über das Nationsverständnis der älteren Nationalismusforschung (2001)

Diese ältere Nationalismusforschung teilte bis dahin, wie aus der Vogelperspektive deutlich wird, einige gemeinsame, weithin für verbindlich gehaltene Prämissen.

1. Die Nation galt ihr als eine quasinatürliche Einheit in der europäischen Geschichte. Sie hatte dieses Entwicklungspotenzial seit der Völkerwanderung, spätestens seit dem Mittelalter aufgebaut, sodass die ersten Nationen […] nach einem organischen Wachstumsprozess zur Blüte kamen und sich voll entfalten konnten. Häufig gab es auch ein „Dornröschenkuss"-Argument, demzufolge schlummernde Nationen „geweckt" wurden oder irgendwie zu neuem Leben „erwachten". Die Genese dieser Nationen wurde meist als ein divinatorischer[1] Schöpfungsakt vorausgesetzt, aber nie präzise untersucht.

2. Die Nation besitze, lautete eine weitere grundlegende Annahme, das Recht auf ihren eigenen Staat. Neue Nationen dürften ihn sich erkämpfen, alte Nationen, die zeitweilig ohne Staat existierten, müssten ihn wiedergewinnen. So haben namentlich auch deutsche Historiker im Hinblick auf den deutschen Nationalstaat sowohl vor als auch nach 1871 argumentiert.

3. Die Nation bringe allmählich, zumal wenn sie ihre staatliche Hülle besitze, die Ideen- und Wertsysteme hervor, welche die Existenz der Nation rechtfertigten, ihre Vergangenheit deuteten, ihre Zukunft entwürfen. Diese Ideen wurden als Nationalbewusstsein, Patriotismus, Nationalgefühl bezeichnet. Der Begriff „Nationalismus" galt überwiegend als ein pejorativer[2] Ausdruck, der einen exzessiv übersteigerten, bedauerlich eigensüchtigen Patriotismus meinte.

4. Im Grunde herrschte eine Denkfigur Marx'scher Provenienz[3] vor: Die vorgegebene politische und sprachliche „Basis" der Nation generiert einen ideellen „Überbau" in Gestalt des Nationalismus.

Hans-Ulrich Wehler, Nationalismus. Geschichte – Formen – Folgen, C.H.Beck, München 2001, S. 7 f.

1 divinatorisch: vorahnend, seherisch
2 pejorativ: abwertend
3 Provenienz: Herkunft

M7 Der deutsche Historiker Friedrich Meinecke über die Unterscheidung zwischen Kultur- und Staatsnationen (1907)

Was sondert innerhalb des universalen Rahmens der Menschheitsgeschichte einzelne Nationen voneinander ab? Die Antwort kann nur sein, dass es keine Formel gibt, welche allgemeingültig die Merkmale dafür angibt. Nationen, so sieht man wohl auf den ersten Blick, sind große, mächtige Lebensgemeinschaften, die geschichtlich in langer Entwicklung entstanden und in unausgesetzter Bewegung und Veränderung begriffen sind, aber deswegen hat das Wesen der Nation auch etwas Fließendes. Gemeinsamer Wohnsitz, gemeinsame Abstammung – oder, genauer gesagt, da es keine im anthropologischen Sinne rassenreinen Nationen gibt –, gemeinsame oder ähnliche Blutmischung, gemeinsame Sprache, gemeinsames geistiges Leben, gemeinsamer Staatsverband oder Föderation mehrerer gleichartiger Staaten – alles das können wichtige und wesentliche Merkmale einer Nation sein, aber damit ist nicht gesagt, dass jede Nation sie alle zusammen besitzen müsste, um eine Nation zu sein. Unbedingt vorhanden sein muss in ihr wohl ein naturhafter Kern, der durch Blutsverwandtschaft entstanden ist. Auf diesen gestützt, kann das erwachsen, was den Stammesverband zur Nation erhebt und ihn befähigt, auch fremde Stämme und Elemente sich zu assimilieren: eine eigenartige und inhaltsreiche geistige Gemeinschaft und ein mehr oder minder helles Bewusstsein von ihr. Wie aber diese höhere Gemeinschaft entsteht und welcher Art ihre Inhalte sind, darüber belehrt uns kein allgemeines Erfahrungsgesetz, sondern nur die Untersuchung des konkreten Einzelfalls. [...]

Wir fassen die Nationen hier nicht in ihren ersten Ursprüngen, die in der Regel [...] auf ein Zusammenwachsen aus kleineren Stämmen und Verbänden zurückgehen, sondern in ihrem entwickelteren Stadium ins Auge. [...] Man wird, trotz aller gleich zu machenden Vorbehalte, die Nationen einteilen können in Kulturnationen und Staatsnationen, in solche, die vorzugsweise auf einem irgendwelchen gemeinsam erlebten Kulturbesitz beruhen, und solche, die auf der vereinigenden Kraft einer gemeinsamen politischen Geschichte und Verfassung beruhen. Gemeinsprache, gemeinsame Literatur und gemeinsame Religion sind die wichtigsten und wirksamsten Kulturgüter, die eine Kulturnation schaffen und zusammenhalten. [...]

M8 Friedrich Meinecke, Fotografie, 1952

[U]nd die aktivste Form des modernen Nationalgedankens wurde der moderne Nationalstaatsgedanke. Die älteren Nationalstaaten Frankreich und England verjüngten sich und räumten, der eine rasch und leidenschaftlich, der andere langsam und bedächtig, die Zwischengewalten weg, die der innigeren Vereinigung von Nation und Staat bisher im Wege gestanden hatten. Ganz neue Nationalstaaten erwuchsen aus Nationen, die Jahrhunderte hindurch nur als Kulturnationen geblüht hatten. [...]

Und weil aber das Wesen des modernen Nationalstaates höchstmögliche Aktivität der ihn bildenden Nation ist, so ist es auch mit seiner äußeren Herstellung und Erhaltung noch lange nicht getan. Es ist damit nur der äußere Wall der Macht gleichsam geschaffen, von dem aus nun die Nation als Staatsnation selbstbewusst und gerüstet in die Welt sieht, und innerhalb dessen sie jetzt ihr inneres geistiges und gesellschaftliches Leben zugleich zu steigern und zu harmonisieren strebt. Damit kommt nun auch in die Nation als Kulturnation ein neuer Zug, eine größere Aktivität, eine bewusstere Arbeit an sich selbst. Sie stachelt auch solche Nationen an, die noch auf der Stufe der Kulturnation zurückgehalten wurden, und rührt zumal diejenigen Teile von Nationen auf, die von ihrer politisch geeinigten Hauptmasse abgetrennt sind und mit ihr nur in Kulturgemeinschaft stehen können. Das Ideal ist allenthalben: Ungebrochene nationale Lebensgemeinschaft in allen wesentlichen Zielen des Daseins. [...] Im älteren Nationalstaate war es in der Regel nicht zweifelhaft, wer den Kopf und wer die ihm folgenden Glieder vorstellte. Im jüngeren Nationalstaate dagegen, wo die verschiedensten Individualitäten und sozialen Gruppen die Idee der Nation ergreifen und sich in sie hineinprojizieren, ist des Zweifels und des Kampfes darüber kein Ende. Wer nur auf diesen Kampf sieht, kann wohl meinen, dass man dem Ziele der vollen Lebensgemeinschaft nicht näher, sondern ferner rücke, und dass die Nationen in ihrer früheren vegetativen Periode[1] viel einheitlicher, viel ungebrochener in sich gelebt hätten. Aber es ist ja auch nicht die Einheitlichkeit an sich, die dem modernen Empfinden als höchster Wert erscheint, sondern die mit Leben und Kraft gesättigte Einheitlichkeit; nicht der harmonische Akkord an sich, sondern der möglichst reiche harmonische Akkord. [...]

Unfertig und unvollkommen war, wie wir sahen, schon der ältere Nationalstaat seinem inneren Wesen nach. Auch der neuere ist es, aber aus wesentlich anderen Ursachen als der ältere. Diesem fehlte es an spontaner Bewegung aus den tieferen Kreisen der Nation her, jener hat davon eher zu viel und müht sich ab, die auseinanderstrebenden und auf ihn eindrängenden Parteiungen zusammenzuhalten. Aber weil dieses Zuviel an Bewegung aus der reicheren Differenzierung der Individuen quillt, so kann auch die Aufgabe des modernen Nationalstaates nicht sein, die Gegensätze zu vernichten, die nationale Kultur zu nivellieren, sondern nur eine Gemeinsamkeit in gewissen Grundanschauungen und eine gegenseitige Duldung und Anerkennung dessen, was verschieden und mannigfaltig bleiben darf, zu erreichen, – einen Gottesfrieden gleichsam für gewisse Tage des nationalen Lebensjahres. Wird diese Aufgabe auch nur einigermaßen gelöst, so darf der moderne Nationalstaat sich rühmen, ein schwereres und doch wohl auch höheres Werk vollbracht zu haben als der alte Nationalstaat.

Friedrich Meinecke, Weltbürgertum und Nationalstaat, hg. und eingeleitet v. Hans Herzfeld, R. Oldenbourg Verlag, München 1962 [zuerst 1907], S. 9 f., 16–19.

1 vegetative Periode bzw. Phase: Wachstumsphase vor der Blüte

M9 Der britisch-amerikanische Politikwissenschaftler Benedict Anderson über die „Erfindung der Nation" (1983)

Es ist ratsam, zunächst den Begriff „Nation" kurz zu erörtern und eine praktikable Definition zu geben. Nationalismustheoretiker sind oft von drei Paradoxa irritiert:

1. Der objektiven Neuheit von Nationen aus dem Blickwinkel des Historikers steht das subjektive Alter in den Augen der Nationalisten gegenüber.

2. Der formalen Universalität von Nationalität als soziokulturellem Begriff – in der modernen Welt kann, sollte und wird jeder eine Nationalität „haben", so wie man ein Geschlecht „hat" – steht die [...] Besonderheit ihrer jeweiligen Ausprägungen gegenüber, wie zum Beispiel die definierte Einzigartigkeit der Nationalität „Griechisch".

3. Der „politischen" Macht des Nationalismus steht seine philosophische Armut oder gar Widersprüchlichkeit gegenüber. Mit anderen Worten: Anders als andere Ismen hat der Nationalismus nie große Denker hervorgebracht – keinen Hobbes, keinen Marx und keinen Weber. [...]

Ein Problem besteht auch darin, dass man unbewusst dazu neigt, die Existenz *des* Nationalismus zu hypostasieren[1], und „ihn" als eine Weltanschauung unter vielen einordnet. Es würde die Angelegenheit leichter machen, wenn man ihn begrifflich nicht wie „Liberalismus" oder „Faschismus" behandelte, sondern wie „Verwandtschaft" oder „Religion".

In einem solchermaßen anthropologischen Sinne schlage ich folgende Definition von Nation vor: Sie ist eine vorgestellte politische Gemeinschaft – vorgestellt als begrenzt und souverän.

Vorgestellt ist sie deswegen, weil die Mitglieder selbst der kleinsten Nation die meisten anderen niemals kennen, ihnen begegnen oder auch nur von ihnen hören werden, aber im Kopf eines jeden die Vorstellung ihrer Gemeinschaft existiert. [...] Ernest Gellner[2] kommt mit einer gewissen Bissigkeit zu [dem] Schluss: „Nationalismus ist keineswegs das Erwachen von Nationen zu Selbstbewusstsein: man *erfindet* Nationen, wo es sie vorher nicht gab." [...] Diese Formulierung hat jedoch einen Nachteil: Gellner bemüht sich so sehr um den Nachweis, der Nationalismus spiegele falsche Tatsachen vor, dass er jene „Erfindung" mit „Herstellung" von „Falschem" assoziiert, anstatt mit „Vorstellen" und „Kreieren". Auf diese Weise legt er nahe, dass es „wahre" Gemeinschaften gebe, die sich von Nationen vorteilhaft absetzen.

In der Tat sind alle Gemeinschaften, die größer sind als die dörflichen mit ihren *Face-to-face*-Kontakten, vorgestellte Gemeinschaften. Gemeinschaften sollten nicht durch ihre Authentizität voneinander unterschieden werden, sondern durch die Art und Weise, in der sie vorgestellt werden. Javanische Dorfbewohner haben immer gewusst, dass sie mit Menschen in Verbindung stehen, die sie niemals gesehen haben, doch wurden diese Bindungen lange als Sonderfall angesehen – als unendlich dehnbare Netze von Verwandtschaft und Klientismus[3]. Bis vor kurzer Zeit gab es in der javanischen Sprache kein Wort für den abstrakten Begriff „Gesellschaft". Wir können heute die französische Aristokratie des *Ancien Régime*[4] als Klasse begreifen; doch selbst hat sie sich nicht als solche verstanden. Auf die Frage „Wer ist der Comte de X?" hätte die normale Antwort nicht gelautet „ein Mitglied der Aristokratie", sondern „der Graf von X", „der Onkel der Baronne de Y" oder „ein Schützling des Duc de Z".

Die Nation wird als *begrenzt* vorgestellt, weil selbst die größte von ihnen mit vielleicht einer Milliarde Menschen in genau bestimmten, wenn auch variablen Grenzen lebt, jenseits derer andere Nationen liegen. Keine Nation setzt sich mit der Menschheit gleich. Selbst die glühendsten Nationalisten träumen nicht von dem Tag, da alle Mitglieder der menschlichen Rasse ihrer Nation angehören werden […].

Die Nation wird als *souverän* vorgestellt, weil ihr Begriff in einer Zeit geboren wurde, als Aufklärung und Revolution die Legitimität der als von Gottes Gnaden gedachten hierarchisch-dynastischen Reiche zerstörten. […] Deshalb träumen Nationen davon, frei zu sein und dies unmittelbar – wenn auch unter Gott. Maßstab und Symbol dieser Freiheit ist der souveräne Staat.

Schließlich wird die Nation als *Gemeinschaft* vorgestellt, weil sie, unabhängig von realer Ungleichheit und Ausbeutung, als „kameradschaftlicher" Verbund von Gleichen verstanden wird. Es war diese Brüderlichkeit, die es in den letzten zwei Jahrhunderten möglich gemacht hat, dass Millionen von Menschen für so begrenzte Vorstellungen weniger getötet haben als vielmehr bereitwillig gestorben sind.

Dieses Sterben konfrontiert uns mit dem zentralen Problem, vor das uns der Nationalismus stellt: Wie kommt es, dass die kümmerlichen Einbildungen der jüngeren Geschichte (von kaum mehr als zwei Jahrhunderten) so ungeheure Blutopfer gefordert haben? Ich bin der Überzeugung, dass die Antwort in den kulturellen Wurzeln des Nationalismus liegt.

Benedict Anderson, Die Erfindung der Nation. Zur Karriere eines folgenreichen Konzepts, übers. von Benedikt Burkhard u. Christoph Münz, Ullstein, Berlin [zuerst 1983] 1998, S. 14–16.

---

1 hypostasieren: verdinglichen
2 Ernest Gellner (geb. 1925): Professor für Sozialanthropologie und Philosophie an der Universität Cambridge/Großbritannien, einer der prominentesten Vertretern der dekonstruktivistischen Nationsdefinition.
3 Klientismus: System personeller, ungleicher Abhängigkeitsbeziehungen zwischen einflussreichen Personen und ihren Klienten, d. h. den von ihnen abhängigen Personen
4 *Ancien Régime* (frz.): „frühere Regierungsform", Zeit vor der Französischen Revolution bzw. vor den Napoleonischen Kriegen

---

M 10 Der deutsche Soziologe M. Rainer Lepsius über die Nation als „gedachte Ordnung" (1990)

Die Nation ist zunächst eine gedachte Ordnung, eine kulturell definierte Vorstellung, die eine Kollektivität von Menschen als eine Einheit bestimmt. Welcher Art diese Einheit sein soll, ergibt sich aus den Kriterien für die Bestimmung der nationalen Kollektivität in der Ordnungsvorstellung der Nation. Sind dies ethnische Kriterien, so bestimmt sich eine Nation als ethnische Abstammungseinheit; sind dies kulturelle Kriterien, so stellt sich die Nation als Sprachgemeinschaft dar. Sind es Kriterien staatsbürgerlicher Rechtsstellung, so ist die Nation eine Einheit von Staatsbürgern. Je nach den Kriterien und ihrer Mischung ergeben sich unterschiedliche Kollektivitäten von Menschen, die untereinander einen nationalen Solidaritätsverband formen sollen. Die Eigenschaften, die in einer gedachten Ordnung der Nation Geltung gewinnen, begründen daher unterschiedliche Arten von Nationen. Die Nation ist daher keineswegs eine naturwüchsige und eindeutige Ordnung des sozialen Lebens, sie ist über die Zeit veränderlich und an die realen Machtkonstellationen der geschichtlichen Entwicklung anpassungsfähig.

M. Rainer Lepsius, Nation und Nationalismus in Deutschland, in: ders., Interessen, Ideen und Institutionen, Westdeutscher Verlag, Opladen 1990, S. 233.

M 11 Plakat für den amerikanischen Stummfilm *„The Birth of a Nation"* (Regie: David Wark Griffith), 1915.

Der Film behandelt die Zeit vor und während des Amerikanischen Bürgerkriegs und die Zeit der Reconstruction in den besiegten Südstaaten. Er ist der finanziell erfolgreichste Stummfilm der Geschichte. Einerseits wird er für seine zahlreichen filmtechnischen Innovationen gerühmt, andererseits wegen seines rassistischen Inhalts – er bezieht eindeutig Stellung für den „weißen Süden" – seit seiner Premiere scharf kritisiert.

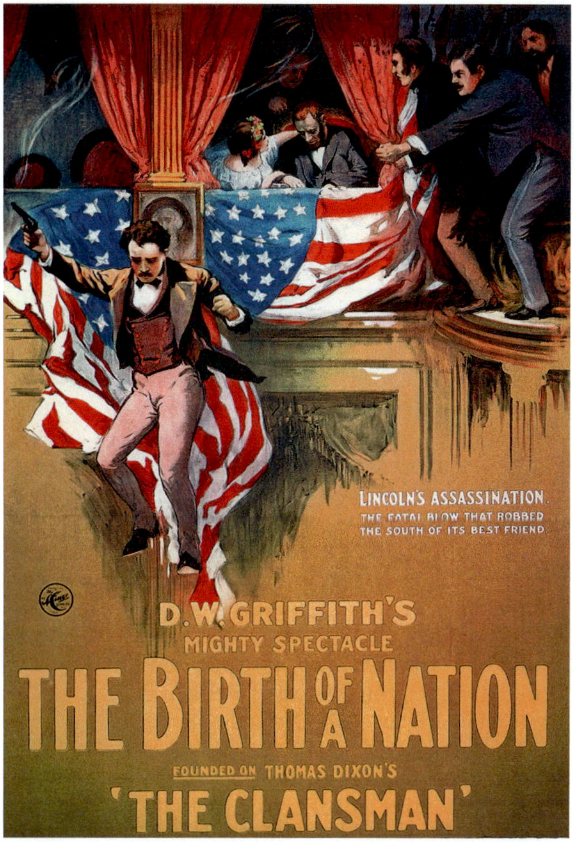

1 **Referat:** Analysieren Sie den Film im Hinblick darauf, mit welchen Mitteln hier eine „nationale Identität" aufgebaut wird.

M 12 Der deutsche Historiker Hans-Ulrich Wehler über Nation und Nationalismus in der modernen Geschichte (2001)

Nationalismus soll heißen: das Ideensystem, die Doktrin, das Weltbild, das der Schaffung, Mobilisierung und Integration eines größeren Solidarverbandes (Nation genannt), vor allem aber der Legitimation neuzeitlicher politischer Herrschaft dient. Daher wird der Nationalstaat mit einer möglichst homogenen Nation zum Kardinalproblem des Nationalismus.

Nation soll heißen: jene zuerst „gedachte Ordnung", die unter Rückgriff auf die Traditionen eines ethnischen Herrschaftsverbandes entwickelt und allmählich durch den Nationalismus und seine Anhänger als souveräne Handlungseinheit geschaffen wird. Daher führt die Auffassung, dass die Nation den Nationalismus hervorbringe, in die Irre. Umgekehrt ist vielmehr der Nationalismus der Demiurg[1] der neuen Wirklichkeit. […]

Die konventionelle Auffassung von der Nation […] insistiert darauf, dass diese Nation seit archaischen Urzeiten bestanden habe. Allenfalls sei sie einmal verdeckt, überfremdet, eingeschläfert worden, bis sie erneut erwachte oder geweckt wurde und damit wieder zum Bewusstsein ihrer selbst kam. […]

Das neuere Verständnis von Nationalismus sieht in ihm […] ein durchaus modernes Phänomen, das von der Loyalitätsbindung in älteren Herrschaftsverbänden prinzipiell unterschieden ist. […] Der Nationsbegriff im Mittelalter und in der Frühen Neuzeit bezieht sich allein auf landsmannschaftliche Vereinigungen von Studenten, Kaufleuten, Handwerkern, auch auf Adelseliten, die ihren Herrschaftsverband zu repräsentieren beanspruchten; er hat aber gar nichts mit der souveränen Handlungseinheit der modernen Nation zu tun.

Erst der Nationalismus erhebt die Nation zur obersten „Rechtfertigungs- und Sinngebungsinstanz“ (Heinrich August Winkler), die andere Halbgötter: ob Stammeshäuptlinge, Könige oder Päpste, verdrängt; er selber gewinnt den Charakter einer politischen Religion. Der Staat muss auf seiner Legitimierung durch den Willen der Nation beruhen. Anstelle der überlieferten „Staatsräson“ orientiert sich der Nationalstaat primär an „nationalen Interessen“, nicht selten auch an der „historischen Mission“ seiner Nation. Die nationale Identität erlaubt zwar die Koexistenz mit konfessionellen, regionalen, traditionalen Identitäten, ist aber im Prinzip der höchstrangige Wert. Das nationale Heimatland gilt jetzt als sakrosankt; ein Tausch (nach einem Erbfolgestreit) oder eine Abtretung von Teilen dieses Landes sind nicht mehr legitimierbar. […]

Die neuere kulturgeschichtliche Schule hat in der Nationalismusforschung den Konstruktcharakter von Nationen weithin überzeugend nachgewiesen. Die „natürliche“, „ewige“ Substanz der Nation ist dabei genauso aufgelöst worden […]. Stattdessen ist der Nachweis geführt worden, dass die Nation ein vom Nationalismus entworfenes flexibles Produkt der modernen Geschichte ist. […] Im Extremfall gilt die Nation nur mehr als […] pures Gespinst von Zuschreibungen. […] [Doch] führt […] ein irregeleiteter Konstruktivismus, führt der Glaube an die pure Erfindung einer „gedachten Ordnung“ der Nation und aller in sie eingehenden Traditionen in die Irre.

Obwohl der Nationalismus und sein Ziel, die Nation im souveränen Nationalstaat, in der Tat moderne Phänomene sind, haben die Protagonisten des Nationalismus doch nicht das gesamte Konstrukt „erfunden“, sondern es zum großen Teil aus Elementen der historischen Tradition zusammengesetzt, im Rückgriff also auf die Geschichte jener Herrschaftsverbände, in denen sich der Nationalismus entwickelte. So fand etwa der Nationalismus in England, in Nordamerika […] und in Frankreich ethnische Verbünde (Ethnien) mit einer Fülle überlieferter Traditionen vor. Ethnie soll hier heißen: der durch ein stabiles Solidaritätsverständnis geprägte, selbstständige Herrschaftsverband mit einem gemeinsamen symbolischen Herkunftsmythos (der weithin auch wieder auf „erfundenen Traditionen“ beruht), mit dem wachen Bewusstsein gemeinsamer geschichtlicher Erfahrungen und einer engen Bindung an ein Territorium. Ethnisch heißt daher nicht etwa rassisch, sondern meint eine sozialkulturell-historisch distinkte Population[2] mit einem eigenen Herrschaftssystem.

Aus diesem längst vorhandenen „Rohmaterial“, aus dieser historischen Verfügungsmasse der Ethnien, konnten die Vordenker des Nationalismus ein Gutteil ihrer Konstruktionselemente entnehmen. Dort fanden sich bereits effektive Herrschaftsverbände über Jahrhunderte hinweg, bis hin zum neuzeitlichen Staat, eine gemeinsame Sprache und Kultur, gemeinsame Erinnerungen an Siege und Niederlagen, gemeinsame Sitten und Gebräuche wie Baustil, Kleidung, Nahrung, eine erfundene oder arrangierte ethnische Vergangenheit. Die neue „mentale Landkarte“ des Nationalismus besaß daher an vielen Stellen die durchaus vertrauten Züge der eigenen Ethnie. […]

M 13 **Hans-Ulrich Wehler, Fotografie 2008**

Wie alle Utopien operierte auch die „gedachte Ordnung“ der Nation nicht im luftleeren Raum. Der in der Tat erfindungsreiche Kunstgriff des Nationalismus bestand vielmehr darin, die andersartige Vergangenheit von Ethnien durch Neuinterpretation in eine nationale Vergangenheit zu verwandeln, sodass die Illusion einer lückenlosen, langlebigen Traditionskontinuität entstehen konnte. Unpassende Traditionen wurden ausgeblendet oder umgewandelt, sodass eine passende Vergangenheit entstand. Wegen dieser vermeintlich tiefen Wurzeln in der Urzeit der Geschichte konnten dann Krisen und Kriege als existenzielle Bewährungsproben traditionsgeheiligter Verbände verstanden werden, deren Bewältigung sogar Blutopfer verlangte und rechtfertigte. Denn das Behauptungsstreben uralter „Nationen“ sei selbstlos, hieß es, keineswegs von materiellen Interessen bestimmt, und eben deshalb dürfe es das reine Opfer verlangen. [...]

Obwohl eng verwandt, unterscheidet sich die Nation von der Ethnie durch einige zentrale Elemente:

- Auch die Nation wird auf einem historischen Territorium konstituiert, das aber als angestammtes, „heiliges“ Land überhöht wird.
- Sie wird, auch als Erinnerungsgemeinschaft, durch eine gemeinsame Mythologie und Herkunftsverklärung integriert, zehrt aber ungleich stärker vom Bewusstsein der Differenz im Verhältnis zu „Anderen“, vor allem von ihrem Auserwähltheits- und Sendungsglauben mit seiner spezifischen Glücksverheißung.
- Sie lebt unter einem allgemein akzeptierten Herrschaftssystem, das aber möglichst auf dem neuartigen Legitimationstitel des Willens der souveränen Nation beruhen soll.
- Sie besitzt die Eigenart einer gemeinsamen *„popular culture“*, beansprucht und betreibt aber die Nationalisierung tendenziell aller Lebensbereiche.
- Sie besitzt ein Wirtschaftssystem, in dem die Freizügigkeit möglichst für alle Mitglieder und eine gemeinsame „Binnenmoral“ gelten, während „Andere“ auf eine diskriminierende Behandlung und die Folgen der „Außenmoral“ (Max Weber) gegenüber Fremden treffen. Außerdem verbinden gesetzliche Rechte und Pflichten alle Nationsgenossen, während Exklusionspraktiken „Andere“ ausschließen.
- Vor allem aber unterscheidet sich die Nation von der Ethnie dadurch, dass die Nation als höchste Rechtfertigungsinstanz und Spitze der Wertehierarchie absolute Priorität in Anspruch nimmt, während ihr Nationalismus ein (im Prinzip lückenlos alles erfassendes) Massenphänomen mit der Tendenz zur Säkularisierung ist.

Hans-Ulrich Wehler, Nationalismus. Geschichte, Formen, Folgen, C.H.Beck, München 2001, S. 13, 36–40.

---

1 Demiurg: (Welten-)Schöpfer
2 distinkte Population: deutlich abgegrenzte Bevölkerungsgruppe

---

Arbeitsteilige Gruppenarbeit: Bilden Sie vier Arbeitsgruppen.
Gruppe 1 bearbeitet M 4,
Gruppe 2 befasst sich mit M 6 und M 7,
Gruppe 3 beschäftigt sich mit M 9 und M 10,
Gruppe 4 untersucht M 12.

1. Klären Sie unbekannte Begriffe.
2. Charakterisieren Sie den bzw. die Nationsbegriffe Ihres Textes unter folgenden Fragestellungen:
   - Wie entstehen Nationen, Nationalstaaten, Nationalismus?
   - Wer definiert Nation?
   - Welche Merkmale zeichnen eine Nation aus? Welche Kriterien sind bei der Begriffsbestimmung der Nation entscheidend?
   - Welche Formen von Nationen gibt es?
   - Welche Folgen haben nationales Denken und Fühlen für die Menschen, die sich zu einer nationalen Gemeinschaft bekennen?
3. Präsentieren Sie Ihre Ergebnisse. Fassen Sie dazu die zentralen Thesen in einer Übersicht zusammen.
4. Arbeiten Sie Unterschiede und Gemeinsamkeiten zwischen den verschiedenen Definitionen heraus.
5. Überprüfen Sie die Tragfähigkeit der verschiedenen Definitionen an einer Ihnen bekannten historischen Situation aus der Geschichte des 19. und 20. Jahrhunderts.
6. Erörtern Sie Vorzüge und Nachteile dieser Definitionen.

3.2 Nation und Mythos

Von deutschen Mythen

„Deutschlands Einigkeit meine Stärke, Deutschlands Stärke meine Macht". Diese Inschrift trägt das zum Himmel gestreckte Schwert der 26 Meter hohen Kriegerfigur, die sich auf der Kuppel des **Hermannsdenkmals** (M 1) bei Detmold erhebt. „Hermann den Deutschen" nannte Kaiser Wilhelm I. 1875 bei der Denkmalsenthüllung den in Siegerpose dargestellten cheruskischen Häuptling und römischen Ritter Arminius. Unter dessen Führung hatten 9 n. Chr. germanische Stämme im Teutoburger Wald die Legionen unter dem römischen Statthalter P. Quinctilius Varus vernichtet. In seinem ausgesprochen populären Lied „Als die Römer frech geworden" verknüpfte der Schriftsteller Victor von Scheffel (1826–1886) den Bau des Hermannsdenkmals mit der **Schlacht im Teutoburger Wald**. Sein Lied endet mit den Versen:

„Und zu Ehren der Geschichten
Tat ein Denkmal man errichten,
Deutschlands Kraft und Einigkeit
Verkündet es jetzt weit und breit:
‚Mögen sie nur kommen'."

Diese Verse verdeutlichen die **historisch-politische Bedeutung des Monuments**: Im 19. Jahrhundert diente die Erinnerung an den Sieg des Arminius im Teutoburger Wald dazu, das nationale Zusammengehörigkeitsgefühl der Deutschen zu stärken und wachzuhalten. Arminius, dessen Name bereits in der frühen Neuzeit zu Hermann („Ehren-Mahner", dann „Heer-Mann") eingedeutscht wurde, sollte zum Vorbild nationaler Selbstbehauptung stilisiert werden. Gleichzeitig galt es, die Deutschen zu nationaler Einigkeit zu ermahnen. Das Wort „sie" in der letzten Zeile des Scheffel'schen Liedes bezog sich ursprünglich auf die Römer. Während der Zeit des Kulturkampfes im kaiserlichen Deutschland war diese antirömische Orientierung durchaus beabsichtigt. Doch seit der Reichsgründung waren mit „sie" zunehmend die Franzosen gemeint, die als „Erbfeinde" der Deutschen galten und gegen die Hermann sein Schwert richtete.

Der Hermann-Mythos ist nicht das einzige Beispiel aus der deutschen Geschichte, an dem sich die enge Verbindung von Mythos und Nation eindrucksvoll verdeutlichen lässt. Auch der **Kyffhäuser-Mythos** bzw. die Erzählung von **Barbarossa und der Erneuerung des Reiches** bieten wertvolles Anschauungsmaterial für die Entstehung und Funktion von Mythen bei der Ausformung nationaler Sehnsüchte und Identität (M 2). Um die Mitte des 12. Jahrhunderts hatte Friedrich I. Barbarossa (1152–1190, ab 1152 König, ab 1155 Kaiser) den Kyffhäuser, jene in Thüringen gelegene sagenumwobene Stauferburg, wiederaufbauen lassen. Sie entwickelte sich im Laufe der Jahrhunderte zum Symbol des imaginären, mystischen Reichs der Deutschen. Der Sage nach lebte in dem „wüsten Schloss" der Geist Barbarossas, der auf die Vollendung des Reiches warte. Im geschichtsbewussten 19. Jahrhundert entfaltete dieser Mythos seine besondere Wirksamkeit. Die verklärte und verklärende Erinnerung an die glanzvollen Zeiten des Reiches der Deutschen während der Herrschaft Friedrich I. Barbarossa sollte vor und nach der Reichsgründung 1870/71 die Deutschen zur Herstellung nationaler Einheit und Größe verpflichten.

Der Begriff „Mythos"

Der Kyffhäuser- und der Hermann-Mythos zeigen, dass Ereignisse und Personen zum Mythos aufgewertet werden können. Dieser Begriff stammt aus dem Griechischen und lässt sich mit „Wort", „Rede", „Erzählung" oder „Sage" übersetzen. Unter Mythen versteht man Überlieferungen aus der Vergangenheit, oft aus der Vorzeit eines Volkes, die meist in Form von Legenden, Götter- oder Heldensagen erscheinen. Aber auch die Verklärung von Personen und Ereignissen, die dadurch zur Legende werden, wird als Mythos bezeichnet.

Mythen verbinden in der Regel tote und lebende Generationen zu einer Schicksalsgemeinschaft. Einige beschwören dafür eine glanzvolle Vergangenheit, die es in der Gegenwart wieder herzustellen gilt. Solche Mythen enthalten ein **Sinn- bzw. Heilsversprechen**, das den Menschen in einer als trostlos erfahrenen Welt Orientierung und Halt geben soll. Sie sollen Sehnsüchte nach einer besseren Welt befriedigen und in eine bestimmte Richtung lenken. So können sie den Zusammenhalt einer Nation stärken oder die Forderung nach nationaler Einigung untermauern. Die Historiker sprechen dann von der **Legitimationsfunktion** von Mythen: Der Hinweis auf Ereignisse oder Personen der Vergangenheit dient der Legitimation politisch-ideologischer Ziele in der Gegenwart. Aber auch nationale Bewegungen, die Fremdherrschaft abschütteln wollen, berufen sich auf Mythen. Diese sind Ausdruck des Kampfes gegen Unterdrückung und für Freiheit und sollen dem Widerstand gegen die Besatzungsmacht Sinn und Würde verleihen.

Der Begriff des „Mythos", seine politische Bedeutung und seine Funktionen werden in den Materialien M 3 und M 4 beleuchtet. Der deutsche Politikwissenschaftler Herfried Münkler (M 3) diskutiert ausführlich die vielfältigen Aufgaben, die Mythen für die Selbstdarstellung politischer Gemeinschaften besaßen und besitzen. Diese Fragen beschäftigen auch seinen Kollegen Claus Leggewie (M 4), der sich dabei auf einen speziellen Typus von Mythen, nämlich Gründungsmythen, konzentriert.

M 1 **Das Hermannsdenkmal von 1875, Fotografie von 2006**

M2 **Kaiser-Wilhelm-Nationaldenkmal auf dem Kyffhäuser, nach dem Entwurf von Bruno Schmitz errichtet zwischen 1891 und 1896, Fotografie**

Literaturtipps:
- Helmut Altrichter/Klaus Herbers/Helmut Neuhaus (Hg.), Mythen in der Geschichte, Rombach Verlag, Freiburg i. Breisgau 2004.
- Etienne François u. Hagen Schulze (Hg.), Deutsche Erinnerungsorte, 3 Bde., 4. Aufl., C. H. Beck, München 2002.
- Wolfgang Frindte, Harald Pätzolt (Hg.), Mythen der Deutschen. Deutsche Befindlichkeiten zwischen Geschichten und Geschichte, Leske + Budrich, Opladen 1994.
- Herfried Münkler, Die Deutschen und ihre Mythen, Rowohlt, Berlin 2009.
- Ulrich Schlie, Die Nation erinnert sich. Die Denkmäler der Deutschen, C. H. Beck, München 2001.
- Klaus Wiegrefe/Dietmar Pieper (Hg.), Die Erfindung der Deutschen. Wie wir wurden, was wir sind, Spiegel Buchverlag, DVA, München 2007.

1 **a)** Erläutern Sie, ausgehend von der Definition des „Mythos", S. 86, Begriff, politische Bedeutung und Funktionen von Mythen am Beispiel des Hermann-Mythos und des Kyffhäuser-Mythos.
b) Beschreiben Sie das Hermannsdenkmal (M 1) und das Kaiser-Wilhelm-Nationaldenkmal auf dem Kyffhäuser (M 2). Arbeiten Sie die nationalpolitische Bedeutung dieser Denkmäler im kaiserlichen Deutschland heraus. Ziehen Sie nach Bedarf weitere Informationsquellen hinzu.

2 **Referat:** Bereiten Sie ein Referat zum Thema „Die Deutschen und ihre Mythen" vor. Erörtern Sie an einem konkreten Beispiel (z. B. Nibelungen, Preußenmythos, Wirtschaftswunder) aus der deutschen Geschichte des 19. und 20. Jahrhunderts Entstehung, politische Bedeutung und Funktion eines Mythos.

M3 Der deutsche Politikwissenschaftler Herfried Münkler über Aufgaben und Funktionen politischer Mythen (1994)

Es ist bemerkenswert, dass fast alle politischen Gemeinwesen zum Zwecke ihrer Selbstdarstellung immer wieder auf Mythen zurückgegriffen haben: Theseus[1] und Romulus, Moses und Lykurg[2], Städtegründungen durch römische Soldaten oder genealogische Abkunft von trojanischen Flüchtlingen, Kaisersage und Reichsvision, Bastillesturm und *Boston Tea Party*, dazu die zahlreichen Heiligen, die als Versinnbildlichung politischer Gemeinwesen gedient haben – wie verschieden die genannten Beispiele auf den ersten Blick auch sein mögen, eines ist ihnen gemeinsam: In allen Fällen geht es darum, dass durch sie der Gemeinschaft, die sich auf sie beruft, Sinn und Identität verliehen wird.

Entweder handelt es sich um Erzählungen, die gegen die Dunkelheit des Vergangenen abgrenzen, indem sie von einem Gründungsakt, dem Beginn des Gemeinwesens, berichten, etwa in der Erzählung von den Wolfskindern Romulus und Remus, oder in dem Bericht von der Herausführung der Juden aus Ägypten durch Moses und den anschließenden 40-jährigen Marsch durch die Wüste […], oder durch die Herausstellung jenes Mannes [Arminius bzw. Hermann der Cherusker], der mit einem Bündnis germanischer Stämme drei römische Legionen besiegt hat.

Immer wird ein Anfang markiert, der gleichwohl mehr ist als ein bloßes historisches Datum: Der politische Mythos unterscheidet sich vom historischen Bericht – auch wenn beide nicht immer sauber zu trennen sind […] – darin, dass es ihm weniger um das Ereignis als solches, sondern mehr um die Sinnhaftigkeit des Vorgangs geht. In politischen Mythen überlieferte Anfänge sind mehr als bloße Anfänge in der Zeit; sie enthalten Sinnversprechen, durch welche die Vergangenheit mit der Gegenwart verbunden wird, und zwar so, dass die Vergangenheit über die Gegenwart hinaus in die Zukunft verweist. So wird der politische Mythos, der ein vergangenes Ereignis beschwört, zum Garanten der Zukunft.

Aber das ist nicht die einzige Funktion, die Mythen in der Politik innehaben: Geht es im einen Fall darum, gegen das Dunkel der Vergangenheit abzugrenzen und einen mythisch-historischen Anfang zu markieren, so haben andere Mythen die politische Funktion, präzise historische Daten zu verwischen und tatsächliche Anfänge in eine unaufgehellte Vergangenheit zurückzubinden. Hier wird der historisch fassbare Anfang durch herkunftsmythische Vernetzung in das Dunkel der Vergangenheit zurückverlegt […].

Um eine solche mythische Ansippung handelt es sich auch bei der Inversion[3] von Friedrich I. Barbarossa[4] und Wilhelm I. Barbablanca […], um die Hohenzollern an die Hohenstaufen ansippen und so das preußisch-deutsche Kaiserreich als Fortsetzung des mittelalterlichen Kaiserreichs darstellen zu können.

Für alle der bislang genannten Beispiele gilt: Der mythisch markierte oder aber auch mythisch verwischte Anfang einer Gemeinschaft – und genau dies macht den Unterschied zwischen einer mythischen Erzählung und einer historiografischen Darstellung aus – ist mehr als ein bloßer Anfang in der Zeit […]: Er ist der Beginn einer sinnhaften Entwicklung, in welche die Gemeinschaft bis in die Gegenwart und darüber hinaus eingebettet bleibt und die dafür sorgt, dass dem auch in Zukunft so sein wird. Im Unterschied zum Mythos nämlich ist die historische Darstellung […] nicht gegen den Verdacht gefeit, die Gründung Roms hätte auch unterbleiben […] können.

Die mythische Ursprungserzählung ebenso wie die mythische Vernetzung von Geschichte ist ein Wegerzählen des Schreckens der Kontingenz[5], der Furcht vor Scheitern und Misslingen, der Drohung der Vergeblichkeit oder auch nur des schließlichen Untergangs. Die mythische Erzählung versichert, dass Rom gegründet werden musste und dass es ewig sein werde, dass der im Berg verborgene und schlafende Kaiser einmal wiederkehren werde, um das Reich zu erneuern, dem dann eine heilsgeschichtliche Funktion zukommt […].

Politische Mythen versichern der Gemeinschaft, der sie gelten, dass das, was geschehen ist, geschehen musste, dass die Ereignisse nicht zufällig, sondern notwendig vonstatten gingen und dass sie mehr waren und sind als bloße Ereignisse, sondern ihnen eine heilsgeschichtliche Dimension eigen ist.

Die [...] Gründung des Deutschen Reichs, der Sturm auf die Bastille [...] – sie alle integrieren politische Ereignisse sinnhaft in die Geschichte und enthalten Zukunftsversprechen, die weit über die je eigene Gegenwart hinausreichen. Indem sie Vergangenheit und Zukunft verbinden, erheben sie die Gegenwart über sich selbst. Sie stiften Sinn, und sie schaffen so Identität im Sinne von Zugehörigkeitsempfindungen zu einem politischen Verband. [...]

Es ist der Mythos, mit dessen Hilfe die Bevölkerung mobilisiert werden soll, der eine politische Identität entfaltet, die Gemeinschaften festigt oder neu schafft und vieles mehr. Dabei können politische Mythen weder generell der Linken noch der Rechten zugeordnet werden, etwa im Sinne jener aufklärerischen Selbsttäuschung, wonach der Mythos ein politisches Instrument der Rechten und die Entmythisierung die Politik der Linken sei. [...]

Entscheidend ist jedenfalls, dass Mythen nicht von selbst entstehen, aus dem Volksgrund heraus, wie dies eine romantische Vorstellung besagt, sondern dass sie von Intellektuellen, gleich welcher politischen Couleur, zusammengestellt, aufbereitet und verbreitet werden müssen. Die noch ausstehende politische Theorie des Mythos wird auf diese Gruppe besondere Aufmerksamkeit zu richten haben.

Herfried Münkler, Politische Mythen und nationale Identität. Vorüberlegungen zu einer Theorie politischer Mythen, in: Wolfgang Frindte, Harald Pätzolt (Hg.), Mythen der Deutschen. Deutsche Befindlichkeiten zwischen Geschichten und Geschichte, Leske + Budrich, Opladen 1994, S. 21–23, 26.

1 Theseus: Held der griechischen Mythologie, der unter anderem mithilfe eines von Ariadne gestifteten Wollfadens den Weg aus dem Labyrinth des kretischen Minotaurus fand und so Athen von der kretischen Vorherrschaft befreite

2 Lykurg: nach antiken Quellen Gesetzgeber Spartas; nach heutigem Forschungsstand keine historische, sondern eine mythische Figur

3 Inversion: Umkehrung, Umstellung

4 Siehe S. 86 ff.; Barbarossa bedeutet wörtlich übersetzt „Rotbart", Barbablanca „Weißbart"

5 Kontingenz: (hier gemeint:) prinzipielle Offenheit und Ungewissheit menschlicher Lebenserfahrungen

M4 Der deutsche Politikwissenschaftler Claus Leggewie über politische Bedeutung und Funktionen von Gründungsmythen (1996)

Auch und gerade der politische Mythos ist eine Erzählung, die gemeinschaftliche Identität stiftet und in einer Wir-Gruppe über ihre sozialen Spaltungen und kulturellen Differenzen hinweg selbstverständlich-fraglose Geltung erlangt. Nach klassischer Auffassung ist der Mythos ein autoritatives Wort, welches das Gegebene bezeichnet oder [...] offenbart. Archaische Mythen betonen den Anschluss der Gegenwart an die Tradition, moderne Mythen basieren auf revolutionären Zäsuren, tatsächlichen oder imaginären Vertragsabschlüssen und Verfassungsgebungen. Soziologisch gesehen stiften Mythen das kollektive Bewusstsein und Gedächtnis großer Gruppen, darunter von Nationen, denen sie jenseits ihrer räumlichen Ausdehnung und territorialen Begrenzung ein inneres Band und zeitliche Kontinuität verleihen. Der politische Mythos beglaubigt, was im Gemeinwesen ist und sein soll, schafft Glaubwürdigkeit in der ganzen Breite des Wortsinns von Legitimation. Mythen begründen, als Charta der sozialen Ordnung, Selbstverständnis und Selbstverständlichkeiten einer Gesellschaft. Dadurch haben Mythen Be-Gründungskraft, im wörtlichen wie im übertragenen Sinne.

Politische Mythen enthalten dabei immer Elemente von Wahrheit und Lüge, von Geschichtsschreibung und Prophetie, von Vergangenheit und Zukunft. Sie sind insofern wahr und falsch zugleich. Indem sie soziale und politische Wirklichkeiten begründen, sind sie wahr. Indem sie der Gemeinschaft eine Zukunft weisen, erfüllen sie sich selbst. Indem sie fälschen oder etwas verschweigen (und das tun alle Mythen), säen sie den Zweifel an ihrer Gültigkeit und damit die Keime der Dissidenz, den Gegen-Mythos. Diese „Konstruiertheit" gilt keineswegs nur für „Bananenrepubliken", die sich ihre Existenz mit fadenscheinigen Herleitungen erschummeln müssen, sondern auch für die klassischen Republiken des Westens in Amerika und Europa. Der Sturm auf die Bastille, an dem so gut wie nichts wahr ist, reichte dennoch für einen Nationalfeiertag, der seit zwei Jahrhunderten unverbrüchlich begangen wird. Und im „*We, the People of the United States*" fehlen zwar die Ureinwohner Amerikas, aber die Formel gab einer Nation von Einwanderern zwei Jahrhunderte Halt, vielleicht auch noch länger. So schnöde also manche Gründungsmythen nach ihrer Re(kon)struktion wirken mögen – etwas Analoges hat die Bundesrepublik nicht aufzubieten, die alte nicht und die neue auch nicht.

[...] Archaische Mythen affirmieren das Alte, rückversichern die Gegenwart in der Ur- und Frühgeschichte des Gemeinwesens. Je weiter sie in eine Vor-Zeit zurückgreifen, desto stärker wirken sie. Mythen der Moderne [...] müssen sich ganz auf die Hervorbringung des Neuen kaprizieren. Das wirft eine kolossale Schwierigkeit auf. Der politische Mythos kann seine abrupt-gewalttätige, den neuen Anfang setzende Natur nicht abwerfen, versucht dies aber durch Kanonisierung beziehungsweise interne Autorisierung seitens berufener Erzähler vergessen zu machen. Geltung erreicht ein politischer Mythos durch seine Fort-Erzählung in der oralen Tradition der Gemeinschaft und durch intellektuelle Spezialisten. Er verstärkt seine Kraft durch die Bindung an Personen, seien es nun Stifterfiguren in einer (fernen) Vergangenheit oder charismatische Persönlichkeiten der Gegenwart, die als Gründerfiguren anerkannt werden und den Mythos in seiner ganzen Ambivalenz wahren.

Wenn ihnen das nicht gelingt, verlieren sie ihre Autorität. Der lateinische Begriff der *auctoritas* enthält beide Elemente: die anfängliche Autorenschaft und die von der Person des Stifters sich lösende Geltungskraft. So sind Mythos und Gründung miteinander verwandt. Der Mythos gründet eine Auffassung, die bleiben *soll* und zum Gemeingut werden, also bleiben *kann*. Erfinder, Inhaber und Hüter des Mythos sind in diesem Sinne Autoritäten: Urheber und anerkennungswürdige Personen. Die Erfindung eines Mythos ist somit ein Gründungsakt, der durch Weiter- und Forterzählung affirmiert und zugleich in Zweifel gezogen wird. In ihm sind zwei an sich widersprüchliche Elemente zusammengeführt: Die revolutionäre Anfangssituation wird auf Dauer gesetzt. Der Mythos bewahrt den Moment seiner Geburt oder Erfindung und muss doch zugleich den besonderen geschichtlichen Augenblick, die Situativität und Kontingenz seiner Entstehungsumstände, vergessen machen. Insofern schafft jede Gründung einen Mythos, und jeder Mythos ist Gründung.

Claus Leggewie, Der Mythos des Neuanfangs – Gründungsetappen der Bundesrepublik Deutschland: 1949 – 1968 – 1989, in: Helmut Berding (Hg.), Mythos und Nation. Studien zur Entwicklung des kollektiven Bewusstseins in der Neuzeit 3, Suhrkamp, Frankfurt/M. 1996, S. 278–280.

Arbeitsteilige Gruppenarbeit: Bilden Sie Kleingruppen und beschäftigen Sie sich jeweils mit M 3 bzw. M 4.

1. Klären Sie unbekannte Begriffe.
2. Münkler nennt zu Beginn seines Textes (M 3, Z. 4 ff.) Beispiele für Mythen; ebenso Leggewie (M 4, Z. 46 ff.). Beschreiben Sie diese Mythen und ordnen Sie sie in den historischen Kontext ein. Ziehen Sie gegebenenfalls das Internet, Lexika oder historische Handbücher heran.
3. Arbeiten Sie die politische Bedeutung und die Funktionen heraus, die Mythen nach Auffassung von Münkler und Leggewie besaßen und besitzen. Untersuchen Sie anhand des Textes von Leggewie außerdem die Unterschiede zwischen archaischen und modernen Gründungsmythen.
4. Erörtern Sie, ausgehend von Münklers bzw. Leggewies Text, den Wahrheitsgehalt von Mythen.
5. Überprüfen Sie die Thesen Münklers bzw. Leggewies über politische Bedeutung und Funktionen von Mythen an einem Ihnen bekannten Beispiel.
6. Präsentieren Sie Ihre Ergebnisse mithilfe einer Wandzeitung. Vergleichen Sie die Thesen Münklers und Leggewies miteinander.
7. Nehmen Sie Stellung zu der Frage: „Brauchen wir heute noch Mythen?" Begründen Sie Ihre Auffassung.

3.3 Deutungen des deutschen Selbstverständnisses im 19. und 20. Jahrhundert

Die Vorstellung von einer besonderen deutschen Entwicklung

„Eines ist wahr: Die Deutschen sind bei weitem nicht so verliebt in das Wort ‚Zivilisation', wie die westlichen Nachbarnationen [...]. Sie haben *‚Kultur'* als Wort und Begriff immer vorgezogen – warum doch? Weil dieses Wort rein menschlichen Inhaltes ist, während wir beim anderen einen politischen Einschlag und Anklang spüren, der uns ernüchtert." Diese Auffassung vertrat der deutsche Schriftsteller **Thomas Mann** in seinem Vortrag „Gedanken zum Kriege" aus dem Jahre 1914 (M 2). Mit der überwiegenden Mehrheit der deutschen Bildungselite teilte der spätere Literaturnobelpreisträger (1929) damals die Überzeugung, dass der **Erste Weltkrieg** (1914–1918) ein Verteidigungskampf „deutscher Kultur" gegen „französische Zivilisation" sei. Professoren aller Fakultäten sowie Schriftsteller und Intellektuelle haben diesen **Gegensatz zwischen „deutscher Kultur" und „französischer Zivilisation"** zu einer wirkungsmächtigen Ideologie ausformuliert: Sie stellten die **„Ideen von 1914"** gegen die Ideen von 1789, d. h. die Ideen der Französischen Revolution („Freiheit, Gleichheit, Brüderlichkeit"). Das Schlagwort „Ideen von 1914" stammt von dem Nationalökonomen Johann Plenge und sollte verdeutlichen, dass die Deutschen zwischen 1914 und 1918 ihren **„Sonderweg"** in die Moderne gegen die westlichen Vorstellungen der Franzosen – aber auch der Briten – verteidigten. Die „Ideen von 1914" richteten sich gegen die Tradition der europäischen Aufklärung und des Liberalismus. Anders als bei den Franzosen, so argumentierte man, ständen in Deutschland nicht die Gesellschaft, sondern der Staat, nicht das Individuum, sondern das Volk im Mittelpunkt. Alle Kräfte sollten im Krieg gebündelt und auf ein gemeinsames Ziel hin ausgerichtet werden: den Sieg über die zerstörerische und verderbte westliche Zivilisation. Die patriotische Begeisterung für die „Ideen von 1914" diente dem Zweck, alle inneren Gegensätze und Spannungen zu überwinden und die Bevölkerung für den Kampf zu mobilisieren (M 3).

Die Vorstellung eines besonderen „deutschen Weges" entstand bereits im frühen **19. Jahrhundert**, als zahlreiche Denker und Publizisten die deutsche Identität in scharfer Abgrenzung zu Frankreich und den Idealen der Französischen Revolution bestimmten. Es gab zwar auch liberale Historiker, die die neuzeitliche deutsche Geschichte als Prozess zur Freiheit deuteten, wobei sie unter Freiheit geistige, politische und bürgerliche Freiheit verstanden. Die Reformation galt dabei als „Ur-Revolution" dieses Emanzipationsvorganges, der durch die Englische, Amerikanische und Französische Revolution fortgeführt wurde. Deutschland hatte aus dieser Sicht bereits mit der Reformation diesen universalen Prozess entscheidend mitgestaltet. Mit dem Scheitern der Revolution von 1848/49 und der Reichsgründung 1870/71 prägte jedoch eine antirevolutionäre Stoßrichtung das bürgerliche Geschichtsbewusstsein in Deutschland. Die deutsche Entwicklung wurde nun von vielen konservativen und national denkenden Historikern als **vorteilhafte Abweichung von der Geschichte des westlichen Europas** interpretiert. Während des Ersten Weltkrieges spitzten Wissenschaftler, Schriftsteller und Intellektuelle diese These von einer kulturellen und historischen Besonderheit der deutschen Nation zu einer umfassenden Ideologie zu und popularisierten diese Sicht auf die Vergangenheit. Bis in die Weimarer Zeit fand diese positive Version von einem deutschen Sonderweg zahlreiche Anhänger in der Geschichtswissenschaft wie in der deutschen Öffentlichkeit. Die Nationalsozialisten knüpften an dieses Sonderbewusstsein an und radikalisierten die Vorstellung von einer besonderen Stellung der deutschen Nation zu einem übersteigerten Nationalismus, Militarismus und Imperialismus. Der **Radikal-Nationalismus der Nationalsozialisten** beruhte auf einer sozialdarwinistischen Interpretation der Geschichte, die als ständiger Kampf der Individuen und Völker, der Staaten und „Rassen" galt, wobei sich stets die Stärkeren gegenüber den Schwächeren durchsetzten. Grundlage des Radikal-Nationalismus waren außerdem Antisemitismus und Rassenlehre, die zu einer umfassenden „Weltanschauung" ausgebildet wurden und eine in der Geschichte beispiellose Gewalt- und Vernichtungspolitik rechtfertigen sollten.

Der „deutsche Sonderweg" – eine Fehlentwicklung

Nach der totalen Niederlage des nationalsozialistischen Deutschland im Zweiten Weltkrieg (1939–1945) begannen Historiker, Sozialwissenschaftler, Publizisten, Schriftsteller und Intellektuelle damit, die deutschen Traditionen zu überprüfen. Sie suchten vor allem nach Erklärungen, warum das Deutsche Reich im Unterschied zu vergleichbaren Staaten des Westens wie Frankreich oder Großbritannien in der tief greifenden Krise der Zwischenkriegszeit – an erster Stelle ist hier die Weltwirtschaftskrise seit 1929 zu nennen – nicht demokratisch blieb, sondern sich in eine auf Eroberung und Unterwerfung anderer Völker ausgerichtete faschistische Diktatur verwandelte. Immer wieder ist nach 1945 die **Frage nach den Ursachen der NS-Verbrechen** gestellt worden: Wie konnte ein zivilisiertes, an rechtsstaatliches Denken gewöhntes Volk den welthistorisch einmaligen Völkermord an den Juden vollziehen oder zumindest stillschweigend dulden? Warum hat Deutschland nach der Katastrophe des Ersten Weltkrieges den Zweiten Weltkrieg vom Zaun gebrochen? Die Forscher verglichen die deutsche Geschichte mit der Englands, Frankreichs oder der USA, um die Eigenarten Deutschlands herauszuarbeiten. Viele Wissenschaftler erklärten die Entstehung und Durchsetzung der nationalsozialistischen Herrschaft mit ihren katastrophalen Folgen aus vielfältigen deutschen Abweichungen von westlichen Entwicklungen. Dabei wurde ein ganzes **Bündel von deutschen Sonderwegen** genannt, die allerdings nicht länger positiv, sondern negativ bewertet wurden. In den Blick geriet z. B. die im Vergleich zu anderen europäischen Staaten späte Nationalstaatsgründung Deutschlands. Der Philosoph Helmut Plessner bezeichnete Deutschland als „verspätete Nation". Auch die blockierte Parlamentarisierung des kaiserlichen Deutschland galt als eine wesentliche Ursache für das spätere Scheitern der ersten deutschen Demokratie, der Weimarer Republik. Kritisch beurteilten die Forscher außerdem die antiliberalen, antipluralistischen bzw. obrigkeits- und machtstaatlichen Orientierungen der deutschen politischen Kultur, die zur Schwächung der liberal-demokratischen Kräfte in Deutschland geführt und dadurch den Aufstieg und die Machtübernahme der Nationalsozialisten begünstigt haben.

Einer der profiliertesten Vertreter der negativen Sonderwegs-These war und ist der Politikwissenschaftler und Zeithistoriker **Karl Dietrich Bracher.** Er nahm vor allem das **deutsche Staatsdenken** in den Blick (M 5). Indem Bracher die Fehlentwicklungen des deutschen Staatsdenkens aufzeigte, wollte er nicht nur die Bedingungen für den Niedergang Weimars und den Aufstieg des NS-Staates verdeutlichen. Darüber hinaus ging es ihm darum, bei seinen Landsleuten eine Distanzierung von gefährlichen und verhängnisvollen Traditionen der Vergangenheit zu bewirken und so mit zum Aufbau einer stabilen und friedfertigen Demokratie in der Bundesrepublik Deutschland beizutragen.

Seit den späten 1970er- und den beginnenden 1980er-Jahren übten deutsche und ausländische Historiker Kritik an der Sonderwegs-These. Sie argumentierten, dass die deutsche Geschichte farbiger und vielfältiger gewesen sei als von den Anhängern der Sonderwegs-Interpretation behauptet. Außerdem dürfe die deutsche Vergangenheit seit der Reichsgründung 1870/71 nicht als bloße Vorgeschichte des Nationalsozialismus aufgefasst werden. Die These von einem „Sonderweg" unterstelle überdies die Vorstellung von einem „Normalweg". Aber wer bestimme dann die „Norm"?

Diese Kritik führte zur Differenzierung der negativen Sonderwegs-These, nicht jedoch zu ihrer völligen Ablehnung. Der deutsche Historiker Jürgen Kocka hat 1998 eine **abwägende Bilanz der Diskussion** formuliert: „Den Nationalsozialismus aus den Traditionen des deutschen Sonderwegs abzuleiten, führt in die Irre; dazu war er zu neu, zu modern, zu sehr Teil eines europäischen Phänomens. Aber dass ihm in Deutschland so wenig Widerstand entgegengesetzt wurde, dass die Weimarer Republik gegenüber seinem Angriff so schwach und hilflos war, dass ihr Parlamentarismus so schlecht funktionierte, ihre Eliten sie kaum akzeptierten und es an Unterstützung der Republik in der politischen Kultur der Zeit so ausgeprägt fehlte, das hing sehr wohl mit den Traditionen zusammen, die aus dem Blickwinkel der Sonderweg-These immer wieder nachdrücklich analysiert worden sind. [...]

Das Sonderweg-Konzept hat nur Sinn, wenn es um die Diskussion der Frage geht, warum Deutschland unter bestimmten Bedingungen in ein totalitäres, faschistisches System pervertierte, während dies in den westlichen Ländern, mit denen man sich in Deutschland traditionell gern vergleicht, unter ähnlichen Bedingungen nicht geschah. Dies ist die Frage, die zur kritischen Sonderweg-Perspektive auf die deutsche Geschichte führte, und hier war der Kontext, in dem die kritische Sonderweg-These ursprünglich formuliert wurde. Sie entstand auf der Grundlage der Lebenserfahrungen und Erkenntnisinteressen von zwei Generationen, der der Emigranten und Exilanten sowie der nachfolgenden jüngeren, die sich zunehmend als Teil ‚des Westens' sahen und die Last ihrer Vergangenheit mit den Chancen ihrer Zukunft kompatibel machen wollten. Als Antwort auf jene Frage und als Teil dieses Kontextes hat die Sonderweg-These weiterhin Sinn, wenngleich in inhaltlich modifizierter Form."

M 1 „Deutschland – August 1914", Gemälde von Friedrich August von Kaulbach, 1914

1 Analysieren Sie das Gemälde im Hinblick auf die Eigenschaften, die der deutschen Nation in dieser Personifikation der Germania zugeschrieben werden. Vergleichen Sie mit M 5, S. 78.

Abschied von deutschen Sonderwegen

Wenige Geschichtswissenschaftler haben in den letzten Jahrzehnten die historisch-politische Debatte um die nationale Identität der Deutschen stärker mitgeprägt als der Historiker **Heinrich August Winkler**. In seinem viel beachteten zweibändigen Werk **„Der lange Weg nach Westen“** (2000) sowie in zahlreichen Aufsätzen und Vorträgen hat er die neuzeitliche deutsche Geschichte analysiert. „Gab es ihn oder gab es ihn nicht, den umstrittenen ‚deutschen Sonderweg‘?“, war und ist der Ausgangspunkt seiner Forschungen. Für die Gegenwart stellt Winkler den Abschied von deutschen Sonderwegen fest. Seit der Wiedervereinigung der beiden deutschen Teilstaaten 1990 lebten die Deutschen wieder in einem Nationalstaat. Die Bundesrepublik Deutschland sei ein verlässlicher und berechenbarer Partner in der westlichen Staatengemeinschaft und besitze ihren festen Platz unter den demokratischen Verfassungsstaaten. Winkler bezeichnet das vereinigte Deutschland allerdings als **„postklassischen“ Nationalstaat** (M 6 a–c). Die Bundesrepublik Deutschland sei zwar ein souveräner Nationalstaat, habe aber zugunsten der Europäischen Union auf einige Souveränitätsrechte verzichtet. Dieser postklassische deutsche Nationalstaat bedeute den Abschied von zwei Sonderwegen. Die 1949 gegründete DDR habe ein internationalistisches Staatsverständnis gepflegt und sich als Mitglied der kommunistischen Staatengemeinschaft verstanden. Das Grundgesetz des zweiten deutschen Teilstaates, der ebenfalls 1949 gegründeten Bundesrepublik Deutschland, habe von Anfang an den provisorischen Charakter des Staates betont, um den Weg zu einer Vereinigung beider deutscher Staaten nicht zu verbauen. Karl Dietrich Bracher hat die Bundesrepublik Deutschland daher 1976 als „postnationale Demokratie unter Nationalstaaten“ bezeichnet. Mit der Wiedervereinigung sei, so Winkler, auch dieser „postnationale“ Sonderweg zu Ende.

M 2 Der deutsche Schriftsteller und Literaturnobelpreisträger Thomas Mann über den Gegensatz zwischen westlicher Zivilisation und deutscher Kultur (1914)

Zivilisation und Kultur sind nicht nur nicht ein und dasselbe, sondern sie sind Gegensätze, sie bilden eine der vielfältigen Erscheinungsformen des ewigen Weltgegensatzes und Widerspieles von Geist und Natur. […]

Eines ist wahr: Die Deutschen sind bei weitem nicht so verliebt in das Wort „Zivilisation“ wie die westlichen Nachbarnationen; sie pflegen weder französisch-renommistisch damit herumzufuchteln noch sich seiner auf englisch-bigotte Art zu bedienen. Sie haben *„Kultur“* als Wort und Begriff immer vorgezogen – warum doch? Weil dieses Wort rein menschlichen Inhaltes ist, während wir beim anderen einen politischen Einschlag und Anklang spüren, der uns ernüchtert, der es uns zwar als wichtig und ehrenwert, aber nun einmal nicht als ersten Ranges erscheinen lässt; weil dieses innerlichste Volk, dies Volk der Metaphysik, der Pädagogik und der Musik ein nicht politisch, sondern *moralisch* orientiertes Volk ist. So hat es sich im politischen Fortschritt zur Demokratie, zur parlamentarischen Regierungsform oder gar zum Republikanismus zögernder und uninteressierter gezeigt als andere, – woraus man schließen zu müssen, zu dürfen geglaubt hat, und zwar nicht nur *extra muros*[1], dass diese Deutschen ein exemplarisch unrevolutionäres Volk, das eigentlich unrevolutionäre unter allen seien … Warum nicht gar! Als ob nicht Luther und Kant die Französische Revolution zum mindesten aufwögen. Als ob nicht die Emanzipation des Individuums vor Gott und die Kritik der reinen Vernunft ein weit radikalerer Umsturz gewesen wäre als die Proklamierung der „Menschenrechte“. – Mit unserem Moralismus aber hängt unser Soldatentum seelisch zusammen, ja, während andere Kulturen bis ins Feinste, bis in die Kunst hinein die Tendenz zeigen, völlig die Gestalt der zivilen Gesittung anzunehmen, ist der deutsche Militarismus in Wahrheit Form und Erscheinung der deutschen Moralität.

Die deutsche Seele ist zu tief, als dass Zivilisation ihr ein Hochbegriff oder etwa der höchste gar sein könnte. Die Korruption und Unordnung der Verbürgerlichung ist ihr ein lächerlicher Gräuel. […] Und dieselbe tiefe und instinktive Abneigung ist es, die sie dem pazifistischen Ideal der Zivilisation entgegenbringt: ist nicht der Friede das Element der zivilen Korruption, die ihr amüsant und verächtlich scheint? Sie ist kriegerisch aus Moralität, – nicht aus Eitelkeit und Gloiresucht oder Imperialismus. [...]

Und also sucht Deutschland den Krieg? Also „hat es den Krieg gewollt?“ – Das hat es nicht. Händlertum hat ihn angestiftet, skrupellos, lästerlich, denn es weiß nichts vom Kriege, es fühlt und versteht ihn nicht, wie sollte es Ehrfurcht kennen vor seinen heiligen Schrecken? Dass ein Volk kriegerisch sein könne und dabei geduldig aufs äußerste, bis zum Rande der Demütigung, bis zur Gefährdung der Existenz selbst, – das deutsche Volk, einzig hierin unter allen, beweist es. Der Soldat aus Moralität ist kein Kampfhahn mit rasch schwellendem Kamm, kein hitzig hochfahrender Draufgänger. Ob aber ein Volk wahrhaft kriegerisch ist, zeigt sich daran, ob es sich, wenn der Krieg Schicksal wird, verschönt oder verzerrt.

Deutschlands ganze Tugend und Schönheit – wir sahen es jetzt – entfaltet sich erst im Kriege. Der Friede steht ihm nicht immer gut zu Gesicht – man konnte im Frieden zuweilen vergessen, wie schön es ist. Fürchtet wer, dass der feierliche Kampf, den es um sein großes Lebensrecht führt, es in seiner Gesittung, seiner Kultur zurückwerfen könnte? Es wird freier und besser daraus hervorgehen, als es war. Aber sehen wir nicht auch, dass der Krieg die andern, die mit Auszeichnungen zivilisierten Völker gemein und elend macht? Wo ist nun Englands Anstand? Es lügt, dass wir uns statt seiner schämen. Und Frankreich? Geht seine Generosität und Menschlichkeit nicht unter in einem Rausch von Tollwut und schimpflicher Hysterie? Während dem soldatischen Sinn der Krieg als ein Innerhalb von Gesittung und Ehrenhaftigkeit, als wissenschaftliche Operation fast erscheint, – welche Nichtswürdigkeit, welche Zügellosigkeit findet das zivile Frankreich nicht gedeckt durch sein alles hinwerfendes *„C'est la guerre“*? Die letzten Mittel schienen ihm gut für den Anfang: Franktireurtücke[2] und Schändung Verwundeter. Ich berufe mich nicht auf vage Gerüchte und Vorwürfe. Ich halte mich an das, was feststeht: an die erwiesene Verwendung unzulässiger Geschosse, an die Liste gefallener, gemordeter deutscher Ärzte, an die amtlichen Mitteilungen des Generalstabsarztes der deutschen Armee, an Erlasse des französischen Oberkommandos selbst, worin zügellose Plünderungen im eigenen Lande festgestellt und mit Strafe bedroht werden. Dieser raschen Verwilderung der Truppen entspricht eine Verwilderung des Wortes und des öffentlichen Geistes, die vielleicht noch schimpflicher ist. [...]

Es ist wahr: der deutschen Seele eignet etwas Tiefstes und Irrationales, was sie dem Gefühl und Urteil anderer, flacherer Völker störend, beunruhigend, fremd, ja widerwärtig und wild erscheinen lässt. Es ist ihr „Militarismus“, ihr sittlicher Konservatismus, ihre soldatische Moralität, – ein Element des Dämonischen und Heroischen, das sich sträubt, den zivilen Geist als letztes und menschenwürdigstes Ideal anzuerkennen. Dies Volk ist groß auch auf dem Feld der Gesittung – nur lächerliche Ignoranz leugnet es. Jedoch der Gesittung *verfallen* will es nicht, und es ist gegen seinen Geschmack, von der Zivilisation ein scheinheiliges oder eitles Aufheben zu machen. Es ist wahrlich das unbekannteste Volk Europas, sei es nun, weil es so schwer zu kennen ist, oder weil Bequemlichkeit und Dünkel die bürgerlichen Nachbarn hinderten, sich um die Erkenntnis Deutschlands zu bemühen. Aber Erkenntnis muss sein, Leben und Geschichte bestehen darauf, sie werden es als untunlich erweisen, die sendungsvolle und unentbehrliche Eigenart dieses Volks aus wüster Unkunde gewaltsam zu verneinen. Ihr wollet uns einzingeln, abschnüren, austilgen, aber Deutschland, ihr seht es schon, wird sein tiefes, verhasstes Ich wie ein Löwe verteidigen, und das Ergebnis eures Anschlages wird sein, dass ihr euch staunend genötigt sehen werdet, uns zu studieren.

Thomas Mann, Gedanken im Kriege, in: ders., Ausgewählte Essays in 3 Bdn., Bd. 2: Politische Reden und Schriften, ausgewählt, eingeleitet u. erläutert v. Hermann Kurzke, Fischer Taschenbuch, Frankfurt/M. 1977, S. 23, 30–33, 36 f.

1 *extra muros* (lat.): außerhalb der Mauern
2 Franktireur: Heckenschütze

1 Arbeiten Sie die Unterschiede heraus zwischen deutscher „Kultur“ und westlicher „Zivilisation“, wie sie Mann darstellt.

2 Erläutern Sie, wie die nationalen Identitäten von Deutschen und ihren westlichen Nachbarn bewertet werden.

3 Erklären Sie die Gegenüberstellung von deutscher „Kultur" und westlicher „Zivilisation" aus der historischen Situation, in der Mann seinen Vortrag gehalten hat.

M 3 Der deutsche Theologe Adolf von Harnack (1851–1930) über den Gegensatz zwischen den französischen Ideen von 1789 und den deutschen „Ideen von 1914" (1915)

Ferner aber, seit etwa zwei Jahrhunderten und etwas mehr, schweben drei große Worte als Ziele politisch-sozialen Lebens über der westeuropäischen Menschheit, nämlich die Worte: *Freiheit, Gleichheit, Brüderlichkeit*. […] Wir wissen: Diese drei Worte sind entweder gar nichts, ein oberflächliches Gerede, ein leerer Schall und eine schwere Irreführung, oder aber, wenn sie im tiefsten Sinn erfasst und auf ihre wahren Wurzeln zurückgeführt werden, sind sie in der Tat die großen Ziele, zu denen sich zu entwickeln eines Volks und der Menschheit würdig ist. Wie steht es heute unter uns mit ihnen?

Freiheit! […] Nicht Willkür, ungebundene Zügellosigkeit und Sinnenfreude ist Freiheit. Sie bringen schließlich nur Überdruss und Ekel und innerliche Selbstauflösung. Dagegen, wo die wahre Freiheit braust, in der Sollen und Wollen unter einem großen Gedanken eins sind, da blüht und glüht das Leben […].

Weder Knechte des Auslandes noch Knechte im Innern wollen wir sein; alles Knechtische liegt unter unsrem Fuße! Der Gott, der Eisen wachsen ließ, der wollte freie Leute. Der Krieg hat sie erweckt! Aber wir müssen durchhalten und wir werden durchhalten! Glauben Sie mir – „allein schon durch den Willen sind wir von den Banden frei". Dieser Wille, unsre Freiheit zu halten, hat sich schon als unwiderstehlich gezeigt und wird sich nicht niederwerfen lassen.

Zweitens, *Gleichheit!* Wir haben einen großen Gleichmacher, das ist der Tod. Traurig aber ist es, wenn es in der Gesellschaft, im Volke keinen andren Gleichmacher gibt als den Tod. Aber jetzt ist ein andrer Gleichmacher aufgestanden: der Krieg. Ja, auch der Krieg ist ein großer Gleichmacher. Warum ist er es? Weil es in dem Kriege hervortritt für alle gleich: Du musst unverbrüchlich gehorchen und du bist berufen – heute, morgen, in den nächsten Stunden kann's geschehen – zu befehlen. […]

Und damit bin schon zum Dritten gekommen: *Brüderlichkeit und Einheit!* Mit wie andern Augen sieht jetzt jeder seinen Landsmann an! Zieht einer hinaus – es wird vielleicht bald von ihm gelten: Er starb für dich, und mit Ehrfurcht sieht man ihn hinausziehen. Dort sieht man eine Mutter – vielleicht wird schon morgen von ihr gelten: Sie hat das Opfer ihres Sohnes dem Vaterlande gebracht, und so geht es fort, Hunderte, Tausende! Das große Opfer schafft die große Brüderlichkeit, und wir verstehen wieder etwas von den hohen Ideen, die in matten Zeiten unverstanden und kraftlos am Boden liegen, ja wohl sogar verspottet werden: *Opfer, Genugtuung, Stellvertretung*. Sie treten jetzt wieder hervor, werden jedem von uns vor die Augen gerückt und begründen unter uns eine neue Blutsverwandtschaft und Brüderlichkeit.

Adolf von Harnack, Was wir schon gewonnen haben und was wir noch gewinnen müssen, in: Klaus Böhme (Hg.), Aufrufe und Reden deutscher Professoren im Ersten Weltkrieg, Reclam, Stuttgart 1975, S. 94–97.

1 Analysieren Sie die „Ideen von 1914". Konzentrieren Sie sich dabei auf die Begriffe Freiheit, Gleichheit, Brüderlichkeit und die folgenden Leitfragen:
a) Geben Sie wieder, was der Theologe Harnack unter diesen Begriffen versteht.
b) Erläutern Sie, gegen welche Interpretation dieser Begriffe er sich absetzt.
c) Arbeiten Sie die politisch-gesellschaftlichen Ziele des Autors heraus.

M4 ***„Destroy this mad brute"*, US-Plakat zur Rekrutierung von Soldaten, 1917**

1 Interpretieren Sie das Plakat. Achten Sie auf einzelne Elemente wie die Kopfbedeckung und den beschrifteten Stock.

M5 Der deutsche Politikwissenschaftler und Zeithistoriker Karl Dietrich Bracher über den „Sonderweg" Deutschlands in die Katastrophe des Nationalsozialismus (1979, zuerst 1969)

Man kann vier große Entwicklungszusammenhänge unterscheiden, in denen sich die spezifisch politischen Voraussetzungen des Nationalsozialismus herausgebildet haben. Der erste wichtige Zusammenhang ist die Sonderlage und das Sonderbewusstsein der Deutschen gegenüber der Französischen Revolution und ihren Folgen. Der zweite wird durch das Scheitern der Revolution von 1848 und seine Konsequenz, Bismarcks konservativ-nationale Revolution von oben, bezeichnet. Drittens schufen die inneren Strukturprobleme des neuen Deutschen Reiches und sein im Ersten Weltkrieg gipfelnder Drang zur Weltmacht die unmittelbaren Voraussetzungen für das Entstehen und die Entfaltung des Nationalsozialismus selbst. Die tiefe Enttäuschung über das Scheitern von 1918 machte – viertens – die krisenreiche Nachkriegsgeschichte der Weimarer Republik zum Sprungbrett für die Diktatur Hitlers.

1. Die geografische Mittellage im Herzen Europas und die besondere Führungsstellung im mittelalterlichen Imperium hatten Deutschland daran gehindert, gleichzeitig mit den westlichen Nationen eine zentral regierte, historisch-national begründete Staatlichkeit zu finden, nachdem das alte Reich in lose verbundene Territorialstaaten zerfallen war. [...] Die anfängliche Begeisterung für die Prinzipien der Französischen Revolution machte dann unter dem Eindruck des Terrors und der aggressiven Expansion der Revolution und Napoleons einer tief greifenden Ernüchterung Platz. Es begann die romantisch-mystische Begründung eines nationalen Sonderbewusstseins, einer Sonderstellung der Deutschen gegenüber dem Westen und seiner Revolutions- und Staatsphilosophie. [...] Während die Freiheitskriege gegen Napoleon die nationalen Interessen in den Vordergrund rückten, ermöglichten sie schließlich der Restauration den Sieg über innere Reform- und Revolutionsbestrebungen.

2. Die weltgeschichtliche Folge, die zumal nach dem Scheitern der bürgerlich-liberalen Revolution von 1848 auftrat, war eine Entfremdung und Trennung des deutschen Staatsdenkens von der westeuropäischen Entwicklung. Während das deutsche Sonderbewusstsein immer stärker antiwestliche Züge entwickelte, geriet auch die starke liberale Bewegung zunehmend in den Bann einer außenpolitisch bestimmten Freiheits- und Einheitskonzeption, die das innenpolitische Freiheits- und Verfassungsideal verdrängte. [...] Indem sie den Primat der äußeren Einheit vor der inneren Freiheit anerkannte, unterwarf sich die demokratische Verfassungs- und Reformbewegung erneut den vordemokratischen Gewalten der Höfe, des Militärs und der Bürokratie. An der Spitze des preußischen Obrigkeitsstaates, der Hauptstütze und dem Symbol der reaktionä-

ren Ordnungsmächte, vermochte Bismarck den ersehnten deutschen Nationalstaat, das „Zweite Reich“, in einer Revolution von oben zu erzwingen.

Es war eine autoritäre Ersatzlösung für den 1848 erstrebten liberal-demokratischen Nationalstaat. Aber indem sie den äußeren Wunsch der Einheitsbewegung erfüllte, gelang es ihr überraschend schnell, die bürgerlich-liberale Emanzipationsbewegung in die Struktur eines scheinkonstitutionellen, halb absoluten Feudal-, Militär- und Beamtenstaates einzugliedern. Das deutsche Bürgertum kapitulierte vor dem vielzitierten Wort Bismarcks, nicht durch Reden und Majoritätsbeschlüsse würden die großen Fragen der Zeit entschieden, sondern durch Eisen und Blut. Gleichzeitig fürchtete es die Forderungen des aufsteigenden Sozialismus und die Folgen einer konsequenteren Demokratisierung. Nirgends wagte es das Bündnis mit den Sozialdemokraten, das eine konstitutionell demokratische Entwicklung ermöglicht hätte. […] Unter dem Eindruck der Bismarck'schen Erfolge akzeptierten weite Kreise des Bürgertums jene vulgäre, zynische Auffassung, dass es in der „Realpolitik“ allein auf die Macht und nicht auf Recht und Moral ankomme. […] Machtkultur und Untertanengeist waren die beiden Pole dieser Fehlhaltung. […]

3. So war das Bismarck-Reich von Anfang an großen Spannungen ausgesetzt und mit Strukturfehlern belastet, die vom Glanz der Gründerzeit nur oberflächlich verdeckt wurden. Sie behinderten die Entfaltung eines funktionsfähigen parlamentarischen Systems und verantwortungsfreudiger Parteien. Besonders katastrophal war der Niedergang der Liberalen, die noch in den siebziger Jahren die absolute Mehrheit im Reich und in Preußen besessen hatten. Zugleich blockierte der militärisch-bürokratische Obrigkeitsstaat die Mitwirkung der wachsenden Arbeitermassen und ihrer sozialdemokratischen und gewerkschaftlichen Organisationen. […] Es bestand eine tiefe Diskrepanz zwischen gewandelter gesellschaftlicher Struktur und politischer Ordnung, die mit der industriellen Revolution so tief geänderte soziale Situation fand keine angemessene Berücksichtigung. Nach dem Sturz Bismarcks wuchs die Neigung, dies Problem durch eine Ablenkung des Interessendrucks nach außen (im Sinne eines Sozialimperialismus) zu neutralisieren. Auch außenpolitisch verstand sich das neue deutsche Einheitsreich als „verspätete Nation“. Konservative und Liberale trafen sich in der Überzeugung, Deutschland müsse möglichst rasch den nationalen und imperialen Vorsprung der Weltmächte aufholen, es habe einen natürlichen Anspruch, als Großmacht die Hegemonie über Mitteleuropa zu erringen und sich an der kolonial- und wirtschaftspolitischen Durchdringung und Verteilung der Welt zu beteiligen. […]

Die sozialen und ökonomischen Ursachen dieser internationalen Isolierung des deutschen Imperialismus, die der Vorgeschichte und Geschichte des Ersten Weltkrieges zugrunde liegen, sind schon früh und scharf erkannt worden. Der kontinental politische Drang der großagrarischen Junker musste die russischen, der kolonial-politische Drang der Großindustriellen die englischen Interessen treffen. Dass beides gleichzeitig betrieben wurde, weil die verschiedenen Richtungen nicht in eine abgewogene Außenpolitik gebändigt werden konnten, hatte jene „Außenpolitik des Sowohl-als-Auch“ zur Folge, die dem wilhelminischen Reich schließlich die vielbeklagte „Welt von Feinden“ bescherte und die wilden Expansionsträume der Kriegszeit begünstigte. Gewiss gab es vernünftige Alternativen zu dieser Entwicklung, aber die tiefe Diskrepanz von politischer und sozialer Struktur setzte jedem Versuch zur Lösung des außenpolitischen Dilemmas ebenso enge Grenzen, wie sie eine rechtzeitige innenpolitische Reform verhinderte. Hitler hat diese Erbschaft wieder aufgenommen, nachdem es der Weimarer Republik nicht gelungen war, die Auseinandersetzung mit einem radikalen Revisionismus, der letztlich die Ergebnisse des Krieges rückgängig machen wollte, zu bestehen. Hitler hat die Problematik in entschiedener Wendung vom kolonialpolitischen zum kontinental-imperialen Expansionismus gewaltsam zu lösen gesucht. […]

4. Die reale Lage der Weimarer Republik war zwar durch die eindeutige Niederlage des Deutschen Reiches und seine rigorose Beschneidung im Versailler Friedensvertrag bestimmt. Aber gerade der Protest, die Nichtanerkennung dieses Rückschlags hat dem

Gedanken des nationalen Machtstaats auf Kosten der demokratischen Neuordnung eine besondere Intensität verliehen. Die Versuche zu einer friedlichen Aufbau- und Verständigungspolitik in Europa waren auch durch das Misstrauen der Westmächte, die Schwäche des Völkerbunds und die Isolationspolitik der USA beeinträchtigt. Sie standen aber vor allem unter dem Druck eines nationalistischen Revisionismus, der zumal während der Krisen zwischen 1918 und 1923 und erneut mit dem Ausbruch der Wirtschaftskrise von 1929 weite Kreise der deutschen Bevölkerung erfasste. Die Weimarer Außenpolitik, zwischen Ost und West, Widerstand und Erfüllung, Kooperation und Revision schwankend, vermochte diese Dynamik nicht aufzufangen.

Diese ambivalente Situation spiegelte sich auch vor allem in den außenpolitischen Zielen des Nationalsozialismus. Tagespolitisch trat er als schärfster Exponent der Anti-Versailles-Bewegung auf; ideologisch griff er auf die älteren Vorstellungen von der deutschen Sonderstellung in Europa zurück und entwickelte die Doktrin von der kultur- und rassenpolitischen Führungsrolle eines künftigen „germanischen Reiches deutscher Nation". In der Persönlichkeit und Gedankenwelt Hitlers war dieser national-imperialistische Hegemonialanspruch noch um die spezifisch österreichische Volkstumsideologie des großdeutschen Gedankens erweitert; sie hat die preußisch-deutschen Komponenten des Expansionsdenkens auf bedeutsame Weise überlagert. Hinter dem Schleier einer geschickt missbrauchten Revisionstaktik, die viele innerhalb wie außerhalb Deutschlands getäuscht hat, hielt Hitler von Anfang an unbeirrt an seinem unverrückbaren Fernziel fest: nicht nur das nationalstaatliche Territorium abzurunden, sondern den „Lebensraum" weit über den „Rassekern" des deutschen Volkes hinaus gewaltsam zu vergrößern. Hitlers Grundgedanke war die Erweiterung, ja, Sprengung des bloß nationalstaatlichen Expansionsprinzips durch das imperiale Prinzip der biologisch-rassisch bedingten Herrschaft des Stärkeren – mit den beiden Stoßrichtungen: nach Osten gegen die als rassisch minderwertig betrachteten Slawen, nach innen gegen die zum „Weltfeind Nr. 1" erklärten Juden.

Umstritten ist nach wie vor die Frage, welche Rolle im Kreis dieser Ursachen des Nationalsozialismus der vielzitierte deutsche Militarismus gespielt hat. [...] Aber freilich ist ohne die militärisch-politische und staatliche Ordnungstradition Preußens weder die Militarisierung des Denkens und Lebens in weiten Kreisen des Kaiserreichs und der Weimarer Republik noch vor allem dann der Aufbau und die Kampfkraft des totalen Staates zu denken. Die Allianz von Nationalismus und Militarismus im Ersten Weltkrieg war Hitlers großes Erlebnis, ihre Fortsetzung im Kampf gegen die Weimarer Republik und im Bündnis der reaktionären Nationalisten mit der nationalsozialistischen Revolutionsbewegung hat 1933 erst möglich gemacht. [...]

Die besonderen geschichtlichen Vorbelastungen und Gärungskräfte der deutschen Staats- und Nationalidee sammeln sich so in ihrer äußersten Zuspitzung in der Ideologie des Nationalsozialismus. Aber zugleich ist richtig, dass der nationalsozialistischen „Weltanschauung" im Unterschied zu Marxismus und Kommunismus keine konsistente Philosophie oder Theorie zugrunde lag. Es handelte sich um ein eklektizistisches Konglomerat von Ideen und Mentalitäten, Vorstellungen und Wünschen, Emotionen der verschiedensten Herkunft, das erst durch die Manipulation einer radikalen politischen Bewegung in einer Krisensituation zusammengeschweißt worden ist. Man steht damit vor der zentralen Frage nach Notwendigkeit und Freiheit der deutschen Entwicklung zum Nationalsozialismus. Deutschlands Weg zum Dritten Reich war nicht zwangsläufig. Dass dieser Weg gerade in Deutschland und nicht in anderen Ländern beschritten werden konnte, lag sowohl am spezifischen Charakter der antidemokratischen Strömung in Deutschland wie an den besonderen Umständen, unter denen sich dann der Aufstieg des Nationalsozialismus in der Weimarer Republik vollzog. Letzte Ursache jedoch war der tiefe Bruch des deutschen mit dem westlichen Staatsdenken und die Ausbildung eines deutschen Sonderbewusstseins, das früh antiwestliche Züge annahm.

Karl Dietrich Bracher, Die deutsche Diktatur. Entstehung, Struktur, Folgen des Nationalsozialismus, 6. Aufl., Ullstein, Frankfurt/M. 1979, S. 16–23.

1 **Arbeitsteilige Gruppenarbeit:**
a) Bilden Sie vier Gruppen und erklären Sie jeweils einen der von Bracher genannten Entwicklungszusammenhänge, die den Aufstieg und die Durchsetzung des Nationalsozialismus begünstigt oder gefördert haben.
b) Präsentieren Sie Ihre Ergebnisse mithilfe einer Visualisierung.

2 Erläutern Sie, ausgehend von dem Text Brachers, den Begriff der negativen Sonderwegs-These (siehe auch Darstellungstext, S. 92 ff., sowie M 6 a).

3 Diskutieren Sie folgende Frage: Hat sich die Bundesrepublik Deutschland von den Traditionen gelöst, die Deutschland nach Bracher bis 1945 geprägt haben? Beziehen Sie sich dabei auf die alte Bundesrepublik Deutschland bis 1989 sowie auf das wiedervereinigte Deutschland nach 1989/90.

M6 Der deutsche Historiker Heinrich August Winkler über das nationale Selbstverständnis des wiedervereinigten Deutschland (1994 und 2000)

6 a) Die Wiedervereinigung Deutschlands 1989/90 (1994)

Die Modernisierung des deutschen Begriffs von Nation gehört in einen größeren Zusammenhang: die kritische Aufarbeitung der historischen Abweichung vom Westen, des „deutschen Sonderweges" also. Wenn deutsche Historiker, Philosophen und Schriftsteller vor 1945 von einem besonderen deutschen Weg sprachen, der sich von dem Westeuropas abhebe, war das in der Regel positiv gemeint. Der angeblich bloß äußerlichen Zivilisation des Westens stellten sie die innerliche Kultur Deutschlands, der demokratischen Mehrheitsherrschaft den starken Staat gegenüber, den Deutschland schon wegen seiner bedrohten Grenzen gebraucht habe und weiterhin brauche. Nach dem Zweiten Weltkrieg erschien der „deutsche Sonderweg" auch vielen Deutschen in einem neuen Licht: Er wurde zum Inbegriff jener Traditionen, die die „deutsche Katastrophe" der Jahre 1933 bis 1945 möglich gemacht hatten.

Der Ausgangspunkt der wissenschaftlichen Debatte war die Frage, warum Deutschland als einziges hochentwickeltes Industrieland im Zuge der Weltwirtschaftskrise nach 1929 sein demokratisches System zugunsten einer totalitären Diktatur von rechts aufgab. Die Antworten stimmten meist darin überein, dass Deutschland bis 1918 ein von vorindustriellen Eliten beherrschter Obrigkeitsstaat war und dass die erste deutsche Demokratie, die Weimarer Republik, vor allem an diesem autoritären Erbe zugrunde gegangen ist. Das Ende des deutschen Sonderweges kam nach dieser Deutung erst im Gefolge des „Zusammenbruchs" von 1945: Dem ostelbischen Rittergutsbesitz, der bei der Zerstörung der Weimarer Republik eine entscheidende Rolle gespielt hatte, wurde durch den Verlust der deutschen Ostgebiete und die „Bodenreform" in der sowjetischen Besatzungszone im Wortsinn der Boden entzogen; es gab jahrelang kein deutsches Militär; das Land Preußen wurde durch ein Gesetz des Alliierten Kontrollrats 1947 formell aufgelöst; der deutsche Nationalismus war durch den Nationalsozialismus langfristig diskreditiert, ja historisch entlegitimiert.

In der neueren Diskussion, die lange vor der deutschen Wiedervereinigung begann, hat sich ein komplexeres Bild vom deutschen Sonderweg durchgesetzt. *Neben* den autoritären Traditionen wird jetzt die frühe Teildemokratisierung Deutschlands und in diesem Zusammenhang besonders das allgemeine gleiche Wahlrecht für Männer hervorgehoben, das Bismarck 1867 im Norddeutschen Bund und 1871 im Deutschen Reich einführte. Das Nebeneinander von nichtparlamentarischer Regierung und demokratischem Wahlrecht vor 1918 war einer der Widersprüche im deutschen Modernisierungsprozess, von denen später Hitler profitierte. Er konnte, seit 1930 ein autoritäres Präsidialsystem an die Stelle der gescheiterten parlamentarischen Demokratie von Weimar getreten war, an *beides* appellieren: an die verbreiteten Ressentiments gegenüber dem neuen, angeblich „undeutschen" Parlamentarismus *und* an den seit langem verbrieften, nunmehr fast wirkungslos gewordenen Anspruch des Volkes auf politische Mitbestimmung. Der tiefere Grund für das Scheitern der ersten deutschen Demokratie und für Hitlers Triumph lag mithin darin, dass es Weimar nicht gelungen war, das zwiespältige Erbe zu meistern, das ihm das Kaiserreich hinterlassen hatte.

Nach dem Ende aller deutschen Sonderwege, des antiwestlichen des Deutschen Reiches, des postnationalen der alten Bundesrepublik und des internationalistischen der DDR, ist ganz Deutschland erstmals ein demokratischer, fest in den Westen integrierter Nationalstaat. Die Konsequenzen, die sich daraus ergeben, werden den Deutschen erst allmählich bewusst. Solange es alliierte Vorbehaltsrechte in Bezug auf Deutschland als Ganzes gab, hatte sich die Bundesrepublik aus vielen Weltkonflikten heraushalten können. Der Souveränitätszuwachs, der mit der Vereinigung verbunden ist, hat dieser Sonderrolle den Boden entzogen. Das vereinte Deutschland muss als Mitglied der Vereinten Nationen auch auf militärischem Gebiet mehr Verantwortung übernehmen, als der alten Bundesrepublik je zugemutet wurde.

Vonseiten seiner östlichen Nachbarn richten sich an das vereinte Deutschland Erwartungen, denen es, wenn überhaupt, nur in engem Zusammenspiel mit seinen Verbündeten gerecht werden kann. Innerhalb der Europäischen Union muss Deutschland gleichzeitig auf die Ausweitung der Gemeinschaft in Richtung der neuen Demokratien im östlichen Mitteleuropa *und* auf die Demokratisierung der Gemeinschaft drängen. Die Ausweitung der Gemeinschaft ist erforderlich, um die neuen Demokratien dauerhaft zu stabilisieren. […]

Eine konstruktive Rolle in Europa und der Welt kann Deutschland aber nur spielen, wenn es für seine inneren Probleme konstruktive Lösungen findet. Die Angleichung der Lebensverhältnisse in West- und Ostdeutschland erfordert eine Kraftanstrengung, wie sie den Deutschen seit dem Wiederaufbau nach dem Zweiten Weltkrieg nicht mehr abverlangt wurde. Die volle Integration der in Deutschland lebenden Ausländer, die Deutsche werden wollen, […] bedarf […] ebenfalls einer großen Anstrengung. Die Deutschen müssen erneut lernen, eine Nation zu sein, und gleichzeitig ihren Begriff von Nation grundlegend ändern. Sie müssen sich diesen Herausforderungen in einer Zeit stellen, in der zwar die tiefste Rezession der Nachkriegszeit, aber die gleichzeitig sichtbar gewordene Strukturkrise der deutschen Volkswirtschaft noch längst nicht hinter ihnen liegt. Zu Fatalismus oder gar Resignation gibt all das keinen Anlass. Aber so viel erscheint sicher: Die zweite deutsche Demokratie, die vier Jahrzehnte lang nur eine westdeutsche Demokratie war, hat ihre wirkliche Bewährungsprobe erst noch vor sich.

Heinrich August Winkler, Abschied von Sonderwegen. Die Deutschen vor und nach der Wiedervereinigung, in: ders., Streitfragen der deutschen Geschichte [zuerst 1994], C.H.Beck, München 1997, S. 144–147.

6 b) Karikatur zur deutschen Wiedervereinigung, Nicholas Garland (Großbritannien), 1994

1 Interpretieren Sie die Karikatur M 6 b. Berücksichtigen Sie die Informationen aus dem Text M 6 a.

6c) Deutschlands nationales Selbstverständnis heute (2000)

Im Jahre 1945 endete der antiwestliche Sonderweg des Deutschen Reiches. 1990 endeten der postnationale Sonderweg der alten Bundesrepublik und der internationalistische Sonderweg der DDR. Das wiedervereinigte Deutschland ist keine „postnationale Demokratie unter Nationalstaaten", sondern ein demokratischer, postklassischer Nationalstaat unter anderen. Die neue Bundesrepublik ist nicht weniger souverän als andere Mitgliedsländer der Europäischen Union, die ebenfalls Souveränitätsrechte an diese supranationale Gemeinschaft wie an eine andere, die atlantische Allianz, übertragen haben. Dies ist ein Stück jener *europäischen* Normalisierung Deutschlands, die sich 1999 unter der Verantwortung einer rot grünen Bundesregierung, unter Gerhard Schröder als Kanzler und Joschka Fischer als Außenminister, in der Beteiligung der Bundeswehr am internationalen Einsatz im Kosovo niederschlug. In dasselbe Jahr fällt ein anderes Stück dieser Normalisierung: die überfällige Reform des deutschen Staatsbürgerschaftsrechts[1].

Am Vorabend der Wiedervereinigung unterbreitete Peter Glotz[2] einige „Vorschläge zur Identität des größeren Deutschland". Das wichtigste Element der Bildungsidee, die er zusammen mit der Vereinigung entwickelt sehen wollte, lautete: „Der Holocaust als geistiger Wendepunkt der modernen deutschen Nation; natürlich nicht als das einzig wichtige, wohl aber als ein nicht hintergehbares Datum. Die Rolle, die im Kanon des französischen Denkens das Jahr 1789 spielt, kommt im deutschen Kanon der Periode des Faschismus zu. Nationalbewusstsein bedeutet: Auseinandersetzung mit dieser Geschichte, mit den Erfahrungen und Motiven der Schuldigen und Unschuldigen."

Glotz traf einen zentralen Punkt: Während Nationen mit alter demokratischer Tradition auf erfolgreiche Revolutionen zurückblicken können, drängt sich den Deutschen, wenn sie ihre Demokratie historisch begründen wollen, *zuerst* die Erinnerung an den katastrophalen Fehlschlag ihrer Revolution *gegen* die Demokratie in den Jahren 1933 bis 1945 auf. Die nationalsozialistische Diktatur wurde im Nachhinein zum großen *argumentum e contrario*[3] für die westliche Demokratie, für die Menschen- und Bürgerrechte. [...]

Doch die historische Erinnerung an das „Dritte Reich" verlangt mehr als nur den Blick auf die Jahre 1933 bis 1945 und ihre unmittelbare Vorgeschichte: Sie kommt nicht aus ohne den Versuch, den Ort dieser Epoche in der deutschen Geschichte zu bestimmen. Die Erinnerung an die Zeit des Nationalsozialismus kann auch nicht der einzige Bezugspunkt eines aufgeklärten Demokratie- und Nationalbewusstseins des vereinigten Deutschland sein. Freiheit und Einheit, Demokratie und Nation haben eine Geschichte, die weit in die Vergangenheit zurückreicht. Es ist eine widerspruchsvolle Geschichte, die der kritischen Aneignung bedarf.

„Die Bereitschaft zum Erinnern und Gedenken ist abhängig vom Verhältnis des Einzelnen zur eigenen Geschichte, zur Geschichte des eigenen Volkes und abhängig vom Grad der Identifizierung mit Volk, Staat und Nation", heißt es in einem Text von Salomon Korn[4] aus dem Jahr 1996 [...]. „Je näher und unverbrüchlicher man zu den Geschicken der eigenen Gemeinschaft steht, desto eher wird man die Erinnerung an deren Geschichte, die dann auch als die eigene empfunden wird, zu bewahren suchen. Je ambivalenter, schwieriger und brüchiger die Vergangenheit des Volkes ist, dem man angehört, desto mehr Überwindung erfordert die Beschäftigung mit dessen Geschichte, die dann als eigene eher abgewehrt wird. Erinnern und Gedenken werden unter diesen Voraussetzungen zur mühsamen Tätigkeit; sie konfrontieren mit den dunklen Seiten der eigenen Gemeinschaft und erschweren die Ausbildung einer ungebrochenen Identität mit dieser. Erinnern und Gedenken bedeuten dann immer auch Auseinandersetzung mit den Biografien der eigenen Eltern, Großeltern und Vorfahren. Die Bereitschaft, der nationalsozialistischen Verbrechen aufrichtig zu gedenken, hängt von der Bereitschaft der nichtjüdischen Deutschen ab, nationale Identität in ihren geschichtlich geformten Brechungen und Diskontinuitäten aufzunehmen – sich eben nicht in eine scheinbar heile nationale Identität zu flüchten, die zwangsläufig die Erinnerung an den nationalsozialistischen Massenmord auf ihre

Bedürfnisse hin verbiegen, relativieren und schließlich verfälschen muss."

Deutschlands Weg nach Westen war lang und auf weiten Strecken ein Sonderweg. Und wenn auch alle Geschichte eine Geschichte von Sonderwegen ist, so gibt es doch einige, die noch besonderer sind als die anderen. Die Deutschen bedürfen der Vergegenwärtigung ihrer Geschichte aber nicht nur um ihrer selbst willen. Sie sind diese Anstrengung auch dem gemeinsamen Projekt Europa schuldig.

Eine europäische Identität wird sich nicht gegen die Nationen herausbilden, sondern nur mit ihnen und durch sie. Sie alle, die europäischen Nationen diesseits und jenseits des ehemaligen Eisernen Vorhangs, haben Anlass, sich mit ihrer Geschichte und ihren Mythen, den älteren wie den neueren, selbstkritisch auseinanderzusetzen. „Ohne Mythen und Idole lebt es sich sicherlich schwerer", hat der italienische Publizist Angelo Bolaffi 1995 bemerkt. „Aber bestimmt fällt das Denken leichter." Was die Deutschen zur Überwindung *ihrer* Mythen tun, fügt sich also in einen größeren Zusammenhang ein.

Heinrich August Winkler, Der lange Weg nach Westen, Bd. 2: Deutsche Geschichte vom „Dritten Reich" bis zur Wiedervereinigung, C. H. Beck, München 2000, S. 655–657.

---

1 1999/2000 wurde im deutschen Staatsbürgerschaftsrecht das Abstammungsprinzip durch Elemente des Geburtsprinzips ergänzt. Danach können nicht nur Kinder deutscher Eltern, sondern auch Kinder ausländischer Eltern, die in Deutschland geboren werden, unter bestimmten Voraussetzungen die deutsche Staatsangehörigkeit neben der Staatsangehörigkeit der Eltern erhalten. Mit der Volljährigkeit müssen sich diese Kinder jedoch für eine Staatsangehörigkeit entscheiden.
2 Peter Glotz (1939–2005) war sozialdemokratischer Politiker und einer der führenden Intellektuellen der Bundesrepublik Deutschland.
3 *argumentum e contrario:* Umkehrschluss
4 Der Architekt Salomon Korn (geb. 1943) ist Vorsitzender der Jüdischen Gemeinde Frankfurt am Main und stellvertretender Vorsitzender des Zentralrats der Juden in Deutschland.

---

1 Charakterisieren Sie die unterschiedlichen Versionen der Sonderwegs-These (M 6 a).

2 Fassen Sie die Kritik Winklers an den Sonderwegs-Thesen zusammen und geben Sie Winklers Interpretation der neueren deutschen Geschichte wieder (M 6 a).

3 **a)** Erläutern Sie die These vom Ende der deutschen Sonderwege (M 6 a, b).
b) Erörtern Sie die Folgen, die der Abschied von den deutschen Sonderwegen nach Auffassung von Winkler für die Politik wie für die Bürger der Bundesrepublik Deutschland bedeutet.

4 Arbeiten Sie heraus, welchen Stellenwert die Auseinandersetzung mit der deutschen Vergangenheit für das gegenwärtige Selbstverständnis der Deutschen besitzen sollte.

Abschlussdiskussion:

1 Fassen Sie in einer kurzen These das Wesentliche der Deutungen des deutschen Selbstverständnisses in M 2–M 6 zusammen.

2 Ordnen Sie diese Deutungen in den historischen Kontext ein. Beziehen Sie dazu M 8, S. 42 ff. ein.

3 Erörtern Sie die historisch-politischen Folgen dieser unterschiedlichen Definitionen deutscher nationaler Identität.

4 Diskutieren Sie, was es für Sie persönlich bedeutet, die deutsche oder eine andere Staatsangehörigkeit zu besitzen. Greifen Sie die Diskussion zu M 2, S. 74 auf.

5 Jeder Bürger der Bundesrepublik Deutschland besitzt außer der deutschen auch die europäische Staatsangehörigkeit. Erörtern Sie, was das für Sie im Alltagsleben und für Ihr politisches Denken und Handeln bedeutet.

4 Geschichts- und Erinnerungskultur

„Geschichte ist nicht", schrieb der preußisch-deutsche Historiker Johann Gustav Droysen 1857 in seiner „Historik", „die Summe der Geschehnisse, nicht aller Verlauf aller Dinge, sondern ein Wissen von dem Geschehenen und das so gewusste Geschehene. Ohne dies Wissen würde das Geschehene sein, als wäre es nicht geschehen. Denn soweit es äußerlicher Natur war, ist es vergangen; nur erinnert, soweit und wie es der wissende Geist hat, ist es unvergangen; nur gewusst ist es gewiss." Der deutsche Geschichtswissenschaftler Eberhard Jäckel hat diese klassische Formulierung 1988 in seinem Aufsatz „Über den Umgang mit Vergangenheit" so erläutert: „Wir haben also keine Geschichte, wir machen sie uns. Wir haben eine Vergangenheit und entwerfen uns ein Bild von ihr. [...] Man kann in die Vergangenheit nicht zurückkehren, man kann sie nicht betreten wie ein fernes Land, man kann sie nicht sehen. Man kann sie nur erinnern, sich ein Bild von ihr machen, sie vor dem geistigen Auge wiedererrichten. Sie ist nicht irgendwo, wo man sie finden könnte. Man muss sie erfinden."

Wie entsteht historisches Wissen, welche Formen kann es annehmen und welche Aufgaben und Funktionen hat historische Erkenntnis für unsere Gegenwart? Mit diesen Fragen beschäftigen sich die Konzepte und Theorien, die in diesem Kapitel zusammengestellt wurden. Sie setzen sich mit der **Funktion von und dem Umgang mit historischer Erinnerung** (4.1) auseinander, grenzen bestimmte **Formen historischer Erinnerung** (4.2) voneinander ab und diskutieren Begriff, Entstehung und Bedeutung von **Geschichtsbewusstsein und Geschichtskultur** (4.3) in Vergangenheit und Gegenwart.

4.1 Was bedeutet uns heute Geschichte?

Verwissenschaftlichung der Geschichte

Das **Wort „Geschichte"** besitzt im Deutschen eine doppelte Bedeutung. Zum einen bezeichnet es das vergangene Geschehen, zum anderen die Erforschung, das Wissen, die Deutung und Darstellung vergangener Ereignisse, Vorgänge und Handlungen (M 2).

Historisches Wissen beruht auf der kritischen Auswertung und Interpretation überlieferter Zeugnisse aus der Vergangenheit. Diese Aufgabe übernehmen in unserer modernen Gesellschaft in der Regel Historiker, die an einer Universität ausgebildet wurden und ein oder mehrere Examina ablegen mussten. Wer in der Schule Geschichte unterrichten will, in einem Archiv oder einem Museum arbeiten möchte, benötigt ein abgeschlossenes geschichtswissenschaftliches Studium. Dieser Prozess der **Professionalisierung der Geschichte**, bei dem nicht zuletzt die Zugangsvoraussetzungen zu bestimmten, Historikern vorbehaltenen Berufen genau geregelt werden, war eng verbunden mit der **Verwissenschaftlichung der Geschichte** (M 3). Seit dem Zeitalter der Aufklärung, vor allem seit dem 18. und während des 19. Jahrhunderts entwickelte sich die Geschichte immer stärker zu einer eigenständigen wissenschaftlichen Disziplin. Lehrstühle für Geschichte gab es zwar schon früher, aber ihre Inhaber besaßen im Vergleich zu den Theologen, Philosophen oder Rechtswissenschaftlern ein geringeres Ansehen. Das änderte sich seit dem ausgehenden 18. Jahrhundert zunehmend. Die Historiker verfeinerten ihre Methoden der Quellenkritik und legten mit einer ausgefeilten historischen Methodenlehre die Grundlagen für die wissenschaftliche Geschichtsforschung und Geschichtsschreibung. Mit steigender Reputation ihres Faches ging der institutionelle und personelle Ausbau der Geschichtswissenschaft an Hochschulen und Universitäten einher.

Die Geschichte – Lehrmeisterin des Lebens?

Lernen die Menschen aus der Geschichte? Kann man überhaupt aus der Geschichte lernen? Seit der Antike gilt die Geschichte als unentbehrliche praktische Orientierungshilfe bei der Bewältigung der Gegenwart. **„Historia magistra vitae"**, „Die Geschichte ist Lehrmeisterin des Lebens", behauptete der römische Politiker und Philosoph **Cicero** 55 v. Chr. in seinem Traktat „Über den Redner". Bis heute hegen viele Menschen die Hoffnung, aus der Analyse von Ereignissen, Handlungen und Vorgängen der Vergangenheit könnten Grundsätze und Regeln für richtiges, vernünftiges Verhalten in Gegenwart und Zukunft abgeleitet werden. Diese Auffassung setzt allerdings voraus, dass sich menschliches Denken und Verhalten trotz aller Veränderungen grundsätzlich gleicht bzw. wiederholt. Seit dem ausgehenden 18. Jahrhundert brach sich jedoch allmählich die Erkenntnis Bahn, dass durch den beschleunigten gesamtgesellschaftlichen Wandel – z. B. durch die Industrielle Revolution und ihre tief greifenden Folgen – immer wieder Neues entstehe, das sich vom Alten fundamental unterscheidet. Die Erfahrungen und die Erwartungen der Menschen traten zunehmend auseinander, die Menschen begriffen Geschichte als Entwicklung in eine offene Zukunft hinein. Damit verbunden war die Einsicht in die **Einmaligkeit, Unwiederholbarkeit und Unwiederbringlichkeit geschichtlicher Erscheinungen**. Wenn sich aber die Probleme und Problemlösungen verschiedener Epochen nicht mehr miteinander vergleichen ließen, konnten aus der Vergangenheit auch keine Lehren mehr für die Zukunft gewonnen werden. „Da die Vergangenheit die Zukunft nicht mehr zu erhellen vermag, tappt der Geist im Dunkeln", schrieb der französische Adlige **Alexis de Tocqueville** 1840 in seinem Buch „Über die Demokratie in Amerika". Und der deutsche Philosoph **Georg Wilhelm Friedrich Hegel** stellte 1830/31 in der Einleitung zu den „Vorlesungen über die Philosophie der Weltgeschichte" fest: „Man verweist Regenten, Staatsmänner, Völker vornehmlich an die Belehrung durch die Erfahrung der Geschichte. Was die **Erfahrung** aber und die Geschichte lehren, ist dies, **dass Völker und Regierungen niemals etwas aus der Geschichte gelernt und nach Lehren, die aus derselben zu ziehen gewesen wären, gehandelt haben.** Jede Zeit, jedes Volk hat so eigentümliche Umstände, ist ein so individueller Zustand, dass in ihm aus ihm selber entschieden werden muss und allein entschieden werden kann [...]."

Kann man also aus der Geschichte nichts lernen? Gewiss lassen sich aus der Vergangenheit keine konkreten Problemlösungen für die Gegenwart oder Prognosen für die Zukunft ableiten. „Aber birgt nicht Geschichte die einzigen verlässlichen Erfahrungen, aus denen wir zu lernen versuchen können?", fragt der deutsche Historiker **Hans-Ulrich Wehler**. In der Einleitung zu seiner „Deutschen Gesellschaftsgeschichte" weist er 1987 der Geschichtswissenschaft die Aufgabe zu, „größere **Klarheit über unsere Herkunft und über den Weg vor uns**" zu schaffen. „Wissenschaftlich gesicherte Kenntnisse können über historische Chancen und Widerstände in der gesellschaftlichen Entwicklung orientieren und in diesem indirekten, vermittelten Sinn auch politisches Handels anleiten, und zwar unabhängig von der mehr oder minder einflussreichen Stelle, die der Bürger im Gemeinwesen einnimmt." Darüber hinaus öffnet die Kenntnis zurückliegender Epochen den Blick für die Eigenarten der eigenen Lebensformen und -umstände. Überdies kann die Beschäftigung mit fernen Zeiten ebenso wie die Auseinandersetzung mit entfernten Kulturen den geistig-moralischen Horizont weiten. Die **Begegnung mit dem überraschend Anderen, die Reflexion über Fremdheit und Nähe** bisher unbekannter Lebensweisen vermittelt Erfahrungen und Anregungen, die den Menschen sonst verschlossen blieben. „Wer die Enge seiner Heimat ermessen will, reise. Wer die Enge seiner Zeit ermessen will, studiere Geschichte", hat der deutsche Schriftsteller Kurt Tucholsky 1926 daher einmal empfohlen.

Auf die Frage nach den Aufgaben und Funktionen historischen Wissens in der heutigen modernen Welt gibt es also keine einfachen Antworten. Historische Erkenntnisse können das Denken und Handeln der Menschen in der Gegenwart auf vielfältige Weise anregen und bereichern, wie der deutsche Historiker Jürgen Kocka zeigt (M 4). An der Auseinandersetzung über die Bedeutung der Geschichte für unsere moderne Welt haben sich nicht nur Historiker, sondern auch Philosophen beteiligt. „Zukunft braucht Herkunft“, diese These vertritt der deutsche Philosoph Odo Marquard (M 6). Angesichts des beschleunigten gesellschaftlichen Wandels aufgrund der Industrialisierung oder der Globalisierung vermittele das Festhalten an Traditionen den Menschen einen gewissen Halt in einer sich rasch verändernden Welt. Die Menschen versuchten das Gefühl der Fremdheit in der sich ständig wandelnden modernen Gesellschaft dadurch zu kompensieren, dass sie nach etwas Vertrautem suchten, das sie in der Vergangenheit fänden. Hier liegt nach Marquard die Ursache für das große öffentliche Interesse für historische Museen, Denkmäler und Mahnstätten.

1 **a)** Formulieren Sie Ihre persönlichen Erwartungen und Ansprüche an den Geschichtsunterricht.
b) Überprüfen Sie, inwiefern sich Ihre Einstellungen zu Geschichte, zum Geschichtsunterricht und zur Arbeit der Historiker im Einführungstext wiederfinden.

2 Diskutieren Sie: In welchen Formen begegneten Ihnen historische Erinnerungen in Ihrem persönlichen Umfeld bisher? Als erste Anregungen können Ihnen die Bildmaterialien auf den Seiten 6, 15, 20 und 117 dienen. Ließen sich „Lehren“ aus diesen ziehen?

3 Erörtern Sie, ausgehend von dem folgendem Zitat Nipperdeys aus dem Jahre 1982, ob ein menschenwürdiges Dasein ohne historische Kenntnisse wünschenswert oder möglich ist: „Menschen haben eine Geschichte, haben ein Verhältnis zur Vergangenheit. Die Lebensgrundlage der Geschichte ist die Erinnerung. Der Mensch unterscheidet sich vom Tier nicht nur dadurch, dass er für den Hunger von morgen sorgt, sondern auch dadurch, dass er seinen Großvater kennt. Diese Erinnerung ist nicht auf den Einzelnen beschränkt, sie umschließt auch die Erinnerung des Anderen, sie ist gemeinsame und kollektive Erinnerung. Ja, es ist gerade die Erinnerung, die Gemeinsamkeit gründet und bildet.“

M 1 Die weichen Uhren (Die Beharrlichkeit der Erinnerung), Ölgemälde von Salvador Dalí (1904–1989), 1931.

Dalí bezeichnete dieses Gemälde auch als die „Camemberts des Raumes und der Zeit“.

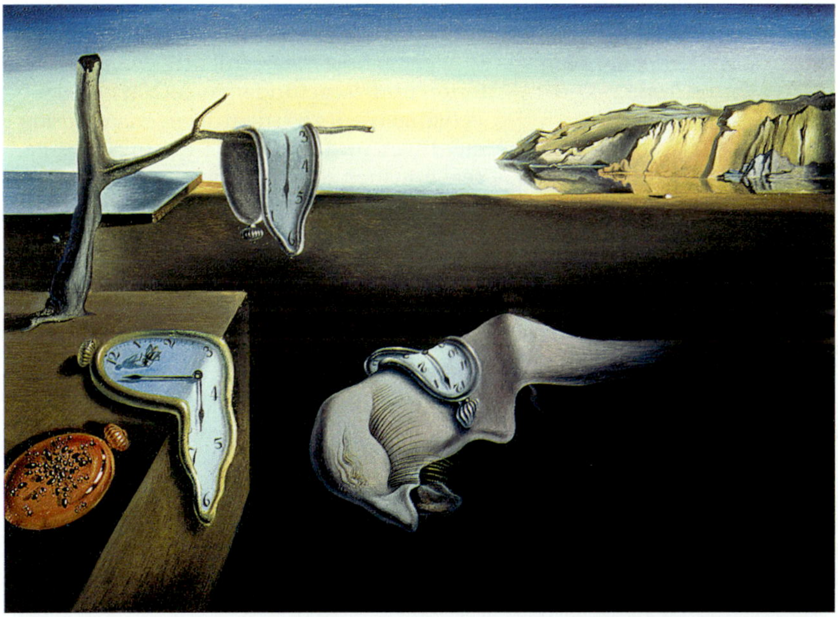

1 Interpretieren Sie M 1. Beziehen Sie den Titel und Dalís zusätzliche Bemerkung in Ihre Interpretation mit ein.

M2 Die objektive und die subjektive Geschichte – Anmerkungen zum Begriff der „Geschichte"

Der Erziehungswissenschaftler Erhard Wiersing schreibt (2007):

Der Gegenstand der *Theorie der Geschichte* ist ein doppelter: „Geschichte" in ihrer objektiven und in ihrer subjektiven Bedeutung. Im *objektiven* Sinne meint der Begriff Geschichte – dies gilt ebenso für die Entsprechungen *history, histoire* usw. in anderen Sprachen – den komplexen Geschehenszusammenhang, in dem sich alle menschliche Kultur, im Kleinen wie im Großen, in der Zeit ereignet und wandelt, im *subjektiven* Sinne meint er die Erforschung, das Wissen, die Deutung und die (re-)konstruktive Darstellung dieses Geschehenszusammenhanges oder einzelner seiner Teile. Hierfür wird zur Vermeidung möglicher Missverständnisse des doppeldeutigen Begriffs „Geschichte" oft auch der Begriff „Historie" gebraucht.

Als *objektiv* können geschichtliche Phänomene insofern gelten, als es sich bei ihnen um Ereignisse, Taten, Werke, Situationen, Verhältnisse und Abläufe in der Welt des Menschen handelt, die, rückwärts gewandt, als unwiederholbar, unwiderruflich und einmalig erscheinen, also als geschehene Tatsachen unverrückbar „feststehen", und, vorwärts gewandt, offen oder verdeckt gleichsam aus sich selbst heraus in die Zukunft hineinwirken, ohne dass sie gänzlich von ihrer Vergangenheit her bestimmt erscheinen. Geschichte in diesem Sinne vollzieht sich gleichsam hinter dem Rücken der Menschen: Sie mögen diese Geschichte kennen oder nicht, sich eine andere Vergangenheit wünschen, als sie haben, sie in ihr aktuelles Handeln bewusst einbeziehen oder sie ignorieren wollen. Immer ist ihre Gegenwart zwangsläufig eine Fortsetzung ihrer Vergangenheit und immer befindet sich jede Veränderung zur Zukunft hin im „Strom der Zeit". Ein absoluter Neuanfang ist den Menschen grundsätzlich verwehrt, und hinter den einmal geschaffenen kulturellen und gesellschaftlichen Stand, wie er sich etwa in der Ausbildung der Sprachen, in der Erfindung von Werkzeugen, in der immer differenzierteren Erkenntnis der physischen Natur, in der Konzeption von Ideen und in der Schaffung von Institutionen niedergeschlagen hat, können sich die Menschen – eine gesellschaftliche Kontinuität vorausgesetzt – nicht mehr auf eine frühere Stufe und erst recht nicht auf die einer als möglich vermuteten „natürlichen" Existenzform zurückfallen lassen. […]

Weil nun aber alle als objektiv vorausgesetzte Geschichte dem Menschen über historische Zeugnisse nur als ein Bewusstseinsphänomen zugänglich ist, kann diese streng genommen, also erkenntnistheoretisch, nur als eine *subjektive* Geschichte gelten. […] Unser heutiger Blick auf die Geschichte der Völker, der Kulturkreise und der ganzen Menschheit ist erst allmählich aus einem reflexiven Umgang mit der Geschichte selbst gewonnen worden. Die subjektive Seite der Geschichte hat, indem sie von Anfang an an bestimmte Erkenntnisfähigkeiten und -leistungen des Menschen gebunden ist, deshalb einen anderen Status als die objektive Seite der Geschichte. Erst dadurch, dass Menschen eine Vorstellung von ihrer persönlichen und kollektiven Vergangenheit und von den Möglichkeiten ihrer Zukunft haben, ihr Handeln und Wahrnehmen sich über den erlebten Augenblick hinaus erstreckt und sie das vielfältige, in sich widersprüchliche Kaleidoskop von persönlichen Erlebnissen, Erfahrungen, gehörten Geschichten, von überlieferten und vorgefundenen Zeugnissen der Vergangenheit zu einem Sinnganzen zusammenfügen und auf dieser Deutungsgrundlage dann auch selbst handeln und in den objektiven Geschichtsprozess eingreifen, wird Geschichte in diesem zweiten Sinne möglich und Geschichte im ersten Sinne gemacht.

„Geschichte" und „Historie" sind dabei auf eine komplexe Weise untrennbar miteinander verbunden. […] So ist die historische Deutung nicht einfach ein mehr oder weniger gelungenes Abbild dessen, was sich vermutlich „wirklich" zugetragen hat, sondern das, was Menschen sehr selektiv, interessengeleitet daraus machen und was ihnen in Abhängigkeit von ihrer Gesellschaft und Zeit überhaupt erst denkbar und erforschbar ist oder erscheint. Während den Menschen die letztere Abhängigkeit nur über eine Theorie und eine Geschichte des historischen Denkens zugänglich ist, ist ihnen die erstere bereits im Alltagsverstand mehr oder weniger bewusst. So wissen wir, dass das allermeiste von dem, was Menschen und Völker selbst erleben oder berichtet bekommen, über kurz oder lang vergessen wird, ja wegen der erdrückenden Menge ständig neuer Erfahrungen und des immer begrenzten individuellen und kollektiven Gedächtnisses auch in der Historie unberücksichtigt bleiben muss. So wie Individuen immer nur das behalten, was eine persönliche Bedeutung für sie hat, hat auch nur das eine Chance, in den Grundstock des gesellschaftlichen Wissens bzw. – im Falle der Historiker von Beruf – des historischen Wissens aufgenommen und überliefert zu werden, was einer größeren Menschengemeinschaft wichtig erscheint und was dann sekundär auch zum Gegenstand geschichtstheoretischer Reflexionen werden kann.

Erhard Wiersing, Geschichte des historischen Denkens. Zugleich eine Einführung in die Theorie der Geschichte, Schöningh, Paderborn 2007, S. 19–21.

1 **a)** Erläutern Sie die Begriffe „Geschichte im objektiven Sinne" und „Geschichte im subjektiven Sinne".
b) Erklären Sie die Zusammenhänge zwischen „Geschichte" und „Historie".

2 Nehmen Sie Stellung zu dieser These des Autors: „So ist die historische Deutung nicht einfach ein mehr oder weniger gelungenes Abbild dessen, was sich vermutlich ‚wirklich' zugetragen hat, sondern das, was Menschen sehr selektiv, interessengeleitet daraus machen und was ihnen in Abhängigkeit von ihrer Gesellschaft und Zeit überhaupt erst denkbar und erforschbar ist oder erscheint." (Z. 88 ff.)

M3 Geschichte als Wissenschaft

Der Historiker Jürgen Kocka schreibt (2008):
Was unterscheidet den wissenschaftlichen Zugang zur Geschichte von anderen? Was zeichnet Geschichte als Wissenschaft aus?

[Leopold von Ranke]
Eine klassische Antwort gab 1824 Leopold von Ranke (1795–1886) in der „Vorrede" zu seiner Darstellung *Geschichten der romanischen und germanischen Völker von 1494–1514:*

„Man hat der Historie das Amt, die Vergangenheit zu richten, die Mitwelt zum Nutzen zukünftiger Jahre zu belehren, beigemessen: so hoher Ämter unterwindet sich gegenwärtiger Versuch nicht: er will bloß zeigen, wie es eigentlich gewesen. Woher aber konnte dies neu erforscht werden? Die Grundlage vorliegender Schrift, der Ursprung ihres Stoffes sind Memoiren, Tagebücher, Briefe, Gesandtschaftsberichte und ursprüngliche Erzählungen der Augenzeugen; andere Schriften nur alsdann, wo sie entweder aus jenen unmittelbar abgeleitet, oder durch irgendeine originale Kenntnis ihnen gleichgeworden schienen [...]. Strenge Darstellung der Tatsache, wie bedingt und unschön sie auch sei, ist ohne Zweifel das oberste Gesetz." [...]

[Quellen]
In anderen Worten: Geschichtswissenschaftliche Aussagen sind an empirischer Evidenz – an den Quellen – zu überprüfen. Zumindest dürfen sie diesen nicht widersprechen [...]. Sie sind möglichst weitgehend durch Quellen abzustützen. Soweit sie über das quellenmäßig Belegbare hinausgehen – und das tun sie mit gutem Recht sehr oft –, muss dies durch die Art ihrer Formulierung deutlich werden, beispielsweise dadurch, dass man sie als Aussagen über *mögliche* Zusammenhänge, als bloße Wahrscheinlichkeitsaussagen oder als nur plausible Interpretationen kenntlich macht. Der kritische Quellenbezug ist für die Geschichtswissenschaft zentral und unterscheidet sie von Legenden, Mythen, historischen Romanen oder subjektiver Erinnerung. So wird verständlich, dass jede Einfuhrung in die Geschichtswissenschaft der Definition und Gliederung der Quellen wie dem richtigen Umgang mit ihnen viel Aufmerksamkeit widmet. [...]

[Historische Methode]
In seiner einflussreichen *Historik,* einer Grundlegung der Geschichtswissenschaft von 1857, gab Johann Gustav Droysen eine *zweite* Antwort: Geschichte als Wissenschaft begründe sich durch ihre Methode, und das Wesen der historischen Methode sei es, „forschend zu verstehen" [...]. Das bleibt wichtig [...]. Will man die Methoden – oder besser:

Verfahren bzw. Zugriffe – der Historiker in Kürze umschreiben, sind die Begriffe Verstehen, Erklären und Beschreiben sowie die Unterscheidung zwischen Untersuchung und Darstellung zentral.

[Verstehen]
„Verstehen" ist ein philosophisch sehr voraussetzungsvoller Zentralbegriff der Geisteswissenschaften, über den ausgiebig diskutiert worden ist […]. Hier meint Verstehen eine besondere Art des Nachvollzugs menschlicher Motive, Handlungen und Hervorbringungen aus ihrem Kontext. Es handelt sich um eine Erkenntnisweise, die auf die Bedeutung oder den Sinn menschlicher Handlungen oder Handlungsergebnisse zielt, auf Bedeutungen, die ein historisches Phänomen für die damals lebenden Zeitgenossen gehabt hat, wie auch auf Bedeutungen, die es für uns heute hat. Die Entschlüsselung von Bedeutungen nennt man Interpretation. Die Lehre vom Verstehen nennt man auch Hermeneutik. Weil die Welt der Geschichte, anders als die Natur, im Kern eine von Menschen gestaltete ist, lässt sie sich – von Menschen – ein Stück weit „verstehen" […].

Verstehen hat nichts mit Verzeihen oder Billigen zu tun. Verstehen ist auch nicht mit Intuition gleichzusetzen. Vielmehr muss man im Versuch des geschichtswissenschaftlichen Verstehens ständig prüfen, ob das, was man zu verstehen meint, in der damaligen Zeit überhaupt möglich war; ob es nicht andere Verstehensmöglichkeiten gibt, und was an Gründen dafür spricht, eine bestimmte Deutung des vergangenen Phänomens einer anderen vorzuziehen. Man spricht von kontrolliertem Verstehen. Oft bleibt das Ergebnis hypothetisch, mit Geltung bis auf Weiteres […].

[Erklären]
Erklärung zielt im Kern auf die Zuschreibung von Ursachen und Wirkungen, auf Analyse […]. Sie kann sich manchmal, auch in der Geschichtswissenschaft, quantifizierender Verfahren bzw. statistischer Methoden bedienen […]. Erklärung wird durch die Verwendung von Theorien ermöglicht oder erleichtert […]. Oft gehen Erklärung und Vergleich Hand in Hand, wobei im Kern des Vergleichs die systematische Suche nach Ähnlichkeiten und Unterschieden steckt […]. Erklärung ist ein wichtiges Ziel der geschichtswissenschaftlichen Arbeit. Sie geht im Verstehen nicht auf, sondern darüber hinaus. Man kann aber auch umgekehrt sagen: Verstehen geht in Erklärung nicht auf, sondern über sie hinaus. Verstehen und Erklären sind keine Gegensätze. […]

[Beschreibung und Darstellung]
Verstehen und Erklären setzen Beschreibung voraus. Genaue Beschreibung von historischen Phänomenen aller Art gehört zu den unabdingbaren geschichtswissenschaftlichen Verfahren. Verstehen, Erklären, Beschreiben – das sind Verfahren der historischen Forschung oder Untersuchung. Sie prägen aber auch die historische Darstellung oder Präsentation, sie sind zugleich Bausteine der Darstellung von Geschichte – innerhalb des Faches wie auch gegenüber einem breiteren Publikum. Dabei gehört zum Verstehen eher die Erzählung als Darstellungsform, zur Erklärung eher die Argumentation und zur Beschreibung die Schilderung. Weil Geschichte ganz wesentlich aus einem *Verhältnis* zwischen Vergangenheit und Gegenwart besteht, ist für die Geschichtswissenschaft die Dimension der Vermittlung zentral. Geschichtswissenschaftliches Wissen ist nichts, wenn es nicht dargestellt wird. Die sprachliche Darstellung ist der Geschichtswissenschaft nicht äußerlich, sondern gehört zu ihr dazu. Forschung und Darstellung sind in der Geschichtswissenschaft prinzipiell aufs Engste verknüpft. […]

[Geschichtswissenschaft als Kulturwissenschaft]
Zu den Gegenständen der Geschichtswissenschaft gehören Individuen, Gruppen und Strukturen, Wirtschaft und Technik, Gesellschaft und Politik, die Welt der Ideen, Deutungen und Symbole, Wissenschaft, Kunst und Religion in all ihren Verzweigungen. Die Geschichtswissenschaft hat die Menschenwelt als ihren Gegenstand. Sie untersucht also Kultur (im weiten Verständnis des Wortes, im Unterschied zur Natur), in diesem Sinn ist sie eine Kulturwissenschaft. Aber sie kann auch die Geschichte in ihren natürlichen Beziehungen thematisieren und – beispielsweise in einer Geschichte des Klimas – nach natürlichen Veränderungen fragen, die nur

zum Teil Menschenwerk sind. Mit dem derzeitigen Aufstieg der Neurowissenschaften nimmt auch das Interesse von Historikern an Überschneidungsbereichen zwischen Kultur und Natur zu.

[Grundkategorie Wandel]
Ausgehend vom Erkenntnisinteresse am Verhältnis von Vergangenheit, Gegenwart und Zukunft, das sie mit anderen Formen des Umgangs mit Geschichte teilt, untersucht die Geschichtswissenschaft Kultur im Wandel der Zeit. Wandel verstand Droysen als Entwicklung [...]. Aber auch Historiker, die diesem Ansatz – das Alte hängt mit dem Neuen zusammen (Kontinuität), das Neue unterscheidet sich vom Alten (Wandel), und das Neue entwickelt sich mindestens zum Teil aus dem Alten heraus (Entwicklung) – nicht zur Gänze folgen, teilen die Überzeugung, dass die Geschichtswissenschaft den Wandel zum Gegenstand macht und „Veränderung des Menschen und seiner gesellschaftlichen Verhältnisse in der Zeit" zu untersuchen hat [...]. Kontinuität und Wandel, Vorher und Nachher, Beschleunigung und Verlangsamung, Tendenzen und Gegentendenzen, Beginn und Ende – das sind zentrale Kategorien in der Geschichtswissenschaft, die sie von anderen Wissenschaften unterscheidet.

[Geschichte im Kollektivsingular]
Für Geschichte als Wissenschaft war und ist von großer Bedeutung, dass es seit dem 18. Jahrhundert möglich und üblich wurde, nicht nur von Geschichten (einzelner Personen, Ereignisse, Länder) im Plural, sondern von Geschichte im Kollektivsingular zu sprechen. Es setzte sich durch, Geschichte als umfassenden Zusammenhang zu denken und damit im Prinzip Geschichte als Menschheitsgeschichte und Weltgeschichte zu konzeptionalisieren, so sehr auch im 19. Jahrhundert in der Praxis der Historiker die Nationalgeschichte dominierte [...]. Diese Verallgemeinerung des Geschichtsbegriffs [...] erleichterte es, Geschichte wissenschaftlich zu bearbeiten. Denn wissenschaftlichen Fragestellungen, Begriffen und Ergebnissen ist ein grenzüberschreitender, tendenziell universeller Geltungsanspruch eigen. [...]

[Wandel, Kontext, Individualitäten]
Die Geschichtswissenschaft ist keine [...] Gesetzeswissenschaft. Zwar geht es ihr nicht nur um einzelne Ereignisse, Personen und Handlungen, sondern auch und vor allem um komplexe Bewegungen und Konstellationen, Prozesse und Strukturen. Auch rekonstruiert sie allgemeine Zusammenhänge und Muster, die für eine Zeit, ein Land, eine Kultur typisch gewesen sein mögen. Sie benutzt und produziert Verallgemeinerungen [...]. Sie vergleicht und benutzt Begriffe und Theorien explizit. Sie strebt nach Typisierung. Aber sie untersucht die Phänomene in der Regel nicht als Anwendungsfälle allgemeiner Gesetze. Sie bedient sich oft idealtypischer Verfahren, d.h. sie geht davon aus, dass zwischen dem generalisierenden Begriff und der historischen Realität eine sich verändernde Differenz besteht, die es zu beschreiben und zu begreifen gilt. Die Geschichtswissenschaft bringt vor allem raum- und zeitspezifische Einsichten hervor. In letzter Instanz zielt sie auf die Rekonstruktion von „Individualitäten", wenn auch oft der komplexesten Art. Sie sperrt sich gegen die Isolierung von „Variablen", weil sie die Einbettung der Phänomene in ihre Kontexte ernst nimmt. Das Interesse an Wandel und Kontext ist für die Geschichtswissenschaft konstitutiv. Dadurch unterscheidet sie sich von anderen Sozial- und Geisteswissenschaften.

Jürgen Kocka, Geschichte als Wissenschaft, in: Gunilla Budde, Dagmar Freist, Hilke Günther-Arndt (Hg.), Geschichte. Studium – Wissenschaft – Beruf, Akademie Verlag, Berlin 2008, S. 16–21.

1 Erläutern Sie, inwiefern die Geschichtswissenschaft eine empirische Wissenschaft ist.
2 Beschreiben Sie die historische Methode. Gehen Sie dabei auf die Begriffe „verstehen", „erklären", „beschreiben" und „darstellen" ein.
3 Geben Sie die wichtigsten Gegenstände der Geschichtswissenschaft wieder.
4 Wir sprechen heute von „der" Geschichte im Kollektivsingular. Erläutern Sie dieses moderne Geschichtsverständnis.
5 Erläutern Sie die These Kockas: „In letzter Instanz zielt sie auf die Rekonstruktion von ‚Individualitäten', wenn auch oft der komplexesten Art." (Z. 237 ff.)

M4 Der Historiker Jürgen Kocka über Aufgaben und Funktionen historischer Erkenntnisse für die Gegenwart (1986)

1. Historische Erkenntnis ist unabdingbar für das Verständnis, die Erklärung und damit für die richtige praktische Behandlung einzelner Gegenwartsphänomene, indem sie deren (historische) Ursachen und Entwicklung aufdeckt. Man denke nur an den modernen Antisemitismus, der ohne Kenntnis seiner weit zurückliegenden, zum Teil mittelalterlichen Entstehungsbedingungen und Ursachen Schülern und Erwachsenen nicht erklärt, damit aber auch schlecht in praktischer Aufklärung bekämpft werden kann. [...] Natürlich führt historische Erkenntnis dieser Art nicht notwendig zu vernünftigem politischen Handeln, aber dieses setzt jene notwendig voraus. [...]

2. Historische Wissenschaft kann an Gegenstandsbereichen, die zwar nicht allzu „entfernt" von der Gegenwart sind, um nicht zu unähnlich zu werden, die jedoch „entfernt" genug sind, um die bei der Beschäftigung mit Gegenwartsproblemen leicht auftretenden, Aufklärung erschwerenden Besetzungen und Sperren zu vermeiden, modellhaft Kategorien und Einsichten vermitteln, die der Erkenntnis und der Orientierung in der sozialen und politischen Gegenwart dienen können. Wer das durch Ineffizienz und Frustration erleichterte Umkippen partizipatorischer Rätedemokratie in autoritäre Herrschaft von neuen Eliten in der Sowjetunion nach 1917, den Zusammenhang zwischen ausbleibender Reform und sich verschärfenden Antagonismen in den einander bekriegenden Nationen 1914 bis 1918 [...] begriffen hat, der wird auch manchen gegenwärtigen Erscheinungen weniger hilflos gegenüberstehen, ohne doch Kausalverbindungen oder Gleichsetzungen behaupten zu müssen. [...]

3. [...] [H]istorische Erinnerung [spielt] durchaus auch heute – wie in allen uns bekannten Kulturen – ihre Rolle bei der Legitimation und Stabilisierung bestehender sozialer und politischer Herrschaftsverhältnisse, bei der Rechtfertigung politischer Entscheidungen, bei der Abwehr von Kritik und bei der Begründung von Protest. Zum Teil wird sie auch ganz bewusst dazu eingesetzt. [...] Wer als Nicht-Schweizer einmal den 1. August in der Schweiz verbringt, hat Gelegenheit, wenigstens ein oberflächliches Gefühl dafür zu entwickeln, was eine sagenhaft überhöhte, siebenhundert Jahre alte, ziemlich ungebrochene Tradition zumindest für das keineswegs unwichtige feier-tägliche Selbstverständnis eines Volkes bedeutet. [...] In all diesen Fällen dient die Geschichte als Instrument für außerwissenschaftliche – politische oder ökonomische – Zwecke, zur Integration, zur Erhaltung und Bestätigung von Macht, und in all diesen Fällen wird mit der historischen Wahrheit nicht gerade zimperlich umgegangen.

Wann immer historische Argumente, Mythen, halbbewusste und unaufgeklärte Erinnerungen und Erinnerungsfetzen bei der Rechtfertigung und Legitimierung bestehender Verhältnisse eine Rolle spielen und das dabei angesprochene kollektive Selbstverständnis der historischen Dimension nicht ganz entbehrt, hat die rationale, ideologiekritische Beschäftigung mit der Historie wie auch die Verbreitung ihrer Ergebnisse in Schule und Publizistik eine unersetzbare Funktion. Dieses kritische Geschäft des Historikers wird von Fall zu Fall sehr verschiedene Ergebnisse haben und keineswegs immer auf die schiere Destruktion der jeweiligen Traditionen hinarbeiten müssen. Doch nach ihrer rationalen, wissenschaftlichen Kontrolle wird er streben müssen. Denn allzu leicht wachsen sich manipulierte Traditionen in Mythen und Legenden aus, die von Interessenten in die Hand genommen werden, die Nonkonformisten bedrohen, vor Kritik immunisieren, das öffentliche Leben irrationalisieren und die Bürger indoktrinieren. [...]

4. Sehr viel schwieriger zu fassen, aber äußerst wichtig sind die im Folgenden zu diskutierenden Funktionen einer richtig verstandenen Geschichtswissenschaft: Indem sie die soziale und politische Gegenwart in ihrem Gewordensein und damit in ihrer Wandlungsfähigkeit, d. h. aber in ihrer prinzipiellen Veränderbarkeit, zeigen, können sie dazu beitragen, eine Haltung zu erzeugen, die die massiv und sachzwangartig uns entgegentretende Wirklichkeit nicht in ihrer scheinbaren Notwendigkeit akzeptiert, son-

dern auf dem Hintergrund ihrer genutzten und versäumten, vergangenen und vielleicht noch bestehenden Möglichkeiten begreift. Diesem Zweck der „Verflüssigung“ des Bildes von Wirklichkeit und dem Wissen um die Vielfalt menschlicher Existenzformen dient auch die Vermittlung der (sekundären) Erfahrung des frappierend Anderen: Dem eigenen primären Erfahrungsbereich verschlossene Weisen des menschlichen Lebens aus historisch weit zurückliegenden Zeiten und stark abweichenden sozio-kulturellen Umwelten wirken im Sinne eines Verfremdungseffektes. In diesem Zusammenhang gewinnt die historische Neugier [...] einen zusätzlichen emanzipatorischen Stellenwert. Im Lichte historischer Alternativen gerät die gegenwärtige Wirklichkeit unter Legitimationszwang und gegebenenfalls in die Auseinandersetzung mit auf Veränderung drängender Kritik. Gerade jene historischen Disziplinen, die ihre Fragestellungen nicht unmittelbar aus Gegenwartsproblemen beziehen und die zeitlich und thematisch weit von der Gegenwart entfernte Phänomene behandeln (die Mediävistik, die Alte Geschichte, die Geschichte fremder Kulturen z. B.) haben hier eine wichtige und schwer ersetzbare Funktion. [...]

5. Durch Konfrontation mit dem frappierend Anderen und durch Kausalerklärung gegenwärtiger Phänomene aus ihren historischen Ursachen – wie vielleicht auch durch weit zurückgreifende Einsicht in relativ dauerhafte soziale Strukturen als fortdauernde Bedingungen menschlichen Handelns – kann die Historie überdies in sehr indirekter Weise zur Orientierung von Individuen und Gruppen in ihrer Gegenwart beitragen. Dabei speist historische Bildung ein Reservoir von Wissen, Vorstellungen, Erfahrungen, Motivationen und Normen, ein nicht ausformuliertes, aber wichtiges individuelles und kollektives Vor- und Selbstverständnis, das Einstellungen und Handlungen zwar indirekt orientiert, aber nicht im Hinblick auf spezifische Orientierungs- und Handlungsziele geplant und produziert sein kann. [...]

6. Die methodische Erforschung und die gründliche Lehre der Geschichte müssen

M 5 Werbeanzeige für die CD-ROM „Lernen aus der Geschichte. Projekte zu Nationalsozialismus und Holocaust in Schule und Jugendarbeit“, ein Gemeinschaftsprojekt von Goethe-Institut, Bosch-Stiftung und Presse- und Informationsamt der Bundesregierung, 2000

trotz der Tatsache, dass sie immer nur selektive Erkenntnis anstreben können, die Vielfalt der Bedingungszusammenhänge innerhalb der historischen Situation ernst nehmen und trotz notwendiger Anwendung typisierender und begrenzt generalisierender Methoden stärker als die systematischen Nachbarwissenschaften individuelle Konstellationen und Phänomene untersuchen. Deshalb, und darin liegt eine weitere mögliche Leistung der Geschichte, kann sie besser als die systematischen Sozialwissenschaften zu *konkretem* Denken erziehen. [...] Unhistorisches Denken folgt [...] leicht der Versuchung „zur vorschnellen Formel, zur flinken Welterklärungstheorie, zur allzu schnellen Reduktion komplexer Realität“. [...]

Die historisch vermittelte Einsicht in die Mehrdeutigkeit der meisten Situationen (die oft erst in der Rückschau wirklich erkannt werden kann), in ihre Multikausalität und Interdependenz, in die Relativität von Perspektiven, in das Eigengewicht des Details und in die Widerstände komplexer Wirklichkeit kann vielleicht [...] technokratische Entwürfe wie auch radikalen Protest vor Wirkungslosigkeit oder verletzender Rücksichtslosigkeit schützen. Dass jede auf Veränderung zielende Politik „ein starkes langsames Bohren von harten Brettern mit Leidenschaft und Augenmaß zugleich“ ist (Max Weber), kann neben der eigenen praktischen Erfahrung wohl am besten die Historie einsichtig machen und damit die Gefahren utopisch-proportionenloser Totalkritik einerseits und der leicht daraus folgenden Resignation andererseits verringern.

7. Schließlich bleibt auf eine weitere Leistung der Historie zu verweisen, die allerdings allein nicht genügen würde, sie als umfangreiches Pflicht- und Massenfach zu rechtfertigen. Gemeint ist die Geschichte als „zwecklose“ Freizeitbeschäftigung, als Gegenstand der Unterhaltung und des Vergnügens. In Gesellschaften, in denen es zunehmend und für viele zum Problem wird, wie Freizeit zivilisiert zu verbringen sei, sollte man diesen Aspekt der Beschäftigung mit Geschichte nicht gerade ins Zentrum stellen, aber auch nicht zu gering achten. Es gibt dümmere, schädlichere und unangenehmere Weisen, seine freie Zeit zu verbringen, als mit der Lektüre eines historischen Buches, selbst wenn man sonst nichts im Sinne der soeben genannten sechs Thesen daraus mitnähme.

Jürgen Kocka, Sozialgeschichte. Begriff – Entwicklung – Probleme, 2. Aufl., Vandenhoeck & Ruprecht, Göttingen 1986, S. 123–129.

1 Fassen Sie die zentralen Thesen Kockas mithilfe einer Tabelle zusammen: Tragen Sie in die linke Spalte die Aufgaben und Funktionen ein, die Kocka der Geschichte zuweist. Erläutern Sie in der rechten Spalte die Aufgabe/Funktion stichpunktartig.

2 Nehmen Sie Stellung zu den Thesen Kockas. Werden aus Ihrer Sicht alle wichtigen Aufgaben und Funktionen der Geschichte für die Gegenwart genannt? Ergänzen Sie gegebenenfalls.

M6 „Zukunft braucht Herkunft“ – die Thesen des deutschen Philosophen Odo Marquard über die Bedeutung von Tradition für die Gegenwart (1988/91)

[W]ir müssen stets überwiegend das bleiben, was wir schon waren; unsere Veränderungen werden getragen durch unsere Nichtveränderungen; Neues ist nicht möglich ohne viel Altes; Zukunft braucht Herkunft. Daraus – meine ich – folgt: Menschen sind – weil sie, bedingt durch ihre Lebenskürze, sozusagen aus ihrer Herkunftshaut nie beliebig schnell und nie beliebig weit und schon gar nicht absolut heraus können – grundsätzlich wandlungsträge; oder anders gesagt: Menschen sind – wie schnell sie als spezialisierte Modernisierungsexperten auch sein mögen – grundsätzlich langsam.

Daraus entsteht die Fundamentalschwierigkeit der modernen – der wandlungsbeschleunigten – Welt: die Menschen in ihr sind langsam, die moderne Welt selber aber ist schnell. Weder die schnelle Welt noch den langsamen Menschen darf man abschaffen. Wer die wandlungsbeschleunigte Welt negiert, verzichtet auf unverzichtbare Überlebensmittel der Menschen; wer den langsamen Menschen negiert, verzichtet auf den Menschen. Das bedeutet: In der modernen Welt müssen wir beides leben: die Schnelligkeit (Zukunft) und die Langsamkeit (Herkunft). Es kommt gerade nicht darauf an, auf dem Wege einer Abwahl der modernen

Welt – durch Revolution oder Ausstieg – die Spannung zwischen Schnelligkeit und Langsamkeit antimodernistisch loszuwerden; sondern es kommt ganz im Gegenteil gerade darauf an, in der modernen Welt die Spannung zwischen Langsamkeit und Schnelligkeit auszuhalten, indem wir in der modernen Welt – angesichts ihrer Wandlungsbeschleunigung – die Möglichkeit wahren, als Menschen langsam zu leben. Darum gehört zur modernen Welt inmitten ihrer Schnelligkeit – kompensatorisch – die Entwicklung von Formen, die es den Menschen erlauben, in dieser schnellen Welt langsam und in vertrauter Umgebung zu leben. Doch wie kann das gelingen?

Ein sinnfälliges Beispiel, wie man das – dieses Mitnehmen der eigenen Langsamkeit ins Schnelle – macht, liefern uns die ganz jungen Kinder: sie – für die die Wirklichkeit unermesslich neu und fremd ist – tragen ihre eiserne Ration an Vertrautem ständig bei sich und überall mit herum: ihren Teddybären. Kinder kompensieren ihr Vertrautheitsdefizit durch Dauerpräsenz des Vertrauten: beispielsweise durch ihren Teddybären. In der wandlungsbeschleunigten und eben dadurch stets aufs neue unvertrauten und fremden modernen Welt haben auch die Erwachsenen – etwa die Intellektuellen unter ihnen – ihre Teddybären, zum Beispiel indem sie Klassiker mit sich führen: die, bei denen man immer schon zu wissen glaubt, woran man mit ihnen ist [...].

Das gilt allgemein: Je mehr die Zukunft modern für uns das Neue – das Fremde – wird, desto mehr Vergangenheit müssen wir – teddybärgleich – in die Zukunft mitnehmen und dafür immer mehr Altes auskundschaften und pflegen; darum wird gegenwärtig zwar mehr weggeworfen als je zuvor, aber es wird gegenwärtig auch mehr respektvoll aufbewahrt als je zuvor: das Zeitalter der Entsorgungsdeponien ist zugleich das Zeitalter der Verehrungsdeponien, der Museen. Weil die Menschen in der modernen, wandlungsbeschleunigten und dadurch zunehmend diskontinuierlichen Welt ihre Kontinuität besonders schützen müssen, entsteht gerade und nur in der modernen Welt der historische Sinn, wobei ich vermute: nur die erste Erfahrung mit der Geschichte – durch die freilich jeder hindurch muss – ist diese: wie viel hat sich selbst dort geändert, wo sich fast gar nichts geändert hat; die zweite und wichtigere Erfahrung aber ist diese: wie wenig hat sich selbst dort geändert, wo sich fast alles geändert hat. Der historische Sinn ist vor allem Sinn für Kontinuitäten, für Langsamkeiten; die Grunderfahrung des Geschichtlichen ist – meine ich – mehr als die Erfahrung der Veränderlichkeit die ihrer Grenzen.

Odo Marquard, Zukunft braucht Herkunft. Philosophische Betrachtungen über Modernität und Menschlichkeit, in: ders., Zukunft braucht Herkunft. Philosophische Essays, Reclam, Stuttgart 2003, S. 239–241.

1 Analysieren Sie die Argumentation Marquards.

2 „Neues ist nicht möglich ohne viel Altes; Zukunft braucht Herkunft." Erläutern Sie diese These des Philosophen Marquard (Z. 4 f.).

4.2 Formen historischer Erinnerung

Viele Menschen in unserer modernen Kultur beziehen ihr Wissen über Geschichte aus Büchern – in jungen Jahren aus Lehrbüchern für den Unterricht in der Schule und später als Erwachsene aus Darstellungen von Geschichtswissenschaftlern oder Journalisten, Publizisten und Wissenschaftlern anderer Fachrichtungen. Das Lesen eines Buches ist jedoch nur eine Möglichkeit, sich über die Vergangenheit zu informieren. Es gibt darüber hinaus zahlreiche andere Formen historischer Erinnerung. Wir besuchen Museen, historische Ausstellungen, historische Gedenkstätten, Mahnmale oder Denkmäler. In Romanen – nicht nur in historischen –, in Film- und Fernsehfeatures begegnen wir ebenso geschichtlichen Stoffen wie beim Betrachten bildender Kunst und von Werken der Malerei, beim Hören von Musik, in religiösen Ritualen oder an Gedenk- und Feiertagen. Historische Erfahrungen werden überdies mündlich von einer Generation zur anderen weitergegeben. Eine weitere wichtige Form historischer Erinnerung sind Sagen, Legenden und Mythen. Die Entstehung und Bedeutung von Mythen wird in Kapitel 3.2, S. 86 ff., ausführlich erörtert. Dieses Kapitel konzentriert sich auf Denkmäler. Der Text des Historikers Wolfgang Hardtwig (M 1) befasst sich mit der modernen Denkmalskultur. Außerdem werden die Aufgaben und Funktionen sowie die Bedeutung von Gedenk- und Erinnerungstagen für die historische Erinnerung beleuchtet (M 3 a, b und M 4).

1 Überprüfen Sie, ob die Liste der in diesem Einführungstext genannten Formen historischer Erinnerung vollständig ist. Ergänzen Sie gegebenenfalls diese Auflistung.

M 1 Der Historiker Wolfgang Hardtwig über die moderne Denkmalskultur (1997)

Denkmale sind Gedächtniszeichen, die die Erinnerung an eine Person oder ein Ereignis wachhalten sollen. Für unseren Sprachgebrauch von „Denkmal" ist die in die Zukunft gerichtete Intention des Erinnerungsmals wesentlich. Als denkmalsfähig und denkmalswürdig sind daher immer Ereignisse und Personen betrachtet worden, denen eine herausgehobene Bedeutung für die Gegenwart und – so wird unterstellt – für die Zukunft zukommt. Die Anlässe für Denkmalsetzungen sind höchst unterschiedlich: die Erinnerung an besondere Leistungen eines Menschen, an besondere Erfolge einer für eine Gruppe von Personen bedeutsamen Person oder einer Gruppe selbst, an Situationen besonderen Glücks oder Unglücks. Immer aber geht es darum, eine bestimmte Erinnerung zu bewahren und damit ein – wie immer geartetes – Identifikationsangebot oder auch eine Identifikationsforderung an den Betrachter zu richten. Ob diese Interpretationsangebote oder -aufforderungen angenommen werden, ist offen und entzieht sich in liberalen Gesellschaften dem Einfluss der Denkmalsetzer. Denkmale können in höchst unterschiedlichen Formen auftreten: als Monumente in plastischer oder architektonischer Gestalt – häufig auch in einer Kombination beider –, als Gedenksteine, Tafeln, Bilder (mit der Konzentration auf das Totengedenken als Grabsteine oder Grabdenkmäler), als Bauten, die nicht in der Absicht auf Denkmalsetzung errichtet, aber ganz oder teilweise zu Denkmälern umgewidmet wurden, als Gedenkorte – denen durch einen möglicherweise ganz bescheidenen bildnerischen oder schriftlichen Hinweis die Denkmalsfunktion zugewiesen wird –, durch die Benennung von Orten, Straßen und Plätzen.

Im Zuge der umfassenden Historisierung des Bewusstseins im Historismus weitete sich der Denkmalsbegriff von Erinnerungszeichen für Personen und Ereignisse auch auf Artefakte aus, denen eine besonders ansprechende ästhetische Gestalt oder besondere Signifikanz für eine Kultur zugeschrieben wird: so etwa das Baudenkmal, das einen ursprünglich nicht intendierten Erinnerungswert erhält, oder – analog – das Industriedenkmal.

Denkmale sind keine Erfindung der Moderne. Aber erst seit dem späten 18. Jahrhundert ist eine hochdifferenzierte und auf innerweltliche Erinnerungsfunktionen konzentrierte Denkmalskultur entstanden, die den Rahmen dynastischer Totenmemoria und Identifikationsstiftung endgültig sprengt. Der Formenkanon des Gedächtnismals, wie es vom Spätmittelalter bis zum Durchbruch der künstlerischen Moderne entstand, ist jedoch durchweg geprägt von den architektonischen und bildnerischen Erfindungen des Vorderen Orients und der Antike, so der Pyramide und dem Obelisken, der Gedächtnis- und Ehrensäule, dem Tropaion (Gedächtnismal auf dem Schlachtfeld), dem Mausoleum und dem Reiterdenkmal. Das christliche Mittelalter fügte die Elementarform des Kreuzes (etwa als Erinnerungsmal an Mordstellen) hinzu, doch blieb hier immer der transzendente Sinnbezug beherrschend.

Denkmalsfunktionen übernahm auch das Bildnis in seinen unendlichen Variationen, wobei im Verlauf der neuzeitlichen Geschichte die weltliche Erinnerungsabsicht immer deutlicher hervortrat. [...]

Nach wie vor diente das Denkmal im 19. und 20. Jahrhundert vielfach der monarchischen und staatlichen Identitätsstiftung. Aber seit Spätaufklärung, Französischer Revolution und deutscher Reformära stiegen die Bürger und die spezifisch bürgerlichen Leistungen für Kultur, Wissenschaft, technisch-industriellen Fortschritt zur Denkmalsfähigkeit und -würdigkeit auf. Weite Verbreitung fanden jetzt neben dem Monarchen- und Feldherrendenkmal die Künstler- und Erfinderbüste, das Denkmal für den bedeutenden Verwaltungsmann, der Professorenhausschild. Das Denkmal begann sich zu demokratisieren und mit ihm die Tätigkeit des Denkmalstiftens und -setzens.

Die schrittweise Demokratisierung zeigt sich an den neuen Techniken der Finanzierung, aber auch an der Diskussion alternativer Entwürfe und Konzeptionen, an der Institutionalisierung von Ausschreibung und Wettbewerb – im Ganzen an der neuen Bedeutung von Öffentlichkeit. Der neuen Publizität entspricht auch das Auftreten der Denkmalskritik. Sie zielte allerdings bis zum Ende des 19. Jahrhunderts nicht auf die Berechtigung des Zeichens selbst, sondern bezog sich auf inhaltliche oder Stilfragen. Seit dem Beginn des 20. Jahrhunderts dagegen wandte sich die Kritik der künstlerischen und intellektuellen Avantgarde gegen den allegorischen Formenapparat und gegen die ausufernde Denkmalsproduktion insgesamt. Dahinter begannen sich leise Zweifel an der bewegenden Kraft des Denkmals überhaupt und an der Evozierbarkeit des zu Erinnernden durch das Denkmal zu zeigen.

Wolfgang Hardtwig, Das Denkmal der Moderne (zuerst 1997), in: ders., Politische Kultur der Moderne. Ausgewählte Aufsätze, Vandenhoeck & Ruprecht, Göttingen 2011, S. 17 f.

1 Geben Sie die wesentlichen Aussagen von M 1 zur Denkmalskultur wieder.

M2 „Stolpersteine" für Jenny Schlüsselburg und Robert Meyer vor deren letzter Wohnstätte Großer Plan 2–3 in Celle, Fotografie, 2011.

Die Stolpersteine sind ein Projekt des Künstlers Gunter Demnig zur Erinnerung an die Opfer des Nationalsozialismus. In den Fußboden vor ihren ehemaligen Wohnhäusern werden Messingquader mit den eingravierten Namen und Lebensdaten der Opfer eingelassen.

1 Überprüfen Sie, ob die „Stolpersteine" Denkmäler im Sinne von M 1 sind.

2 Wählen Sie ein anderes Denkmal in Ihrem Ort/Ihrer Region zur Überprüfung aus.

M3 Gedenk- und Erinnerungstage – Denkmäler in der Zeit?

3 a) Die Historiker Etienne François und Uwe Puschner über Gedenk- und Erinnerungstage in der europäischen Kultur (2010):

Zu den Merkwürdigkeiten der europäischen Kultur, die unseren Kontinent entdeckende Afrikaner am meisten überraschen, zählt ohne Zweifel die starke Vergangenheitsfixierung. Während sich bei den Europäern Geburts-, Gedenk- und Erinnerungstage einer großen Beliebtheit erfreuen, aufmerksam registriert und besonders feierlich begangen werden, fiele der Mehrzahl der Afrikaner spontan nicht ein, derartiges einzuführen. [...]

Diese für Europa so charakteristische Vergangenheitsfixierung gründet auf einem spezifischen Verständnis von Zeit. Sie ordnet sich in eine lange Tradition ein, und ihre Ursprünge lassen sich bis in die Antike, in das Judentum und das Christentum zurückverfolgen. Zwei Entwicklungen haben ihr allerdings in den letzten Jahrzehnten eine neue Aktualität gegeben: zum einen die in Zusammenhang mit den zunehmenden Zweifeln an einer gesicherten Zukunft zu beobachtende Aufwertung der Gegenwart und des Gedenkens, die zu einem Wandel der wechselseitigen Beziehungen von Vergangenheit, Gegenwart und Zukunft geführt hat, zum anderen der Eintritt Europas in das von [dem französischen Historiker] Pierre Nora bezeichnete „Zeitalter des Gedenkens".

Etienne François, Uwe Puschner, Warum Erinnerungstage?, in: dies. (Hg.), Erinnerungstage. Wendepunkte der Geschichte von der Antike bis zur Gegenwart, C.H. Beck, München 2010, S. 13.

3 b) Die Kulturwissenschaftlerin Aleida Assmann über Jahrestage (2005):

Neben *linearer* und *zyklischer* Zeit gibt es [...] noch ein Drittes, was oft übersehen wird, und das ist die *periodische* Zeit der Kommemoration[1], die Zeit der Jahrestage. Einmaliges verwandelt sich dabei in Wiederholbares und Wiederholtes: der 7. Schöpfungstag wird jede Woche als Shabbat, der Auszug aus Ägypten wird jedes Jahr als Pessachfest wiederholt. Feste und Gedenktage übersetzen einmalige historische Ereignisse aus der linearen Zeit in die zyklische Zeit. [...] Neben der linearen Zeit, der Zeit der Geschichte, verläuft nicht nur die zyklische Zeit der Natur und des Mythos, sondern auch die periodische Zeit der Erinnerung. Was in der linearen Zeit in zunehmende Distanz rückt und schließlich vergeht, wird in der periodischen Zeit in bestimmten Abständen immer wieder zurückgeholt und neu vergegenwärtigt. [...]

Es lassen sich drei wichtige Funktionen von Jahrestagen unterscheiden. Die erste Funktion besteht in Anlässen für Interaktion und Partizipation. Dies entspricht der grundlegenden Bedeutung von Jahrestagen als performative Form der Wieder-Holung und Reaktivierung, mit der das Angebot neuer und gemeinsamer Erfahrungsbildung verbunden ist. Erinnern ist Wieder-holen mittels Wiederholungen, sodass das, was wieder-holt wird, letztlich die Wiederholung selbst ist. Es wird, mit anderen Worten, nichts Substanzielles zurückgeholt, sondern vielmehr ein öffentlicher, allgemein zugänglicher Zeit-Raum der organisierten Wiederkehr von Vergangenheit geschaffen. Wiederholung hat die Aufgabe der Wiederverkörperung, der Reaktivierung, der Wiederbelebung. Sie fädelt die Vergangenheit in die Gegenwart ein, sie vollzieht Vergegenwärtigung in diesen performativen Akten des Rückgriffs. [...]

Eine zweite Funktion von Jahrestagen besteht in der Gelegenheit für Wir-Inszenierungen. Vorgestellte Gemeinschaften wie Nationen, *corporate identities* wie Universitäten, Firmen und Städte, Interessengruppen wie Atomkriegsgegner oder Heimatvertriebene brauchen eine Bühne und ein Zeitfenster, in dem sie sich von Zeit zu Zeit als das darstellen und wahrnehmen können, was sie zu sein beanspruchen: eine kollektive Identität mit einem wahrnehmbaren Profil in der Anonymität der individualisierten demokratischen Gesellschaft. Jahrestage stellen dafür die nötigen Anlässe bereit. Ein Beispiel für eine spezifische Wir-Inszenierung ist die Entscheidung der israelischen Knesset im Jahre 1951, den Holocaust-Gedenktag zum einen auf die Helden der Getto-Kämpfer auszurichten und zum anderen auf den 27. Nissan[2] (Frühjahr) zu legen. Dies entspricht dem Wunsch, die Erinnerung an die Judenvernichtung im Zweiten Weltkrieg in eine kalendarische Nähe zu anderen jüdischen Katastrophen zu bringen und diese Traumata sodann jährlich in den Unabhängigkeitstag, den Triumph der Geburt des neuen Staates münden zu lassen.

Als eine dritte Funktion von Jahrestagen ist der Anstoß zur Reflexion zu nennen. Durch regelmäßige Wiederkehr und starke Ritualisierung eines liturgischen Gedächtnisses verwandelt sich Geschichte in Mythos; durch unregelmäßige Wiederkehr in Abständen von Dekaden oder Jahrhunderten und kontroverse Neudeutung des zugrunde liegenden Ereignisses verwandelt sich Mythos in Geschichte. Beispiele dafür sind die Festivitäten im Jahre 1989 zum 200-jährigen Jubiläum der Französischen Revolution oder im Jahre 1992 zum 500-jährigen Jubiläum der Entdeckung Amerikas durch Columbus. Die drei genannten Funktionen schließen sich keineswegs aus; sie markieren lediglich unterschiedliche Dimensionen und Akzentuierungen im weiten Spektrum der Kommemorations-Bedürfnisse und -Praktiken. […]

Solche Gedächtnispraxis bedarf einer Öffentlichkeit, die nicht mit Markt und Medien gleichzusetzen ist, und entspricht einem doppelten anthropologischen Bedürfnis: der Suche nach Orientierung und der Vergewisserung von Identität. Je schneller sich die lineare Zeit beschleunigt, desto wichtiger wird auch die periodische Zeit mit ihren festen wiederkehrenden Bezugspunkten. In der koordinierten Erinnerung an solche Orientierungsmarken erfahren und bestätigen Individuen ihre Zugehörigkeit zu einer gemeinsamen kulturellen Identität. In Ergänzung zu den einsamen Formen der kulturellen Teilhabe braucht die Gesellschaft Möglichkeiten einer gemeinsamen Vergewisserung kultureller Identität in einem öffentlichen Raum. Diesen Raum schaffen die Denkmäler in der Zeit.

Aleida Assmann, Jahrestage – Denkmäler in der Zeit, in: Paul Münch (Hg.), Jubiläum, Jubiläum … Zur Geschichte öffentlicher und privater Erinnerung, Klartext Verlag, Essen 2005, S. 309–311, 314.

1 Kommemoration: Gedenken, Andenken
2 Nissan: jüdischer Monat, der in die Zeit von April oder Mai fällt

1 Arbeiten Sie die kulturelle Bedeutung von Jahres- und Erinnerungstagen heraus.

2 Geben Sie mit eigenen Worten wieder, welche Funktionen Jahres- und Erinnerungstage für die historische Erinnerung besitzen.

3 Erörtern Sie, ob der Begriff „Denkmäler in der Zeit“ angemessen ist zur Charakterisierung von Jahres- und Erinnerungstagen.

M4 Vom Heldengedenktag zum Volkstrauertag – Aufgaben und Funktionen von Erinnerungstagen in unterschiedlichen politischen Systemen

Die Idee zur Einrichtung eines Volkstrauertages entstand in der Weimarer Republik. Für einen solchen Feiertag zum Gedenken an die Gefallenen des Ersten Weltkrieges setzte sich der „Volksbund Deutsche Kriegsgräberfürsorge“ ein. Einen ersten Erfolg konnte er verbuchen, als der Deutsche Reichstag am 5. März 1922 eine offizielle Feierstunde des Volksbundes beging. In einer im In- und Ausland viel beachteten Rede rief der damalige Reichstagspräsident Paul Löbe die ehemaligen Kriegsgegner zur Verständigung und Versöhnung auf. Obwohl die Initiative des Volksbundes die breite Unterstützung der großen Glaubensgemeinschaften gewann, kam kein Gesetz auf Reichsebene zustande. Doch die meisten Länder des Reiches gedachten ab 1925 der Gefallenen des Krieges. Öffentliche Gebäude waren halbmast beflaggt und öffentliche Vergnügungsfeiern untersagt. Seit 1926 lag der Volkstrauertag auf dem fünften Sonntag vor Ostern.

Die Nationalsozialisten verunglimpften den Volkstrauertag als Überbleibsel der verachteten pazifistisch-demokratischen Weimarer Republik. Mit einem Gesetz vom 27. Februar 1934 wandelten sie den Volkstrauertag in einen „Heldengedenktag“ um. Von Trauer um die Gefallenen, von Frieden und Aussöhnung war nun nicht mehr die Rede. Die Nationalsozialisten feierten an diesem Staatsfeiertag im März – seit 1939 der 16. März – ihre militärischen Fortschritte und Erfolge (Wiedereinführung der allgemeinen Wehrpflicht 1935, Einmarsch deutscher Truppen in das entmilitarisierte Rheinland 1936, „Anschluss Österreichs“ 1938). Der Bevölkerung versuchten sie einzuhämmern, dass die Gefallenen des Ersten Weltkrieges nicht umsonst gestorben seien, da die Nationalsozialisten deren Kampf um Deutschlands Größe vollendeten. Während des Zweiten Weltkrieges versuchte die NS-Führung die Opfer- und Einsatzbereitschaft des eigenen Volkes dadurch zu stärken, dass sie die Toten als Vorbild und Ansporn der jetzt Kämpfenden präsentierte.

Die erste Feier des Volksbundes zum Volkstrauertag nach der bedingungslosen Kapitulation des Deutschen Reiches 1945 wurde 1950 im Bundeshaus begangen und knüpfte wieder an die Traditionen der Weimarer Zeit an. Seit 1952 ist der Volkstrauertag in der Bundesrepublik Deutschland gesetzlicher Feiertag und wird am zweiten Sonntag vor dem ersten Advent begangen. Der Sinn dieses Tages besteht nicht länger in der Verherrlichung des Krieges und der Heroisierung des Soldatischen, sondern vielmehr in der Trauer über die Toten der beiden Weltkriege. Darüber hinaus dient der Tag der Mahnung zu Versöhnung, Verständigung und Frieden. In den letzten Jahrzehnten wird in der Öffentlichkeit zunehmend die Frage diskutiert, ob und inwieweit solche offiziellen Gedenktage wie der Volkstrauertag geeignet sind, um bei den Menschen Gefühle der Trauer auszulösen.

Originalbeitrag des Autors

1 Dokumentieren Sie die wichtigsten Stationen der Geschichte dieses Gedenktages.

2 Erläutern Sie am Beispiel des NS-„Heldengedenktages" die politische Instrumentalisierung von Gedenktagen in Diktaturen.

3 Beschreiben Sie am Beispiel des Volkstrauertages, welche Bedeutung die Erinnerung an die Toten der Weltkriege für moderne Demokratien besitzt.

Literaturtipps:

Ulrich Müller, Vom Heldengedenktag zum Volkstrauertag, in: Geschichte lernen 49 (1996), S. 26–32.
Alexandra Kaiser, Von Helden und Opfern: Eine Geschichte des Volkstrauertages, Campus Verlag, Frankfurt/M. 2010.

4 Recherchieren Sie, ob es in der Nähe Ihres Wohn- oder Schulortes ein Kriegerdenkmal gibt. Untersuchen Sie die Gestaltung des Denkmals und die Geschichte seiner öffentlichen Wahrnehmung.

5 **Präsentation:** Das Museum – Definition und gesellschaftliche Bedeutung
„Ein Museum ist eine nicht auf Gewinn ausgerichtete, dauernde Einrichtung im Dienst der Gesellschaft und ihrer Entwicklung, offen für das Publikum, die sammelt, bewahrt, forscht, kommuniziert und präsentiert, zu Zwecken des Studiums, der Bildung und des Vergnügens, der materiellen Grundlagen der Menschen und ihrer Umwelt." So definiert das *International Council of Museums* (ICOM/UNESCO) den Begriff „Museum". Überprüfen Sie diese Definition, untersuchen Sie die Entstehung von Museen und erarbeiten Sie eine Typologie der Museen. Präsentieren Sie Ihre Ergebnisse in einem Referat.

4.3 Theorien zu Geschichtsbewusstsein und Geschichtskultur

Woher beziehen wir unser Wissen über Geschichte?

„Das Normale halt bekommen wir an der Schule, und die Beispiele dafür, die hört man bei der Oma." So beschrieb einmal ein Schüler die Quellen seiner Kenntnisse über die Herrschaft des Nationalsozialismus von 1933 bis 1945. Seine Aussage verdeutlicht, dass er sein Wissen nicht allein aus dem Geschichtsunterricht in der Schule bezog. Bei einem zeitnahen Thema wie der NS-Diktatur geben auch ältere Familienmitglieder oder Verwandte, die dieses Zeit miterlebt haben, ihre Erfahrungen an die nächsten Generationen weiter. Und nicht nur diese Zeitzeugen prägen das Bild von der Vergangenheit. Es wird entscheidend mitbestimmt durch Fernsehen und Film, durch politische Diskussionen, Ausstellungen, Museumsbesuche oder Presseartikel. Das bedeutet, dass das Geschichtsbewusstsein der Menschen sowohl kognitive, d. h. auf Denken und Erkenntnis beruhendes Wissen, als auch emotionale Elemente enthält. Denn wer den Erzählungen der Großeltern lauscht oder sich einen Film ansieht, z. B. „Schindlers Liste" über den Holocaust, ist auch gefühlsmäßig beteiligt.

Geschichtsbewusstsein

Wer sich für die Entstehung, Bedeutung und Wirkungen von Geschichtsbewusstsein interessiert, muss zunächst den Begriff genauer bestimmen. Ist Geschichtsbewusstsein gleichbedeutend mit dem Wissen, das Menschen über Geschichte besitzen? Oder ist Geschichtsbewusstsein ein psychischer, durch besondere Gefühle und Einstellungen geprägter Prozess der Verarbeitung unterschiedlicher Erfahrungen mit der Vergangenheit? Die Historiker Karl-Ernst Jeismann und Hans-Jürgen Pandel haben sich intensiv mit diesen Fragen auseinandergesetzt (M 1 a und b).

Geschichtskultur

Geschichte wird nicht nur von Historikern oder Geschichtslehrern erforscht und vermittelt. Das Wissen über vergangene Ereignisse, Vorgänge und Handlungen speist sich aus unterschiedlichen Quellen und beeinflusst in vielfältiger Weise das Denken und Handeln der Menschen und damit die Kultur einer Gesellschaft. Die Historiker verwenden in diesem Zusammenhang den Begriff der „Geschichtskultur". Der Geschichtswissenschaftler Wolfgang Hardtwig definiert diesen Begriff so: „Die Gesamtheit der Formen, in denen Geschichtswissen in einer Gesellschaft präsent ist, lässt sich in dem Begriff Geschichtskultur zusammenfassen." Ausführlich erläutert die Historikerin Hilke Günther-Arndt die unterschiedlichen Dimensionen der Geschichtskultur (M 2).

Das kommunikative und das kulturelle Gedächtnis

Die Kulturwissenschaftler Aleida und Jan Assmann grenzen zwei Formen des historischen Gedächtnisses voneinander ab: Sie unterscheiden zwischen dem „kulturellen Gedächtnis" und dem „kommunikativen Gedächtnis". Letzteres ist gewissermaßen das Kurzzeitgedächtnis einer Gesellschaft und zeichnet sich durch Alltagsnähe aus. Die Weitergabe historischer Erfahrungen durch lebende Kommunikatoren, z. B. Zeitzeugen, gehört in den Bereich dieser Gedächtnisform. Dagegen bezieht sich das kulturelle Gedächtnis auf Ereignisse, Vorgänge und Handlungen in der Vergangenheit, die als schicksalhaft und bedeutsam für die Gegenwart angesehen werden. Solche für die heutige Kultur wichtigen Fixpunkte können, wie z. B. der

Investiturstreit oder die Reformation, zeitlich sehr weit zurückliegen. Das kulturelle Gedächtnis zeichnet sich daher durch eine gewisse Alltagsferne aus und wird durch bestimmte Medien (Texte, Riten, Denkmäler) wachgehalten (M3).

1 Bilden Sie Kleingruppen und diskutieren Sie, was Sie unter Geschichtsbewusstsein verstehen. Einigen Sie sich auf eine These/Definition, die Sie im Plenum vorstellen.
2 Überlegen Sie in Einzelarbeit, welchen Formen der Geschichtskultur Sie konkret in Ihrem Leben begegnet sind. Fertigen Sie dazu eine Gedächtnislandkarte bzw. eine Mindmap an.

M1 Was ist Geschichtsbewusstsein?

1 a) Der Historiker Karl-Ernst Jeismann definiert den Begriff „Geschichtsbewusstsein" (1985):

„Geschichtsbewusstsein meint die ständige Gegenwart des Wissens, dass der Mensch und alle von ihm geschaffenen Einrichtungen und Formen seines Zusammenlebens in der Zeit existieren, also eine Herkunft und eine Zukunft haben, dass sie nichts darstellen, was stabil, unveränderlich und ohne Voraussetzungen ist" (Schieder). Mehr als bloßes Wissen oder reines Interesse an der Geschichte, umgreift Geschichtsbewusstsein den Zusammenhang von Vergangenheitsdeutung, Gegenwartsverständnis und Zukunftsperspektive.

Da „Geschichte" aber nicht als Abbild vergangener Realität, sondern nur als ihre aus Zeugnissen erstellte, auswählende und deutende Rekonstruktion ins Bewusstsein treten kann, ist Geschichtsbewusstsein die Art, in der Vergangenheit in Vorstellung und Erkenntnis gegenwärtig ist […].

Die Formen, Inhalte und Reflexionsgrade des Geschichtsbewusstseins sind von Person zu Person, von Gruppe zu Gruppe sehr unterschiedlich. Es […] kann zu Klischees, „Geschichtsbildern" oder Parolen erstarren, kann tief fundiert, vielfältig und offen für neue Erkenntnisse und Erfahrungen sein. Auf verschiedensten Wegen wird Geschichtsbewusstsein in der Gesellschaft erzeugt, weitergegeben, verändert; immer weist es zurück auf die Erkenntnisfähigkeit, -möglichkeit und -willigkeit seiner Träger.

Identifizierungs- und Legitimationsbedürfnisse prägen mit elementarer sozialer Kraft das Geschichtsbewusstsein. Liegt die Identität des Individuums in der Möglichkeit, sich durch sein Leben hindurch als mit sich selbst übereinstimmende Person zu verstehen, so die des Kollektivs, sich als eine Gruppe von Menschen zu begreifen, deren Gemeinsamkeiten die Unterschiede überwiegen und sie von anderen Gruppen als Einheit abheben. Dieser Aufweis von Zusammengehörigkeit ist nur durch akzentuierte Rekonstruktion von Geschichtsvorstellungen dauernd möglich.

An Symbolen, Bildern, Geschichtsvorstellungen wird die Gleichheit der Erfahrungen festgemacht; so ruht Geschichtsbewusstsein auf einem im emotionalen Bereich wurzelnden Gemeinsamkeitsverständnis und ist ein notwendiges Element der Bildung und des Bestandes menschlicher Gesellschaften. Rationaler vermittelt sich das Legitimationsbedürfnis: durch argumentierenden Nachweis historischer Berechtigungen und Ansprüche, durch Aufbau von Kontinuitätsbehauptung, durch Analogieschlüsse, durch interessierte Sinngebungen historischer Verläufe. Bleibt Geschichtsbewusstsein im Bereich dieser Prägekräfte, ist es Teil einer „Ideologie" im allgemeinen Sinne eines Überzeugungssystems […].

Geschichtswissenschaft kann zu einer bloßen Rationalisierung solcher elementaren Prägungen des Geschichtsbewusstseins werden; sie kann (und sollte) aber durch methodische Distanzierung die Verfälschungen und Einseitigkeiten abbauen, die das Geschichtsbewusstsein oft in Widerspruch zur begründbaren Vergangenheitskonstruktion bringen. […] Unterschiedliche oder gar gegensätzliche Formen von Geschichtsbewusstsein innerhalb einer gesellschaftlichen Gruppe sind Ursachen und Folgen starker politischer Gegensätze und Spannungen.

Karl-Ernst Jeismann, Artikel „Geschichtsbewusstsein", in: Klaus Bergmann u. a. (Hg.), Handbuch der Geschichtsdidaktik, 3. völlig überarb. u. bedeutend erw. Aufl., Schwann, Düsseldorf 1985, S. 40 f.

1 b) Der Historiker Hans-Jürgen Pandel über Begriff und Funktion des Geschichtsbewusstseins (1987):

Auf das einzelne Individuum bezogen ist Geschichtsbewusstsein eine individuelle mentale Struktur, die durch ein System aufeinander verweisender Kategorien gebildet wird. Dieses kognitive Bezugssystem wird im Prozess des Sprachlernens erworben. Die durch (direkte wie durch kommunikative) Erfahrung geformte mentale Struktur ist für die Art und Weise verantwortlich, wie eine Geschichte erzählt wird, welche Perspektiven gewählt, wie das Verhältnis von oben und unten, von arm und reich gesehen wird, ob Verhältnisse generell statisch oder veränderbar gesehen werden.

Ich möchte vorschlagen, Geschichtsbewusstsein als eine mentale Struktur zu bezeichnen, die aus sieben aufeinander verweisenden Doppelkategorien besteht. In dem Maße, in dem das Kind diese grundlegenden Kategorien ausdifferenziert, erwirbt es jenes kognitive Bezugssystem, ohne das es weder Geschichte verstehen noch Geschichte erzählen könnte.

Diese Kategorien sind:

- Zeitbewusstsein (früher–heute/morgen)
- Wirklichkeitsbewusstsein (real/historisch–imaginär)
- Historizitätsbewusstsein (statisch–veränderlich)
- Identitätsbewusstsein (wir–ihr/sie)
- politisches Bewusstsein (oben–unten)
- ökonomisch-soziales Bewusstsein (arm–reich)
- moralisches Bewusstsein (richtig–falsch)

Zit. nach: Hans-Jürgen Pandel, Dimensionen des Geschichtsbewusstseins – Ein Versuch, seine Struktur für Empirie und Pragmatik diskutierbar zu machen, online abrufbar unter: www.sowi-online.de/reader/historisch-politisch/pandel_dimensionen.htm

1 Arbeiten Sie mithilfe von M 1 a, b heraus, was Jeismann und Pandel unter Geschichtsbewusstsein verstehen.

2 Vergleichen Sie Ihre eigene Definition (s. Aufgabe 1, S. 122) mit denen von Jeismann und Pandel. Haben Sie Aspekte genannt, die sich bei Jeismann und Pandel nicht finden oder umgekehrt? Formulieren Sie gegebenenfalls neu.

3 Nehmen Sie Stellung zu folgender These des Historikers Hans-Jürgen Pandel von 2009: „Mangelndes Wissen verhindert nicht Geschichtsbewusstsein – im Gegenteil –, und opulente Kenntnisse verbürgen es noch nicht. […] Wenn Geschichtsbewusstsein vom Wissen abhängig wäre, müsste es durch Vergessen wieder verschwinden."

4 Überprüfen Sie die Thesen Jeismanns und Pandels an einem Beispiel.

M 2 Die Historikerin Hilke Günther-Arndt über Geschichtskultur (2008)

Geschichtskultur erstreckt sich […] zeitlich von der Antike bis zur Moderne und lässt sich lokal, national und international beschreiben. Sie umfasst Denkmäler, Filme, Zeitschriften, Gedenktage, ja sogar Werbung und schließt Geschichtswissenschaft, Geschichte in der Öffentlichkeit sowie historisches Lernen ein. […]

Die Geschichtskultur ist der gesellschaftliche Raum, in dem Individuen und soziale Gruppen in der Gegenwart einen Bezug zur Vergangenheit herstellen. Denn die Vergangenheit ist vergangen, sie kann nur durch eine erinnernde Rekonstruktion als Geschichte vergegenwärtigt werden, d. h. Sinn und Bedeutung erlangen. Insofern ist Geschichtskultur eine durch und durch kulturell geprägte Kommunikation.

Aus soziologischer Sicht kann Geschichtskultur als „Produktion, Distribution und Rezeption […] historischen Wissens in einer Gesellschaft" bezeichnet werden ([so der Historiker Klaus] Füßmann […]). Die Hervorbringung (Produktion) neuen historischen Wissens obliegt dabei der geschichtswissenschaftlichen Forschung, die Verteilung oder Vermarktung (Distribution) z. B. Lehrern, Museen oder Journalisten, die Rezeption (historisches Lernen) erfolgt z. B. durch Schüler, Gedenkstättenbesucher oder ein Kinopublikum. […]

[Der Historiker] Jörn Rüsen erweitert diese Definitionen, wenn er Geschichtskultur als „Gesamtbereich der Aktivitäten des Geschichtsbewusstseins" bestimmt. Sie lasse sich „als ein eigener Bereich der Kultur mit einer spezifischen Weise des Erfahrens und

Deutens der Welt, der Orientierung der menschlichen Lebenspraxis in ihr, des menschlichen Selbstverständnisses und der Ausprägung von Subjektivität beschreiben und analysieren“ [...]. Diese „spezifische Weise“ der Auseinandersetzung mit der Welt ist historisches Denken, Voraussetzung dafür bei jedem Individuum Erinnerung. Selbstreflexives Denken von Menschen ist in der Regel mit dem geistigen Akt des Erinnerns verbunden: Wie ist es dazu gekommen, dass ich x gemacht habe? Historisch ist eine Erinnerung dann, wenn sie die eigene, lebensgeschichtliche Erinnerung zeitlich überschreitet.

Das geschieht in historischen Lernprozessen, die wir uns nicht nur als Geschichtsunterricht in der Schule vorstellen dürfen. Historisches Lernen kann auch in Familiengesprächen, beim Fernsehen oder Lesen, im Museum oder bei Computerspielen, also in einer direkten oder indirekten Kommunikation erfolgen. Es ermöglicht die Internalisierung des kulturellen Gedächtnisses einer sozialen Gruppe [...] als individuelles Konstrukt.

Erinnerungskultur und Geschichtskultur unterscheiden sich durch unterschiedliche Formen historischen Wissens. Das Wissen der Erinnerungskulturen ist für die sie tragende soziale Gruppe (z. B. eine Nation) wertegebunden und soll die Identität der Gruppenmitglieder sowie ihr gemeinsames Handeln stärken [...], die Einhaltung der historisch begründeten Werte ist eine soziale Verpflichtung [...]. Die Geschichtskultur umfasst dagegen alle Formen historischen Wissens in einer Gesellschaft, auch die der wissenschaftstheoretisch auf ‚Wahrheit‘ verpflichteten Geschichtswissenschaft.

Die Geschichtswissenschaft hat allerdings kein Exklusivrecht an der Geschichtskultur. Nach [dem Historiker] Lutz Raphael ist es für die europäisch-westliche Geschichtskultur charakteristisch, „dass die wissenschaftliche Historiografie eingebettet blieb in ein viel breiteres Angebot historiografischer Produktion, an der sich [...] Politiker und Militärs, Schriftsteller und Publizisten, aber auch Juristen, Ärzte und Kleriker [...] beteiligten“ [...]. Nach Rüsen umfasst die Geschichtskultur neben der kognitiven, vor allem von der Geschichtswissenschaft verkörperten Dimension, auch eine ästhetische und politische Dimension [...]. Für die ästhetische Dimension stehen etwa Denkmäler, Historienbilder, historische Romane und Filme. Diese drei Dimensionen sind durch eine vierte zu ergänzen: die kommerzielle. Vielfach ist die Geschichtskultur auch ein Geschichtsmarkt, der zumindest für einige Akteure finanziell äußerst lukrativ ist.

Schließlich ist die Geschichtskultur ein soziales System [...], das sich aus vier Elementen zusammensetzt:

1. Es besteht aus in der Regel staatlich finanzierten Institutionen wie Universitäten, Schulen, Archiven, Bibliotheken, Museen oder der Denkmalpflege. In diesen Institutionen werden die Zeugnisse der Vergangenheit mit unterschiedlichen Akzentsetzungen ohne staatliche Zensur gesammelt, bewahrt, erforscht, öffentlich zugänglich gemacht und als Geschichte vermittelt.

2. Das geschieht durch Professionen, speziell dafür ausgebildete Berufsgruppen wie Professoren, Lehrer, Archivare, Museologen, Bibliothekare oder Denkmalpfleger. Da die Geschichtskultur aber eine nicht nur fachgebundene, sondern auch gesellschaftliche Angelegenheit ist, gehören zu diesen Professionen ebenso Journalisten, Verleger, Filmemacher, Autoren, Reiseführer und andere. Die Vielfalt der Geschichtskultur spiegelt sich in ihren Professionen.

3. Sie spiegelt sich auch in den durch diese produzierten Medien von der wissenschaftlichen Abhandlung bis hin zu historisch inspirierten Spielen.

4. Als letztes Element des sozialen Systems Geschichtskultur ist das Publikum zu nennen – von den Schülern, die am Geschichtsunterricht teilnehmen müssen, über an Geschichte interessierte Erwachsene bis hin zu Besuchern von Mittelaltermärkten oder historischen Gaststätten.

Hilke Günther-Arndt, Geschichte als Beruf, in: Gunilla Budde, Dagmar Freist, Hilke Günther-Arndt (Hg.), Geschichte. Studium – Wissenschaft – Beruf, Akademie Verlag, Berlin 2008, S. 34–37.

1 Charakterisieren Sie den Begriff der „Geschichtskultur“. Unterscheiden Sie die einzelnen Dimensionen voneinander. Gehen Sie auch auf die Grenzen des Begriffs ein.

2 Unterschiedliche Epochen und Gesellschaften besitzen eine unterschiedliche Geschichtskultur. Arbeiten Sie an einem Beispiel die zentralen Elemente der Geschichtskultur einer Gesellschaft oder Epoche heraus.

M 3 Die Kulturwissenschaftler Aleida und Jan Assmann über das kommunikative und das kulturelle Gedächtnis (1994)

[Das kommunikative und das kulturelle Gedächtnis]

Das kommunikative Gedächtnis bezieht sich auf die rezente[1] Vergangenheit. Es sind dies Erinnerungen, die der Mensch mit seinen Zeitgenossen teilt. Der typische Fall ist das Generationen-Gedächtnis [...]. Dieses Gedächtnis wächst der Gruppe historisch zu; es entsteht in der Zeit und vergeht mit ihr, genauer: mit seinen Trägern. Wenn die Träger, die es verkörperten, gestorben sind, weicht es einem neuen Gedächtnis.

Tab. 1: Vergleich von kommunikativem Gedächtnis und kulturellem Gedächtnis

	Kommunikatives Gedächtnis	Kulturelles Gedächtnis
Inhalt	Geschichtserfahrungen im Rahmen diverser Biografien	mythische Urgeschichte, Ereignisse in einer absoluten Vergangenheit
Formen	informell, wenig geformt, naturwüchsig, entstehend durch Interaktion, Alltag	gestiftet, hoher Grad an Geformtheit, zeremonielle Kommunikation, Fest
Codes, Speicherung	lebendige Erinnerung in organischen Gedächtnissen, Erfahrungen und Hörensagen	feste Objektivationen [= Vergegenständlichungen], traditionelle symbolische Kodierung/Inszenierung in Wort, Bild, Tanz usw.
Zeitstruktur	80–100 Jahre, mit der Gegenwart mitwandernder Zeithorizont von 3–4 Generationen	absolute Vergangenheit einer mythischen Urzeit
Träger	unspezifisch, Zeitzeugen einer Erinnerungsgemeinschaft	spezialisierte Traditionsträger

Meist vergeht das kommunikative Gedächtnis leise und unmerklich. „In aller Stille" wird ein Gedächtniskapitel nach dem anderen geschlossen. Historisch signifikant wird das unmerkliche Absterben eines Gedächtnis-Abschnitts erst, wenn damit bleibende Erfahrungen verbunden sind, die dauerhaft sicherzustellen sind. Das ist der Fall der Gräuel der NS-Zeit. Nach diesen Jahrzehnten wird jene Generation ausgestorben sein, für die Hitlers Judenverfolgung und -vernichtung Gegenstand persönlich traumatischer Erfahrung ist. Was heute z. T. noch lebendige Erinnerung ist, wird morgen nur noch über externe Speicher-Medien vermittelt sein. Dieser Übergang drückt sich schon jetzt in einem Schub schriftlicher Erinnerungsarbeit der Betroffenen sowie einer intensivierten Sammelarbeit der Archivare aus.

Der Übergang aus dem kommunikativen Gedächtnis ins kulturelle Gedächtnis wird durch Medien gewährleistet. Medien sind die Bedingung der Möglichkeit dafür, dass spätere Generationen zu Zeugen eines längst vergangenen und in seinen Einzelheiten vergessenen Geschehens werden können. Sie erweitern drastisch den Radius der Zeitgenossenschaft. Durch Materialisierung auf Datenträgern sichern die Medien den lebendigen Erinnerungen einen Platz im kulturellen Gedächtnis. Das Foto, die Reportage, die Memoiren, der Film werden in der großen Datenbank objektivierter Vergangenheit archiviert. Der Weg in die aktuelle Erinnerung ist damit noch nicht automatisch geöffnet. Dazu bedarf es sozusagen Medien zweiten Grades, die die gespeicherten Daten wiederum aktivieren. Die Medien ersten Grades nennen wir Dokumente, die Medien zweiten Grades Monumente. Dokumente beruhen auf Kodifikation und Speicherung von Information, Monumente beruhen auf Kodifikation und Speicherung *plus sozial bestimmtem und praktiziertem Erinnerungswert.*

Das kommunikative Gedächtnis wird in den Situationen des Alltagslebens zirkuliert. Anders das kulturelle Gedächtnis, denn „Identitäten sind", wie [der Soziologe] N. Luhmann treffend bemerkt, „nicht für den Alltagsgebrauch bestimmt" [...]. Als Kommunikationsraum für die Zirkulation kulturellen Sinns kommen in erster Linie Feste, Feiern und andere Anlässe rituellen und zeremoniellen Handelns infrage. In dieser zeremoniellen Kommunikation wird das kulturelle Gedächtnis in der ganzen Multimedialität ihrer symbolischen Formen inszeniert: In mündlichen Stammesgesellschaften sind dies vor allem Rituale, Tänze, Mythen, Muster, Kleidung, Schmuck, Tätowierung, Wege, Male, Landschaften usw., in Schriftkulturen sind es die Formen symbolischer Repräsentation (Monumente), Ansprachen, Kommemorationsriten. Vorrangiger Zweck dieser Übungen ist dabei jeweils die Sicherung und Kontinuierung einer sozialen Identität. [...]

Das mündlich-kommunikative Gedächtnis hat seine Bedeutung auch in schriftverwendenden Gesellschaften. Die Rekonstruktion dieses im engeren lebensweltlichen Horizont fundierten Gedächtnisses bildet den Gegenstand der *Oral History*[2], eines neueren Zweiges der Geschichtswissenschaft, welcher Methoden entwickelt hat, um das vergangene Alltagswissen als historische Quelle zu erschließen. Alle Untersuchungen der „Oral History" bestätigen, dass auch in literalen Gesellschaften[3] die lebendige Erinnerung nicht weiter als 80 Jahre zurückreicht [...]. Hier folgen dann anstelle der Ursprungsmythen die Daten der Schulbücher und Monumente, d. h. die objektivierte und offizielle Überlieferung der Historiografie. [...]

[Speicher- und Funktionsgedächnis]

Die allgemeinste Beschreibung der Konsequenz von Schrift ist die, dass mehr gespeichert werden kann, als gebraucht und aktualisiert wird. Die Dimensionen des Gedächtnisses fallen auseinander in Vordergrund und Hintergrund, in die Bereiche des Bewohnten und des Unbewohnten, des Aktualisierten und des Latenten. [...] Diese verschiedenen Bezirke der Erinnerungslandschaft wollen wir hier als *Speicher-* und *Funktionsgedächtnis* voneinander unterscheiden. Das Speicher-Gedächtnis umschreibt eine Region, die stets größer ist als das Bewusstsein; das Funktions-Gedächtnis dagegen bezieht sich nur auf den jeweils bewohnten Bezirk. [...]

Das Speicher-Gedächtnis enthält eine unstrukturierte Menge von Elementen, einen unsortierten Vorrat. Auf der Ebene des individuellen Seelenhaushalts sind die Elemente dieses Gedächtnisses äußerst heterogen: teilweise inaktiv, unproduktiv, teilweise latent, außerhalb der Belichtung durch Aufmerksamkeit, teilweise überdeterminiert und daher zu sperrig für ein ordentliches Zurückholen, teilweise schmerzhaft oder skandalös und deshalb tief vergraben. Die Elemente des Speicher-Gedächtnisses gehören dem Individuum zwar zu, aber es ist weit davon entfernt, über sie zu verfügen. Auf kollektiver Ebene enthält das Speicher-Gedächtnis das unbrauchbar, obsolet[4] und fremd Gewordene, das neutrale, identitätsabstrakte Sachwissen, aber auch das Repertoire verpasster Möglichkeiten und alternativer Optionen.

Den Aspekt des Gedächtnisses, der tatsächlich bewohnt wird, nennen wir das Funktions-Gedächtnis. Es handelt sich dabei um ein Stück *angeeignetes Gedächtnis,* wie es aus einem Prozess der Auswahl, der Verknüpfung, der Sinnkonstitution [...] hervorgeht. Die strukturlosen, unzusammenhängenden Elemente treten ins Funktions-Gedächtnis als komponiert, konstruiert, verbunden ein. Aus diesem konstruktiven Akt geht *Sinn* hervor, eine Qualität, die dem Speicher-Gedächtnis abgeht.

Als Konstruktion ist das Funktions-Gedächtnis an ein Subjekt gebunden, das sich als solches konstituiert, indem es sich als dessen Träger oder Zurechnungssubjekt versteht. Subjekte konstituieren sich durch ein Funktions-Gedächtnis, d. h. durch selektives und bewusstes Verfügen über Vergangenheit. Solche Subjekte mögen Kollektive, Institutionen oder Individuen sein – in allen Fällen besteht derselbe Zusammenhang zwischen Funktions-Gedächtnis und Identität. Das Speicher-Gedächtnis dagegen fundiert keine Identität. Seine nicht minder wesentliche Funktion besteht darin, mehr und anderes zu enthalten, als es das Funktions-Gedächtnis zulässt. Das kulturelle Gedächtnis verliert unter den Bedingungen externer Speicherungstechniken seine Konturen. Für diese grundsätzlich unbegrenzbare, ständig sich vermehrende, amorphe[5] Masse von Daten, Informationen, Erinnerungen gibt es kein Subjekt mehr, dem sie sich noch zuordnen ließe. Allenfalls könnte man noch von einem gänzlich abstrakten Welt- oder Menschheitsgedächtnis sprechen. [...]

Die Grenze zwischen dem Speicher- und dem Funktions-Gedächtnis ist [...] nicht immer klar zu ziehen, weil Inhalte und Speicherungsmedien weitgehend identisch sein können. Was freilich deutlich auseinandertritt, sind die Gebrauchsformen und Funktionen. Die wichtigsten Unterschiede stellen wir in einer Übersicht zusammen:

Tab. 3: Unterschiede zwischen Speicher-Gedächtnis und Funktions-Gedächtnis

	Speicher-Gedächtnis	**Funktions-Gedächtnis**
Inhalt	das Andere, Überschreitung der Gegenwart	das Eigene, Fundierung der Gegenwart auf einer bestimmten Vergangenheit
Zeitstruktur	anachron: Zweizeitigkeit, Gestern neben dem Heute, kontrapräsentisch	diachron: Anbindung des Gestern an das Heute
Formen	Unantastbarkeit der Texte, autonomer Status der Dokumente	selektiver = strategischer, perspektivischer Gebrauch von Erinnerungen
Medien und Institutionen	Literatur, Kunst, Museum, Wissenschaft	Feste, öffentliche Riten kollektiver Kommemoration
Träger	Individuen innerhalb der Kulturgemeinschaft	kollektivierte Handlungssubjekte

Aleida Assmann/Jan Assmann, Das Gestern im Heute. Medien und soziales Gedächtnis, in: Klaus Merten, Siegfried J. Schmidt, Siegfried Weischenberg (Hg.), Die Wirklichkeit der Medien. Eine Einführung in die Kommunikationswissenschaft, Westdeutscher Verlag, Opladen 1994, S. 119–123.

1 rezent: gegenwärtig oder erst kürzlich vergangen
2 Oral History: Methode der Geschichtswissenschaft, die auf der Befragung von Zeitzeugen basiert; dabei sollen die Zeitzeugen möglichst wenig vom Historiker beeinflusst werden.
3 literale Gesellschaft: Gesellschaft mit schriftlicher Überlieferung; im Gegensatz zu oralen Gesellschaften, in denen das Wissen und die Tradition mündlich weitergegeben werden
4 obsolet: ungebräuchlich, veraltet
5 amorph: gestaltlos

1 Erläutern Sie, wie Assmann/Assmann die Unterscheidung zwischen kommunikativem und kulturellem Gedächtnis bzw. zwischen Speicher- und Funktions-Gedächtnis begründen.

2 Ordnen Sie die folgenden Formen historischen Erinnerns den von Assmann/Assmann charakterisierten Gedächtnisarten zu: Oral History, Schulbuch, Gedenkfeier zum Reformationsjubiläum, Besuch eines vor- und frühgeschichtlichen Museums, Herrscherporträts, Feier am Tag der Deutschen Einheit, Fernsehdokumentation zum Kalten Krieg, Ausgabe des Nibelungenlieds, Tagebuch Ihrer Großmutter. Suchen Sie eigene Beispiele für die Begriffe kommunikatives und kulturelles Gedächtnis bzw. Speicher- und Funktions-Gedächtnis.

3 Erörtern Sie die Folgen der elektronischen Datenverarbeitung (Computer, Internet) für die Bewahrung und Weitergabe historischen Wissens.

4 **Abschlussdiskussion:** In einem Aufsatz von 1989 schrieb der britische Historiker Peter Burke: „Schon oft hieß es, die Sieger hätten die Geschichte geschrieben. Und doch könnte man auch sagen: Die Sieger haben die Geschichte vergessen. Sie können sich's leisten, während es den Verlierern unmöglich ist, das Geschehene hinzunehmen: Diese sind dazu verdammt, über das Geschehene nachzugrübeln, es wiederzubeleben und Alternativen zu reflektieren." Nehmen Sie Stellung zu dieser These Burkes.

„Wiedergeben, einordnen, beurteilen" – Arbeitsaufträge in der Abiturklausur nach den „Einheitlichen Prüfungsanforderungen in der Abiturprüfung" (EPA)

Anforderungsbereich I –	Wiedergeben von Sachverhalten aus einem abgegrenzten Gebiet und im gelernten Zusammenhang unter rein reproduktivem Benutzen geübter Arbeitstechniken, z. B.:
nennen, aufzählen:	zielgerichtet Informationen zusammentragen, ohne sie zu kommentieren;
bezeichnen, schildern, skizzieren:	historische Sachverhalte, Probleme oder Aussagen erkennen und zutreffend formulieren;
aufzeigen, beschreiben, zusammenfassen, wiedergeben:	historische Sachverhalte unter Beibehaltung des Sinnes auf Wesentliches reduzieren.
Anforderungsbereich II –	selbstständiges Erklären, Bearbeiten, Ordnen bekannter Inhalte und das angemessene Anwenden gelernter Inhalte und Methoden auf andere Sachverhalte, z. B.:
analysieren, untersuchen:	Materialien oder historische Sachverhalte kriterienorientiert bzw. aspektgeleitet erschließen;
begründen, nachweisen:	Aussagen (z. B. Urteil, These, Wertung) durch Argumente stützen, die auf historischen Beispielen und anderen Belegen gründen;
charakterisieren:	historische Sachverhalte in ihren Eigenarten beschreiben und diese dann unter einem bestimmten Gesichtspunkt zusammenfassen;
einordnen:	historische Sachverhalte in einen historischen Zusammenhang stellen;
erklären:	historische Sachverhalte durch Wissen und Einsichten in einen Zusammenhang (Theorie, Modell, Regel, Gesetz, Funktionszusammenhang) einordnen und begründen;
erläutern:	wie „erklären", aber durch zusätzliche Informationen und Beispiele verdeutlichen;
herausarbeiten:	aus Materialien bestimmte historische Sachverhalte herausfinden, die nicht explizit genannt werden, und Zusammenhänge zwischen ihnen herstellen;
gegenüberstellen:	wie „skizzieren", aber zusätzlich argumentierend gewichten;
widerlegen:	Argumente dafür anführen, dass eine Behauptung zu Unrecht aufgestellt wird.

Anforderungsbereich III – reflexiver Umgang mit neuen Problemstellungen, den eingesetzten Methoden und gewonnenen Erkenntnissen, um zu eigenständigen Begründungen, Folgerungen, Deutungen und Wertungen zu gelangen, z. B.:

beurteilen: den Stellenwert historischer Sachverhalte in einem Zusammenhang bestimmen, um ohne persönlichen Wertebezug zu einem begründeten Sachurteil zu gelangen;

bewerten, Stellung nehmen: wie „beurteilen", aber zusätzlich mit Offenlegen und Begründen eigener Wertmaßstäbe, die Pluralität einschließen und zu einem Werturteil führen, das auf den Wertvorstellungen des Grundgesetzes basiert;

entwickeln: Analyseergebnisse synthetisieren, um zu einer eigenen Deutung zu gelangen;

sich auseinandersetzen, diskutieren: zu einer historischen Problemstellung oder These eine Argumentation entwickeln, die zu einer begründeten Bewertung führt;

prüfen, überprüfen: Aussagen (Hypothesen, Behauptungen, Urteile) an historischen Sachverhalten auf ihre Angemessenheit hin untersuchen;

vergleichen: auf der Grundlage von Kriterien historische Sachverhalte problembezogen gegenüberstellen, um Gemeinsamkeiten, Unterschiede, Teilidentitäten, Ähnlichkeiten, Abweichungen oder Gegensätze zu beurteilen.

Die folgenden Arbeitsaufträge verlangen Leistungen aus den **Anforderungsbereichen I, II und III:**

interpretieren: Sinnzusammenhänge aus Quellen erschließen und eine begründete Stellungnahme abgeben, die auf einer Analyse, Erläuterung und Bewertung beruht;

erörtern: Argumente auf ihren Wert und ihre Stichhaltigkeit hin abwägend prüfen und auf dieser Grundlage eine eigene Stellungnahme entwickeln; die Erörterung setzt eine Analyse voraus;

darstellen: historische Entwicklungszusammenhänge und Zustände mithilfe von Quellenkenntnissen und Deutungen beschreiben, erklären und beurteilen.

Einige Bundesländer arbeiten mit landesspezifischen Operatoren.
Sie finden diese Landesoperatoren unter den folgenden Internetadressen.

Baden-Württemberg: www.schule-bw.de/unterricht/faecher/geschichte/operatoren
Hessen: www.kultusministerium-hessen.de, Stichwort „Operatoren"
Niedersachsen: www.nibis.de/nli1/gohrgs/operatoren/operatoren_uebersicht.htm

Checkliste zur Abfassung einer Geschichtsklausur

1 Thema auswählen (wenn mehrere Klausurthemen gestellt sind)
Lesen Sie sich in Ruhe alle gestellten Klausurthemen durch. Sie sollten sich weniger nach spontanen Interessen entscheiden, sondern das Thema wählen, bei dem Sie sich fachlich wie methodisch am sichersten fühlen.

2 Aufgabenstellung erschließen
Achten Sie auf den genauen Wortlaut der Aufgabenstellung bzw. der einzelnen Arbeitsanweisungen. Vergegenwärtigen Sie sich, was die einzelnen Operatoren von Ihnen verlangen.

3 Materialien auswerten
Lesen Sie die vorgelegten Materialien mehrmals. Unterscheiden Sie zwischen Quellen und Darstellungen. Unterstreichen Sie mit farbigen Stiften zentrale Aussagen und markieren Sie Schlüsselbegriffe. Notieren Sie sich Stichpunkte. Analysieren und interpretieren Sie die Texte mithilfe methodischer Arbeitsschritte und im Hinblick auf die Aufgabenstellung.

4 Historische Einordnung vornehmen
Ordnen Sie die Materialien in den geschichtlichen Kontext ein und notieren Sie Stichpunkte zum historischen Hintergrund (Ereignisse, Personen, Prozesse, Strukturen, Begriffe).

5 Gliederung entwerfen
Entwerfen Sie eine Gliederung und ordnen Sie Ihre Notizen zur Materialauswertung und zum historischen Kontext entsprechend zu. Vervollständigen Sie Ihre Gliederung um Argumente und Beispiele für/gegen eine These, die durch die Aufgabenstellung vorgegeben ist oder sich durch die Position des Autors/der Autoren ergibt.

6 Zeitplan erstellen
Ordnen Sie jeder Arbeitsanweisung einen entsprechenden Zeitumfang zu. Berücksichtigen Sie „Zeitfenster“ für Pausen und die Schlusskorrektur.

7 Reinschrift fertigen
Formulieren Sie entsprechend Ihrer Gliederung einen Fließtext. Achten Sie dabei auf Ihren Zeitplan. Belegen Sie Ihre Ausführungen mit Zitaten aus den Materialien. Stützen Sie Ihre Thesen durch Argumente und Beispiele.

8 Schlusskorrektur durchführen
Lesen Sie Ihre Klausur möglichst zweimal durch. Achten Sie sowohl auf fachliche Richtigkeit und eine sachliche Ausdrucksweise als auch auf die korrekte Anwendung der Rechtschreibung und Zeichensetzung sowie der Zitierregeln.

Formulierungshilfen für die Bearbeitung von Textquellen und Sekundärtexten

Arbeitsschritte	Strukturierungsfunktion	Formulierungsmöglichkeiten	Beispiel
Analyse formaler Aspekte	Einleitung	– Der Verfasser thematisiert/behandelt/greift (auf) … – Er beschäftigt sich/setzt sich auseinander mit der Frage/mit dem Thema … – Die Autorin legt dar/führt aus/äußert sich zu … – Das zentrale Problem/Die zentrale Frage des Textes/Briefes/der Rede ist …	Der SPD-Politiker Philipp Scheidemann thematisiert in seiner Rede vor der Weimarer Nationalversammlung am 12. Mai 1919 den Versailler Vertrag.
Analyse inhaltlicher Aspekte	Wiedergabe der Position/Kernaussage	– Die Autorin vertritt die These/Position/Meinung/Auffassung … – Er behauptet …	Der Historiker Detlev Peukert vertritt die These, der Untergang der Weimarer Republik sei auf „vier zerstörerische Prozesse" zurückzuführen (Z. xx).
	Wiedergabe der Begründung/Argumentation/wesentlichen Aussagen	– Sie belegt ihre These … – Als Begründung/Beleg seiner These/Behauptung führt der Autor an … – Der Reichskanzler legt dar/führt aus … – Die Historikerin argumentiert/kritisiert/bemängelt … – Der Verfasser weist darauf hin/betont/unterstreicht/hebt hervor/berücksichtigt … – Weiterhin/Außerdem/Darüber hinaus/Zudem argumentiert er …	Kennan betont, dass die Amerikaner in Deutschland Konkurrenten der Russen seien und daher in „wirklich wichtigen Dingen" keine Zugeständnisse machen dürften (Z. xx).
	Abschließende Ausführungen	– Am Ende unterstreicht/betont der Autor noch einmal … – Der Autor schließt seine Ausführungen mit … – Sie kommt am Ende ihrer Argumentation zu dem Schluss, dass … – Zum Abschluss seiner Rede … – Abschließend/Zusammenfassend führt die Abgeordnete aus …	Am Ende seines Briefes betont Bismarck noch einmal die Notwendigkeit eines Bündnisses mit Österreich (Z. xx).
Vergleich von Texten	Übereinstimmung	– Der Historiker ist derselben Meinung/Auffassung/Position … – Sie teilt dieselbe Meinung/Auffassung/Position … – Die Autoren stimmen darin überein …	Brandt und Grass stimmen darin überein, dass die Bildung einer Großen Koalition mit Risiken verbunden sei (vgl. M 1, Z. xx; M 2, Z. xx).
	Gegensatz	– Im Gegensatz zu … – Die Positionen widersprechen sich/weichen voneinander ab/sind unvereinbar/konträr …	Die Positionen der beiden anonymen Verfasser sind hinsichtlich ihrer Haltung zum Terror der Jakobiner unvereinbar.
Historischer Kontext		– Die Quelle(n) lassen sich/sind in … ein(zu)ordnen. – Die Texte sind im Zusammenhang mit … zu sehen. – Die Rede stammt aus der Zeit des/der …	Veröffentlicht wurden beide Zeitungsartikel in der Zeit der Jakobinerherrschaft, die von 1793 bis 1794 andauerte und auch als „Schreckens- und Gewaltherrschaft" bezeichnet wird.

Arbeitsschritte	Strukturierungsfunktion	Formulierungsmöglichkeiten	Beispiel
Urteil Sachurteil	Intention des Autors	– Der Autor beabsichtigt/intendiert/will/strebt an/fordert/plädiert für … – Die Politikerin verfolgt die Absicht/das Ziel … – Der Außenminister appelliert/ruft auf …	Der Ministerpräsident will mit seiner Rede die Abgeordneten von der Notwendigkeit wirtschaftlicher Reformen überzeugen.
	Beurteilung des Textes	– Die Argumentation ist (nicht) nachvollziehbar/überzeugend/stichhaltig/schlüssig … – Der Verfasser argumentiert einseitig/widersprüchlich … – In seiner Darstellung beschränkt sich der Historiker nur auf …	Der britische Historiker Peter Heather begründet seine These in drei stichhaltigen Argumentationssträngen.
Werturteil	Bewertung des Textes	– Aus heutiger Sicht/Perspektive kann gesagt werden/lässt sich sagen … – Der Position/Meinung/Auffassung/Ansicht des Autors stimme ich (nicht) zu … – Ich stimme der Position/… des Autors (nicht) zu … – Die Position/… der Verfasserin teile ich (nicht) … – Ich teile die Position/… des Historikers (nicht) … – Meiner Meinung/Auffassung/Ansicht zufolge/nach …	– Ich stimme der Kritik von Francisco de Vitoria am Vorgehen der Spanier in der Neuen Welt zu, weil … – Die Position des anonymen Verfassers des ersten Zeitungsartikels (M 1) teile ich nicht, da heute in unserer freiheitlichen Grundordnung Terror zur Durchsetzung politischer Ziele abgelehnt wird.

Fachliteratur

Chronologische Überblickswerke

Der große Ploetz, hg. vom Verlag Ploetz, Vandenhoeck & Ruprecht, Göttingen 2010.

dtv-Atlas zur Weltgeschichte, hg. von Werner Hilgemann/Hermann Kinder, Bd. 1: Von den Anfängen bis zur Französischen Revolution; Bd. 2: Von der Französischen Revolution bis zur Gegenwart, 40. Aufl., München 2009.

Putzger Historischer Weltatlas. Atlas und Chronik zur Weltgeschichte, 104. Aufl., Berlin 2011.

Lexika, Handbücher

Brunner, Otto u. a (Hg.), Geschichtliche Grundbegriffe. Historisches Lexikon zur politisch-sozialen Sprache in Deutschland, 7 Bände, Stuttgart 1972–1992.

Dülmen, Richard van (Hg.), Fischer Lexikon Geschichte, akt., vollst. überarb. und erg. Aufl., Frankfurt/M. 2003.

Goertz, Hans-Jürgen (Hg.), Geschichte. Ein Grundkurs, Reinbek bei Hamburg 2007.

Gutjahr, Hans-Joachim (Hg.), Duden. Basiswissen Schule: Geschichte, 3., akt. Aufl., Berlin 2011.

Jaeger, Friedrich u. Burkhard Liebsch (Hg.), Handbuch der Kulturwissenschaften, 3 Bde., Stuttgart 2004.

Jordan, Stefan, Lexikon Geschichtswissenschaft. Hundert Grundbegriffe, Stuttgart 2007.

Jordan, Stefan, Theorien und Methoden der Geschichtswissenschaft, Paderborn 2009.

Llanque, Marcus/Münkler, Herfried (Hg.), Politische Theorie und Ideengeschichte. Lehr- und Textbuch, Berlin 2007.

Mayer, Ulrich u. a. (Hg.), Wörterbuch Geschichtsdidaktik, 2. überarb. u. erw. Aufl., Schwalbach/Ts. 2009.

Pleticha, Heinrich (Hg.), Geschichtslexikon. Daten, Fakten und Zusammenhänge, 5., akt. Aufl., Berlin 2004.

Raphael, Lutz (Hg.), Klassiker der Geschichtswissenschaft, 2 Bde., München 2006.

Krisen- und Revolutionstheorien

Berding, Helmut, Revolution als Prozess, in: Karl-Georg Faber/Christian Meier (Hg.), Historische Prozesse, München 1978, S. 266–289.

Griewank, Karl, Der neuzeitliche Revolutionsbegriff. Entstehung und Geschichte. Aus dem Nachlass hg. v. Ingeborg Horn-Staiger, Frankfurt/M. 1973.

Jaeggi, Urs/Sven Papcke, Revolution und Theorie 1. Materialien zum bürgerlichen Revolutionsverständnis, Frankfurt/M. 1974.

Jänicke, Martin (Hg.), Herrschaft und Krise. Beiträge zur politikwissenschaftlichen Krisenforschung, Opladen 1973.

Jänicke, Martin (Hg.), Politische Systemkrisen, Köln 1973.

Krockow, Christian Graf von, Reform als politisches Prinzip, München 1976.

Lenk, Kurt, Theorien der Revolution, W. Fink, 2., verb. u. erw. Aufl., unveränderter Nachdruck, München 1991.

Wassmund, Hans, Revolutionstheorien. Eine Einführung, München 1978.

Wende, Peter (Hg.), Große Revolutionen der Geschichte. Von der Frühzeit bis zur Gegenwart, München 2000.

Modernisierungstheorien

Degele, Nina/Dries, Christian, Modernisierungstheorie, München 2005.

van der Loo, Hans/van Reijen, Willem, Modernisierung. Projekt und Paradox, 2., akt. Aufl., Mün chen 1997.

Wehler, Hans-Ulrich, Umbruch und Kontinuität. Essays zum 20. Jahrhundert, München 2000.

Wehler, Hans-Ulrich, Deutsche Gesellschaftsgeschichte, 5 Bände, München 1987–2008.

Wehler, Hans-Ulrich, Modernisierungstheorie und Geschichte, in: ders., Die Gegenwart als Geschichte. Essays, München 1995, S. 13–59.

Konzepte und Theorien zu Transformationsprozessen

Bade, Klaus J. u. a.(Hg.), Enzyklopädie Migration in Europa. Vom 17. Jahrhundert bis zur Gegenwart, 3. durchges. Aufl., Paderborn, 2010.

Bitterli, Urs, Alte Welt – neue Welt. Formen des europäisch-überseeischen Kulturkontaktes vom 15. bis zum 18. Jahrhundert, München 1992.

Bitterli, Urs, Die „Wilden" und die „Zivilisierten". Grundzüge einer Geistes- und Kulturgeschichte der europäisch-überseeischen Begegnung, 3. Aufl., München 2004.

Braudel, Fernand, Schriften zur Geschichte, 2 Bde., Stuttgart 1992.

Huntington, Samuel, Der Kampf der Kulturen. Die Neugestaltung der Weltpolitik im 21. Jahrhundert, 6. Aufl., München 2006.

Huntington, Samuel P. u. Lawrence E. Harrison (Hg.), Streit um Werte. Wie Kulturen den Fortschritt prägen. Aus dem Englischen v. Holger Fliessbach, Hamburg 2002.

Menzel, Ulrich, Globalisierung versus Fragmentierung [zuerst 1997], unveränderter Nachdruck, Frankfurt/M. 2001.

Merkel, Wolfgang, Systemtransformation. Eine Einführung in die Theorie und Empirie der Transformationsforschung, 2. überarb. u. erw. Aufl., Wiesbaden 2010.

Oltmer, Jochen, Migration im 19. und 20. Jahrhundert, München 2010.
Oswald,Ingrid, Migrationssoziologie, Konstanz 2007.
Sen, Amartya, Die Identitätsfalle. Warum es keinen Krieg der Kulturen gibt, München 2007.
Zapf, Wolfgang, Artikel „Modernisierung und Transformation", in: Bernhard Schäfers/Wolfgang Zapf (Hg.), Handwörterbuch zur Gesellschaft Deutschlands, Opladen 1998, S. 472–482.

Die Frage nach der deutschen Identität

Altrichter, Helmut/Herbers, Klaus/Neuhaus, Helmut (Hg.), Mythen in der Geschichte, Freiburg i. Breisgau 2004.
Anderson, Benedict, Die Erfindung der Nation. Zur Karriere eines folgenreichen Konzepts, Berlin 1998.
Berding, Helmut (Hg.), Mythos und Nation. Studien zur Entwicklung des kollektiven Bewusstseins in der Neuzeit 3, Frankfurt/M. 1996.
François, Etienne/Schulze, Hagen (Hg.), Deutsche Erinnerungsorte, 3 Bde., 4. Aufl., München 2002.
Münkler, Herfried, Die Deutschen und ihre Mythen, Berlin 2009.
Schulze, Hagen, Staat und Nation in der europäischen Geschichte, 2. Aufl., München 2004.
Wehler, Hans-Ulrich, Nationalismus. Geschichte – Formen – Folgen, 3. Aufl., München 2007.
Wiegrefe, Klaus/Pieper, Dietmar (Hg.), Die Erfindung der Deutschen. Wie wir wurden, was wir sind, München 2007.
Winkler, Heinrich August, Streitfragen der deutschen Geschichte. Essays zum 19. und 20. Jahrhundert, München 1997.
Winkler, Heinrich August, Der lange Weg nach Westen, 2 Bde., München 2000–2001.

Geschichts- und Erinnerungskultur

François, Etienne/Puschner, Uwe (Hg.), Erinnerungstage. Wendepunkte der Geschichte von der Antike bis zur Gegenwart, München 2010.
Geschichte lernen, Heft 42/1994: „Geschichte im Film".
Geschichte lernen, Heft 49/1996: „Gedenktage".
Kaufmann, Gunter, Historische Denkmäler in Kiel – ein Beispiel für den Umgang mit Denkmälern als historische Quellen, in: Geschichte in Wissenschaft und Unterricht 42, 1991, S. 417 ff.
Praxis Geschichte, Heft 6/1990: „Verordnete Geschichtsbilder".
Praxis Geschichte, Heft 6/1992: „Film – Geschichte – Unterricht".
Schlie, Ulrich, Die Nation erinnert sich. Die Denkmäler der Deutschen, München 2002.
Schörken, Rolf, Begegnungen mit Geschichte. Vom außerwissenschaftlichen Umgang mit der Historie in Literatur und Medien, Stuttgart 1995.
Wiersing, Erhard, Geschichte des historischen Denkens. Zugleich eine Einführung in die Theorie der Geschichte, Paderborn 2007.
Völkel, Markus, Geschichtsschreibung. Eine Einführung in globaler Perspektive, Böhlau, Köln 2006.
Müller, Klaus E./Rüsen, Jörn (Hg.), Historische Sinnbildung. Problemstellungen, Zeitkonzepte, Wahrnehmungshorizonte, Darstellungsstrategien, Reinbek bei Hamburg 1997.
Müller, Winfried (Hg.), Das historische Jubiläum. Genese, Ordnungsleistung und Inszenierungsgeschichte eines institutionellen Mythos, Münster 2004.
Pethes, Nicolas/Jens Ruchatz (Hg.), Gedächtnis und Erinnerung. Ein interdisziplinäres Lexikon, Reinbek bei Hamburg 2001.
Gudehus, Christian/Eichenberg, Ariane u. Welzer, Harald (Hg.), Gedächtnis und Erinnerung. Ein interdisziplinäres Handbuch, Stuttgart 2010.
Ertl, Astrid, Kollektives Gedächtnis und Erinnerungskulturen. Eine Einführung, Stuttgart, 2005.
Pethes, Nicolas, Kulturwissenschaftliche Gedächtnistheorien zur Einführung, Hamburg 2008.
Assmann, Aleida, Erinnerungsräume. Formen und Wandlungen des kulturellen Gedächtnisses, 4., durchges. Aufl., München 2009.
Assmann, Aleida, Der lange Schatten der Vergangenheit. Erinnerungskultur und Geschichtspolitik, München 2006.
Assmann, Jan, Das kulturelle Gedächtnis. Schrift, Erinnerung und politische Identität in frühen Hochkulturen, 6. Aufl., München 2007.
Assmann, Jan u. Tonio Hölscher (Hg.), Kultur und Gedächtnis, Frankfurt/M. 1988.

Methodentraining Geschichte

Bauer, Volker, u. a. (Hg.), Methodenarbeit im Geschichtsunterricht, Berlin 1998.
Kolossa, Bernd, Methodentrainer Gesellschaftswissenschaften. Sekundarstufe II, Berlin 2000.
Rauh, Robert, Methodentrainer Geschichte Oberstufe. Quellenarbeit – Arbeitstechniken – Klausurentraining, Cornelsen, Berlin 2010.

Historische Fachportale im Internet (Auswahl)

www.bpb.de Die Bundeszentrale für politische Bildung bietet umfangreiche Informationen zu historischen Themen.
www.clio-online.de Fachportal für Geschichtswissenschaft der Humboldt-Universität zu Berlin.
www.dhm.de/lemo Solides Internetportal zur deutschen Geschichte vom DHM Berlin.
www.geschichtsforum.de Diskussionsforum zu verschiedenen historischen Themen und Epochen für alle Geschichtsinteressierten.

Begriffslexikon

Annales-Schule: bedeutende französische Historikerschule, benannt nach der 1929 gegründeten Zeitschrift *„Annales d'histoire économique et sociale"*. Ihre Vertreter wollten die politische Nationalgeschichte zurückdrängen, die sich auf Männer, Taten und Ereignisse konzentrierte. Stattdessen legten sie das Gewicht auf die Wirtschafts- und Sozialgeschichte sowie die Kultur- und Mentalitätsgeschichte. Außerdem öffneten sie die Geschichtswissenschaft für Fragestellungen und Theorien der Nachbardisziplinen Geografie, Soziologie, Psychologie und Ökonomie.

Arbeiter: In der kapitalistischen Industrieproduktion führt der Arbeiter persönlich frei und ohne Besitz von Produktionsmitteln in einem Vertragsverhältnis mit einem Unternehmer gegen Lohn fremdbestimmte Arbeit aus. Viele Arbeiter entwickelten das Bewusstsein, als Klasse zusammenzugehören. Sie verstanden sich als Proletariat, dessen Situation durch Reformen oder Revolution zu verbessern sei.

Arbeiterbewegung: gewerkschaftlicher, genossenschaftlicher und politischer (Parteien-)Zusammenschluss von Arbeitern seit dem zweiten Drittel des 19. Jh.

Aufstand: auch Rebellion genannt, offener, gewaltsamer Widerstand mehrerer Personen gegen die Staatsgewalt, im Unterschied zur Revolution ist die Zielsetzung begrenzter; Beispiele für die Auslöser von Aufständen können Erhöhung von Brotpreisen oder Arbeitsnormen sein.

Bolschewismus: im weiteren Sinne gleichbedeutend mit Kommunismus. Der Name leitet sich ab von Bolschewiki (russ. = Mehrheitler), dem radikalen Flügel der Sozialdemokratischen Arbeiterpartei Russlands unter Führung Lenins; die Partei verstand sich im Gegensatz zu den Menschewiki als Kaderpartei, d. h. als streng von oben nach unten gegliederte Organisation, die in allen gesellschaftlichen Gruppierungen führende Positionen ausübte, um die Massen auf den Weg des Kommunismus zu führen; nach der Revolution: KPdSU.

Erinnerungskultur: im engen Sinne Sammelbegriff für die Gesamtheit des nicht spezifisch wissenschaftlichen Gebrauchs der Geschichte in der Öffentlichkeit mit den verschiedensten Mitteln und für die verschiedensten Zwecke, im weiteren Sinne Oberbegriff für alle denkbaren Formen der bewussten Erinnerung an historische Ereignisse, Persönlichkeiten und Prozesse, seien sie ästhetischer, politischer oder kognitiver Natur.

Geschichtsbewusstsein: geschichtliche Erinnerung einer Kultur, einer Gruppe oder eines Einzelnen.

Geschichtskultur: Gesamtheit der Erscheinungsformen von Geschichtswissen und dem Umgang mit diesen in einer Gesellschaft.

Globalisierung: Prozess der Zunahme und Verdichtung weltweiter Beziehungen in allen Lebensbereichen.

„Ideen von 1914": Das Schlagwort des Nationalökonomen Johann Plenge sollte verdeutlichen, dass die Deutschen zwischen 1914 und 1918 ihren „Sonderweg" in die Moderne gegen die westlichen Vorstellungen der Franzosen und Briten verteidigten. Die „Ideen von 1914" richteten sich gegen die Tradition der europäischen Aufklärung und des Liberalismus.

Identität (lat. *idem* ‚derselbe', ‚dasselbe', ‚der Gleiche'): die ihn kennzeichnende und als Individuum von anderen unterscheidende Eigentümlichkeit im Wesen eines Menschen.

Ideologie: vor allem die Bezeichnung für eine umfassende Deutung gesellschaftlich-politischer Verhältnisse und historischer Entwicklungen. Diese Deutung ist durch Interessen bedingt und daher einseitig und verzerrt; sie soll bestehende Verhältnisse begründen bzw. rechtfertigen.

Kapitalismus: Wirtschaftsordnung, in der sich das Produktivkapital in den Händen von Privatpersonen bzw. Personengruppen befindet, der Kapitalisten und Unternehmer. Diesen stehen die Lohnarbeiter gegenüber. Der erwirtschaftete Gewinn geht wieder an den Unternehmer und führt zur Vermehrung des Produktivkapitals. Die wichtigsten wirtschaftlichen Entscheidungen werden in den Unternehmen im Hinblick auf den Markt und die zu erwirtschaftenden Gewinne getroffen, nicht aber vom Staat.

Kommunismus: Der Begriff wird in mehreren Bedeutungen benutzt. Einerseits kennzeichnet er die von Marx und Engels entwickelte politische Theorie einer klassenlosen Gesellschaft ohne Privatbesitz an Produktionsmitteln. Andererseits wird als Kommunismus auch die weltweite politische Bewegung bzw. die seit der Oktoberrevolution 1917 in Russland an die Macht gekommene Herrschaftsform bezeichnet. Oft wird der Begriff auch fälschlich für Sozialismus verwendet. Nach der politischen Lehre des Kommunismus wird die Aufhebung der bürgerlich-kapitalistischen Ordnung mit einer Revolution eingeleitet und nach einer Übergangsphase der Diktatur des Proletariats vollendet.

Konjunktur: wirtschaftliche Gesamtlage.

Konjunkturzyklus: periodisch wiederkehrende Schwankungen einer Volkswirtschaft oder der Weltwirtschaft. Ein Konjunkturzyklus besteht in der Regel aus vier Phasen: 1. Aufschwung (Gewinne, Investitionen und Beschäftigung steigen); 2. Hochkonjunktur (hohe Gewinne und Vollbeschäftigung); 3. Abschwung (sinkende Gewinne und Investitionen, mehr Arbeitslose); 4. Konjunkturkrise oder Depression (wenig Investitionen, hohe Arbeitslosigkeit).

Krise: eine über einen längeren Zeitraum anhaltende massive Störung des gesellschaftlichen, politischen oder wirtschaftlichen Systems.

Kultur: im weitesten Sinne alles, was der Mensch selbst gestaltend hervorbringt, im Unterschied zu der von ihm nicht geschaffenen und nicht veränderten Natur. Kulturleistungen sind alle formenden Umgestaltungen eines gegebenen Materials, wie in der Technik, der Bildenden Kunst, aber auch geistiger Gebilde wie etwa im Recht, in der Moral, der Religion, der Wirtschaft und der Wissenschaft.

longue durée („lange Dauer"): zentraler Begriff der *Annales*-Schule zur Bezeichnung einer der drei Zeit-Ebenen der Geschichte; damit gemeint sind gesellschaftliche, politische und wirtschaftliche Strukturen oder geografische Gegebenheiten, die sich im Gegensatz zu den Konjunkturen und zur (politischen) Ereignisgeschichte nur sehr langsam ändern.

Migration (lat. *migrare* bzw. *migratio* = wandern, wegziehen bzw. Wanderung): Bezeichnung für die Verlegung des Aufenthaltsortes von einzelnen Personen oder Gruppen. Die Ursachen der Migration sind vielfältig: Sie reichen von der erzwungenen Auswanderung durch politische oder religiöse Verfolgung bis zur freiwilligen Migration, um den eigenen Wohlstand zu verbessern oder die eigene Karriere zu fördern. Darüber hinaus unterscheiden Historiker und Sozialwissenschaftler zwischen dauerhafter und zeitweiliger Migration, bei der die Menschen nach einer gewissen Zeit wieder in ihr Heimatland zurückkehren.

Moderne/Modernisierung: Prozess der beschleunigten Veränderung einer Gesellschaft in Richtung auf einen entwickelten Status (Moderne), meist bezogen auf den Übergang von der Agrar- zur Industriegesellschaft. Kennzeichen: Säkularisierung, Verwissenschaftlichung, Bildungsverbreitung, Technisierung, Ausbau und Verbesserung der technischen Infrastruktur (Verkehr, Telefonnetz, Massenmedien), Bürokratisierung und Rationalisierung in Politik und Wirtschaft, soziale Sicherung (Sozialstaat), zunehmende Mobilität, Parlamentarisierung und Demokratisierung, kulturelle Teilhabe (Massenkultur), Urbanisierung; wissenschaftlich nicht unumstritten, weil als Maßstab der Moderne meist die europäische Zivilisation gilt und Kosten, z. B. Umweltverschmutzung, kaum berücksichtigt sind.

Mythos: meist mündlich überlieferte Sagen und Dichtungen von Göttern und Helden oder anderen bedeutsamen Personen und Ereignissen. Mythische Erzählungen, die bei den Naturvölkern und in den alten Hochkulturen als Teil der Geschichte verstanden wurden, versuchen häufig zu erklären, wie die Gegenwart in der Vergangenheit begründet ist. Dazu beschwören sie meist eine glanzvolle Vergangenheit, die es in der Gegenwart wiederherzustellen gilt. Solche Mythen enthalten ein Sinn- bzw. Heilsversprechen, das den Menschen in einer als trostlos erfahrenen Welt Orientierung und Halt geben soll. Sowohl von der Theologie als auch der aufgeklärten Philosophie wird der Mythos als irrational abgelehnt.

Nation (lat. *natio* = Geburt): Bezeichnung großer Gruppen von Menschen mit gewissen, ihnen bewussten Gemeinsamkeiten, z. B. gemeinsame Sprache, Geschichte, Verfassung sowie innere Bindungen und Kontakte (wirtschaftlich, politisch, kulturell). Diese Bindungen werden von den Angehörigen der Nation positiv bewertet. Nationen haben oder wollen eine gemeinsame staatliche Organisation (Nationalstaat) und grenzen sich von anderen Nationen ab.

Nationaldenkmal: Bauten, die als Erinnerungsorte für die Idee eines Kultes der Nation errichtet wurden. Die Errichtung von Nationaldenkmalen wurde angestoßen durch die Ideen des Nationalismus und kam infolge der Französischen Revolution im Laufe des ausgehenden 18. und des 19. Jahrhunderts auf. Nationaldenkmäler wollen das Nationalbewusstsein mobilisieren, indem sie an bestimmte, dafür geeignete Personen und Ereignisse erinnern.

Nationalismus: Als wissenschaftlicher Begriff meint er die auf die moderne Nation und den Nationalstaat bezogene politische Ideologie zur Integration von Großgruppen durch Abgrenzung von anderen Großgruppen. Der demokratische Nationalismus entstand in der Französischen Revolution und war verbunden mit den Ideen der Menschen- und Bürgerrechte, des Selbstbestimmungsrechts und der Volkssouveränität. Der integrale Nationalismus entstand im letzten Drittel des 19. Jh. und setzte die Nation als absoluten, allem anderen übergeordneten Wert. Zur politischen Macht wurde er insbesondere in der Zeit zwischen dem Ersten und Zweiten Weltkrieg. Daraus hat sich die negative Besetzung des Begriffs in der politischen

Öffentlichkeit nach dem Zweiten Weltkrieg ergeben, in der Nationalismus in der Regel als übersteigerte und aggressive Form des Nationalgefühls verstanden wird.

Nationalsozialismus: Bezeichnung für die nach dem Ersten Weltkrieg in Deutschland aufkommende rechtsradikale Bewegung, die auf einem extremen Nationalismus, Rassismus und Expansionismus beruhte und die deutsche Ausprägung des Faschismus darstellte. Der Nationalsozialismus bekämpfte wie andere faschistische Bewegungen alle individuellen und demokratischen Freiheiten, die seit der Französischen Revolution erkämpft worden waren. Die besondere ideologische Bedeutung der expansionistischen „Lebensraumpolitik" und der „Rassenlehre" mit der Übersteigerung des „germanischen Herrenmenschen", der Antisemitismus und der Aufbau eines umfassenden Propaganda- und Vernichtungsapparates heben ihn von anderen faschistischen Bewegungen ab.

Nationalstaat: Bezeichnung für die annähernde Übereinstimmung von Staat und Nation durch staatliche Konstituierung einer gegebenen Nation; der Nationalstaat löste im 19. Jh. den frühneuzeitlichen Territorialstaat ab.

Proletariat: nach marxistischer Lehre Angehörige einer sozialen Schicht, die nichts als ihre Arbeitskraft besitzen und diese gegen Lohn zur Verfügung stellen.

Rebellion: *siehe* Aufstand

Reform: Neuordnung, Verbesserung und Umgestaltung von politischen und sozialen Verhältnissen im Rahmen der bestehenden Grundordnung; hierin, oft weniger in den Zielen, unterscheiden sich Reformen von Revolutionen als politisches Mittel zur Durchsetzung von Veränderungen.

Restauration: Wiederherstellung der alten Ordnung, Wiedereinsetzung des alten Königshauses.

Revolte: Aufbegehren, Aufruhr von Menschen, im Gegensatz zur Revolution einer kleineren Gruppe von Personen mit lokaler Begrenzung. Typische Beispiele sind Sklaven-, Bauern-, Armen- oder Arbeiterrevolten; Begriff oft synonym zu „Aufstand" und „Rebellion" gebraucht.

Revolution: Am Ende einer Revolution steht der tief greifende Umbau eines Staates und nicht nur ein Austausch von Führungsgruppen. Typisch ist das Vorhandensein eines bewussten Willens zur Veränderung, eine entsprechende Aktionsgruppe mit Unterstützung im Volk oder in einer großen Bevölkerungsgruppe. Typisch sind auch die Rechtsverletzung, die Gewaltanwendung und die schnelle Abfolge der Ereignisse. Beispiele sind die Französische Revolution 1789 und die Russische Revolution 1917. Revolutionen werden auch Vorgänge genannt, die nicht alle genannten Merkmale aufweisen. Die Revolution in der DDR 1989 wird wegen ihres gewaltlosen Verlaufs auch Friedliche Revolution genannt.

Sonderweg: Die These vom deutschen Sonderweg besagt, dass Deutschland einen eigenständigen Weg in die Moderne beschritten habe, der sich grundlegend von dem der westeuropäischen Staaten unterscheide.

Sozialer Wandel (auch: gesellschaftlicher Wandel): Veränderungen, die innerhalb einer Gesellschaft über einen längeren Zeitraum vor sich gehen; in erster Linie Veränderungen der Sozialstruktur einschließlich der Bevölkerungsstruktur.

Sozialismus: Im liberal-kapitalistischen Gesellschaftssystem der Industrialisierung entstand der Sozialismus als Antwort auf die soziale Frage. Den verschiedenen Richtungen des Sozialismus geht es um Steuerung des Marktes, um den Abbau bzw. die Beseitigung einer sozial ungleichen, als ungerecht empfundenen Verteilung von Besitz (häufig um die Beseitigung des Privatbesitzes an Produktionsmitteln), um eine am Wohl des Ganzen orientierte Gesellschaftsordnung und um die demokratische Gleichberechtigung der Unterprivilegierten. Die Frage nach Reform oder Revolution der bestehenden Ordnung bestimmte von Anfang an die Überlegungen, Vorschläge und Forderungen der Sozialisten.

Staatsstreich: (gewaltsamer) Umsturz, mit dem es bereits an der Macht Beteiligten (z. B. Militärs) gelingt, die gesamte Staatsgewalt zu übernehmen.

Transformationsprozesse: grundlegender Wechsel oder Austausch des politischen Regimes und gegebenenfalls auch der gesellschaftlichen und wirtschaftlichen Ordnung.

Zivilisation (von lat. *civis* = Bürger): ursprünglich die verfeinerte Lebensweise in den Städten gegenüber dem einfachen bäuerlichen Leben. Zivilisation bezieht sich auf den Entwicklungsstand und die Ausprägung von Wirtschaft (Landwirtschaft, Gewerbe, Verkehr, Arbeitsteilung usw.), Technik und Politik (Machtverteilung, soziale Organisation usw.), von Kunst, Philosophie, Religion und Wissenschaft, umfasst aber auch weiterhin Elemente der ursprünglichen Bedeutung, z. B. Umgangsformen; im deutschen Sprachgebrauch oft abwertend auf den ersten Bereich eingeengt, der zweite mit dem Kultur-Begriff positiv davon abgesetzt.

Personenlexikon und Personenregister

Arendt, Hannah (1906–1975), 1933 Emigration aus Deutschland; Professorin für politische Theorie und Philosophie in den USA; zu ihren bekanntesten Schriften zählen „Elemente und Ursprünge totaler Herrschaft“ (1951; dt. 1955), „Eichmann in Jerusalem“ (1961; als Buch 1963 erschienen), ihre Beobachtungen zum Prozess gegen den NS-Verbrecher Adolf Eichmann, und „Über die Revolution“ (1963, dt. 1965). *7f., 13*

Arminius (um 18 v. Chr.–21 n. Chr.; im Volksmund „Hermann der Cherusker“), aus dem german. Stamm der Cherusker; kämpfte in röm. Diensten; besiegte 9 n. Chr. den röm. Feldherren Varus. *86ff.*

Bade, Klaus J. (geb. 1944), dt. Historiker, Migrationsforscher, Politikberater. *64, 66f., 72*

Bitterli, Urs (geb. 1935), Schweizer Historiker und Lehrer, der vor allem zu den Themen des frühneuzeitlichen Kolonialismus arbeitete. *47, 54, 56f.*

Bracher, Karl Dietrich (geb. 1922), dt. Politikwissenschaftler und Zeithistoriker. *93, 95, 98, 100f.*

Braudel, Fernand (1902–1985), frz. Historiker der *Annales*-Schule, die er durch seine Werke stark beeinflusste; während der Kriegsgefangenschaft 1940–1945 in Mainz schrieb er seine Universalgeschichte des Mittelmeerraumes als Habilitationsschrift. *58ff., 62*

Cicero, Marcus Tullius (106–43 v. Chr.), röm. Politiker und Schriftsteller; 63 Konsul; wollte die durch die Popularen bedrohte Herrschaft des Senats festigen; nach Caesars Tod wollte er die Ordnung der Republik wiederherstellen; als Gegner des Antonius 43 ermordet. *106*

Deutsch, Karl W. (1912–1992), dt.-tschechischer und seit 1939 US-amerikanischer Politikwissenschaftler; engagierte sich während seiner Studienzeit stark gegen die nationalsozialistische Bewegung, emigrierte 1938 in die USA, während des Zweiten Weltkrieges trat er in den Dienst der amerikanischen Regierung, 1945 Mitglied des *International Secretariat of the San Francisco Conference*, welches die Vereinten Nationen „schuf“, Professor der Geschichte und der Politikwissenschaft an vielen renommierten Universitäten und Instituten. *7ff.*

Droysen, Johann Gustav (1808–1884), dt. Historiker, 1848 Mitglied der Deutschen Nationalversammlung; nach dem Scheitern der Revolution verfocht er die Schaffung des deutschen Nationalstaates durch Preußen; seine „Historik“ (1858/62) enthält eine ausführliche, auch heute noch bedeutende Reflexion über die theoretischen Grundlagen historischer Forschung. *105, 109, 111*

Engels, Friedrich (1820–1895), Sohn eines rheinischen Textilfabrikanten, engster Weggefährte von Karl Marx und theoretischer Mitbegründer des Marxismus, Organisator der internationalen Arbeiterbewegung. *5, 19ff., 23ff.*

Friedrich I. Barbarossa (um 1122–1190), deutscher König (1152–1190) aus der Dynastie der Staufer, erreichte nach sechs Italienzügen einen Interessenausgleich zwischen dem Reich, dem Papst und den Städten der Lombardei; entzog seinem stärksten innenpolitischen Gegner, dem Welfenherzog Heinrich dem Löwen, das Lehen; der Sage nach soll er im Kyffhäuser ruhen. *86, 89f.*

Geiger, Theodor (1891–1952), Soziologe deutscher Herkunft, 1918–1932 Mitglied der SPD, 1919–1929 wissenschaftlicher Mitarbeiter und Dozent für Soziologie beim Reichsamt für Statistik und an der Volkshochschule Groß-Berlin, Ausbau dieser Arbeiterhochschule zu einer der vorbildlichsten Volkshochschulen des Deutschen Reichs, seit 1929 ordentlicher Professor der Soziologie der Technischen Hochschule Braunschweig; 1933 emigrierte er nach Dänemark, kam damit seiner Entlassung aus politischen Gründen zuvor; an der Universität Aarhus wurde er der erste Professor für Soziologie in Dänemark; Geiger wird zu den „Klassikern der Soziologie“ gezählt und gilt als Begründer der Schichtungssoziologie. *21f., 28f.*

Harnack, Adolf von (1851–1930), protestantischer Theologe und Kirchenhistoriker sowie bedeutender Wissenschaftsorganisator in Preußen; 1911 erster Präsident der Kaiser-Wilhelm-Gesellschaft (bis zu seinem Tod 1930), parallel dazu modernisierte er als Generaldirektor der Preußischen Staatsbibliothek das preußische Bibliothekswesen und beriet als Gutachter das preußische Kultusministerium in Hochschul- und Schulfragen. *97*

Hegel, Georg Wilhelm Friedrich (1770–1831), bedeutender dt. Philosoph, einflussreichster Vertreter des Idealismus; 1808–1816 Gymnasialdirektor in Nürnberg, 1816–1818 Professor für Philosophie in Heidelberg, seit 1818 in Berlin, wo er bis zu seinem Tod als Haupt einer einflussreichen Schule lehrte (Hegelianismus). *106*

Sachregister

Fettdruck: Erläuterungen im Begriffslexikon S. 129 ff.

Bildquellen

Arts Council Collection, Southbank Centre, London, UK/Bridgeman Berlin: **Titelbild**; Photo: Tom Powel fuer Lisa Kirk: **6/M 1**; Warner Music Group: **6/M 2**; TOYOTA Deutschland GmbH: **6/M 3**; picture-alliance/ Photoshot: **6/M 4**; akg-images: **14**; Der Grüne Klub im Parlament, Wien: **15**; akg-images/Zhou Thong: **18**; akg-images: **23, 25, 27**; Gruner & Jahr, „Eltern": **33**; akg-images: **40**; Künstlergruppe AES: **51**; akg-images: **63/M 1**; picture-alliance/dpa/© dpa – Fotoreport: **63/M 2**; Mester/CCC,www.c5.net: **73**; Kinowelt/Cinetext: **74**; akg-images: **76**; Germanisches Nationalmuseum, Nürnberg: **78**; picture-alliance/dpa/© dpa – Bildarchiv: **80**; picture-alliance/Mary Evans Picture Library: **83**; picture-alliance/dpa: **84**; picture-alliance/ Bildagentur Huber: **87**; picture-alliance/dpa/© dpa – Report: **88**; Deutsches Historisches Museum, Berlin: **94**; aus: Geo Epoche 14/2004; © Telegraph Media Group Limited 1994: **102**; Artothek – Museum of Modern Art, New York/© Salvador Dalí, Fundación Gala-Salvador Dalí, VG Bild-Kunst, Bonn 2011: **107**; © 2000 BPA und Lizenzgeber. Bundesrepublik Deutschland: **113**; picture-alliance/dieKleinert.de/Joanna Hegemann: **115**; Brigitte Flick Design, Celle: **117**

Nicht in allen Fällen war es uns möglich, die Rechteinhaber der Abbildungen ausfindig zu machen. Für eventuell entstandene Fehler oder Auslassungen bitten wir um Verständnis. Berechtigte Ansprüche werden selbstverständlich im Rahmen der üblichen Vereinbarungen abgegolten.